Nicolas Born – Die erdabgewandte Seite der Geschichte

KLARTEXT

Wir in Nordrhein-Westfalen
Unsere gesammelten Werke
66

Nicolas Born

Die erdabgewandte Seite der Geschichte

Umschlagbild: picture-alliance / dpa

Die Erstausgabe erschien 1976 im Rowohlt Verlag, Reinbek bei Hamburg.
Die Veröffentlichung erfolgt mit freundlicher Genehmigung der
Erbengemeinschaft Nicolas Born.

Satz und Gestaltung: Klartext Medienwerkstatt GmbH, Essen
Umschlaggestaltung: Marketing und Kommunikation, WAZ
Mediengruppe
Druck und Bindung: CPI-Books, Leck
© Klartext Verlag, Essen 2008
ISBN 978-3-89861-954-7
Alle Rechte vorbehalten

www.klartext-verlag.de

Alle Rechte der Verbreitung, einschließlich der Bearbeitung
für Film, Funk, Fernsehen, CD-ROM, der Übersetzung,
Fotokopie und des auszugsweisen Nachdrucks und Gebrauchs
im In- und Ausland vorbehalten.

Den Brief an meine Tochter Ursel zerriß ich wieder und ging nach draußen. Ich wollte es am Abend noch einmal versuchen. Es war kühler geworden, aber noch immer hell und sonnig, und die Straße blinkte ganz heiter, als ahmte alles, Fassaden, Laternenmasten, Blumenkästen auf den Balkonen, nur meine innere Verfassung nach. Ich fühlte mich nämlich leicht, nachdem ich mich den ganzen Vormittag so besoffen wie möglich gefühlt hatte. Mit einemmal waren alle Befürchtungen und Einschränkungen verschwunden, Fenster und Balkontüren standen weit offen – freundlich wehende Vorhänge. Ein Auto rollte vorbei, es war nur das Surren der Reifen zu hören. Nichts konnte mich aufhalten, nachher würde ich ein paar Seiten schreiben, leicht und hellwach. Arglistiger als ich konnte heute niemand sein, ja, arglistig war das richtige Wort, übermütig auch, und durchtrieben; es machte mir nichts aus, mit dem Schlimmsten zu rechnen, denn das Schlimmste, was immer es hätte sein können, machte mir nichts aus. Jetzt mußte ich nur noch Widerstände finden, alles genau beobachten, härteste Forderungen an mich stellen, bevor dieses Gefühl sich wieder in Beliebigkeit und Grenzenlosigkeit verlor. Ich hätte gern Ursel bei mir gehabt, ihr Geld für ein Eis gegeben. Ich wäre neben ihr hergeschlendert, gedankenlos, und hätte doch genau gewußt, was ich nachher machen wollte. Ich bog nach rechts in die Geschäftsstraße ein und dachte daran, ein Geschenk für Ursel zu kaufen. Überhaupt hatte ich Lust, etwas zu kaufen, ohne besonderen Wunsch. Den Leuten, die mir begegneten, sah ich einen ähnlichen Zustand an. Es war eine bedenkenlose Leichtigkeit, die von jedem auszugehen schien und die mich selbst erfüllte. In einem Tabakladen kaufte ich Zigaretten und Streichhölzer und sah, wie zwei Frauen an einem kleinen Tisch Lottoscheine ausfüllten. Ich gab ihnen gute Chancen. Wie leichtfertig war es zu leben. Man kann nur leichtfertig leben und braucht eine Menge Gutmütigkeit, um sich dabei zuzusehen. Jeder, der mir begegnete, mußte auf mich aufmerksam werden. Denn war nicht ich es, der diese höhere Form der Verträglichkeit und Freundlichkeit verursacht hatte? In einem Schreibwarenladen kaufte ein Mann ein Dutzend Bleistifte. Ja, Bleistifte, die waren das Richtige; jetzt wurde ich verrückt, aber es war schön. Ich verlangte von der Verkäuferin, die mich überrascht anschaute, auch ein Dutzend Bleistifte. Der Mann drehte sich nach mir um, und wir lächelten uns an.

Im Vorbeigehen sah ich mich im Spiegel neben einem Geschäftseingang. Ich war so sorgfältig gekleidet, daß ich mir wie ein Prinzip vorkam. Hier war auch Ursel schon gegangen, das erschien mir wichtig im Augenblick. Sie hatte mir die Schuhe geputzt und noch schwarze Finger davon. Die Sonne scheint mich an, dachte ich, das ist erstaunlich; am Hals ist eine ganz warme Stelle. Eine Frau rempelte mich an und entschuldigte sich, ohne aufzublicken. Sie zog eine Einkaufskarre hinter sich her, blicklos wie jemand, der in einer Tasse rührt. Die Stuckfassaden auf der gegenüberliegenden Seite waren im Schatten, aber hier, wenn ich hinaufsah, blendende Giebel, stolze Häusergeschichten. Ich ging in den Schalterraum der Bankfiliale und sah an den Wänden dieselben Fassaden wieder, in zwei verschiedenen Fotoserien. Einmal waren es Fotos, die kurz nach der Jahrhundertwende aufgenommen waren, Pferdedroschken, Männer, die Gehröcke und steife Hüte trugen, ein ungehindertes Gewirr von Bewegungen; auf den Fotos der anderen Serie, die kurz nach dem Kriegsende aufgenommen waren, das Bild der zerstörten Erinnerung selbst: herabhängende Dachrinnen, ausgefranste Fensterlöcher, ganz niedergerissene, kleingemachte Häuser, ein Fehlen von Teilstücken überall, die Luft dazwischen grobkörnig und verraucht, auf die Fahrbahn hinausgestürzter Schutt, aufgerissenes Pflaster, aufgeschnittene und geplatzte Zimmer in den oberen Etagen, in den Himmel hineinragende Fußböden, schwarze Mauerreste und Zimmerwände, Schornsteine, die nackt aufzeigten. Leute in schweren Mänteln mit Tüchern vor dem Gesicht, auf der Suche nach Lebendigem und Totem, nach den Keimlingen der Erinnerung, die dann rasch wieder wuchsen zu einer neuen, selbständigen, ja, unabhängigen Wirklichkeit, deren Vertreter hier tüchtig ein und aus gingen, aufs neue abhoben und einzahlten. Mir fiel ausgerechnet ein, daß ich vergessen hatte, die Butter zurück in den Kühlschrank zu stellen. In einem ersten Anflug von Übermut hatte ich den Wurstteller zusammen mit den Abfällen in den Mülleimer geworfen. Dreihundert Mark ließ ich mir in Zwanzigern auszahlen und fühlte, wie voll das Portemonnaie davon war. Mein Hemd war unter den Achseln durchgeschwitzt. Ich kaufte einen grünen Schal aus Seide, in den Rosen hineingewirkt waren.

    Zu Hause packte ich den Schal aus und sah ihn noch einmal genau an. Ich wickelte ihn wieder in das Papier und legte ihn in den Schrank, hinter die Wäschestapel. Ich stellte mich in die Wanne, duschte und zog frische Sachen an. Wieder allein, war ich nicht mehr so zuversichtlich. Auch draußen die allgemeine heitere Beweglichkeit war jetzt sicherlich zusammengebrochen. Die Stille und die harten Begrenzungen des Zimmers hatten etwas Höhnisches. Ich empfand Schadenfreude über mich selber, aber so, als konnte ich mir damit helfen. Was heißt das, sagte ich mir eigensinnig, das Vorhin war so wirklich wie das Jetzt.

An kaum ein Gefühl konnte ich mich nachher erinnern, an kaum eine Partie ihres Körpers. Irgendwie hatten wir uns wohl gefühlt, aber ihr Geruch war an mir vorbeigezogen, ohne daß ich aufmerksam geworden wäre. Damals – es erschien mir wie der kleine Samen eines ausufernden, störenden Traums. Ich hatte Maria schon fast vergessen, als sie ein paar Tage später anrief. Sie drängte sich nicht etwa auf, aber ich drängte mich ja auch nicht auf. Also hätten wir noch gut alles so lassen können. Wir verabredeten uns zum Essen, hinterher gingen wir noch in ein spanisches Restaurant und tranken Wein, so lange und so viel, daß ich wieder mit zu ihr ging. Wir tranken weiter bei ihr, und im Bett steckten wir auch länger und vergessener zusammen.

Einmal klingelte ich bei ihr. In der Wohnung brannte Licht, aber sie machte nicht auf. Ich bin unruhig geworden und durch die Straßen gegangen. Von einer Telefonzelle aus rief ich sie an. Sie hätte sich schon gedacht, daß ich es war, sagte sie, erklärte mir aber nichts. Während sie sich ruhig mit mir für morgen verabredete, fragte ich mich, was sie eigentlich von mir wollte und was ich von ihr wollte. Ich merkte, daß ich ihr in die Arme lief. Es war nichts dagegen zu machen, obwohl ich vor allem vorsichtig sein wollte. Ich dachte kaum noch an andere Mädchen, die ich kannte und manchmal anrief. Ich traf auch Lasski nicht mehr. Ich meinte, niemand außer Maria mehr zu kennen.

Manchmal blieb ich in ihrer Wohnung, wenn sie verreist war, und versuchte zu arbeiten. Alles hatte ich mir genau eingeprägt, die Hausfassade und den Flur, die Ahornbäume vor dem Haus, die hinaufragten bis an die Dachrinne. Ihren Schlüsselbund, ihre Handtasche, ihre schwarze Lederjacke – ich kannte schon alles. Das Motorrad holte ich nicht mehr aus der Garage. Wenn sie mich anrief, hatte ich immer sofort die Vorstellung, daß sie mit jemand im Bett lag, während sie mit mir sprach. Der Mann sah aus wie ein Testflieger, dessen Foto ich in einer Illustrierten gesehen hatte. Ich holte sie in Tempelhof vom Flugplatz ab, wo ihr Auto stand, und wenn ich vom Bus aus das graugelbe Flughafengebäude sah, war ich sicher, daß sie verändert sein würde. Aber sie lachte immer nur, wenn ich – eine Anspielung machte auf ihre Zeit in Frankfurt, München oder Zürich. Ich habe auch gelacht. Wenn sie angerufen wurde, ging sie mit dem Telefon in ein anderes Zimmer. Einmal, als sie lange telefonierte, zog ich mich an und ging schnell weg. Es war ein Verhältnis. Den Vorsatz, es zu beenden, gab ich nie auf, hielt ihn aber auch ängstlich vor mir selber versteckt.

Beim Schreiben auf ihrer Maschine befiel mich manchmal ein Schwächegefühl. Nur zögernd gestand ich mir ein, daß ich nicht mehr arbeiten konnte. Ich hatte ja eine Wirklichkeit gehabt, und die entbehrte ich. Ich strengte mich an, aber dieser Willenskrampf ging sofort in das Geschriebene über, und kalt und starr kamen mir die Sätze vom Papier entgegen. Mit ihr oder ohne sie – ich verschwand aus mir, ich zerkrümelte.

Lasski, den ich vor einem Kino in Schöneberg traf, schien mich nicht zu verstehen, als ich zögernd, um nicht gleich alles zu verraten, meinen Zustand beschrieb. Vielmehr sprach er von sich selber und über einen Vortrag, den er in Kopenhagen gehalten hatte. Das war eine triste, feindliche Machenschaft von Lasski, dieser Vortrag in Kopenhagen. Wir gingen in eine Kneipe und tranken ein paar Bier. Man sieht dich nicht mehr, sagte Lasski. Ich schrieb auch Ursel nicht mehr regelmäßig Briefe. Sie wunderte sich darüber auf einer Karte mit dicken, mit dem Filzstift geschriebenen Buchstaben. Nie hätte ich ihr sagen können, wie gleichgültig mir jetzt alles war. Ich hatte aber ein paarmal den Wunsch, Maria und Ursel sollten sich bald kennenlernen. Mir war das Bild von uns dreien vertraut. Manchmal wollte ich gern das Bild von Ursel aus mir herausschneiden, denn ich war nichts mehr für sie, kein Vater, ich wollte es aus mir herausschneiden, damit sie klar und sicherer ohne Vater weiterkommen könnte.

Maria hatte nicht viel zu tun, und ich lag tagelang mit ihr im Bett. Sie ging nur nach draußen, um einzukaufen, nahm nie den Telefonhörer ab. In meine Wohnung ging ich manchmal, um Post zu holen, meist vergeblich. Wenn ich schnell jemanden anrief, kam es mir wie ein hoffnungsloser Versuch vor, und oft brach ich mitten im Gespräch ab und legte den Hörer auf. Sie glaubte noch, daß ich mich eines Tages erheben und alles Versäumte wieder aufholen würde. Ich glaubte es kaum. Für mich war es ein langsamer Boykott aller Tätigkeiten des Überlebens. Und zwischendurch half es mir gar nichts, wenn ich es satt hatte, auch Maria satt hatte und nicht mehr wollte noch konnte, denn mehr fürchtete ich mich davor, alle Fäden wiederaufzunehmen, die ich ja ohnehin nicht halten konnte. Der Fernsehapparat war oft an. Darin sah ich noch einmal ein Leben an mir vorbeiziehen, und ich spürte, daß mir jede Sehnsucht abgeschnitten war. An nichts wollte ich mehr teilnehmen müssen. Ich hatte schon die Vorstellung, statt der Knochen in Beinen und Armen nur noch weiche Gallertstäbe zu haben. Ich wollte nicht mehr gegen mein Schwindelgefühl ankämpfen, wenn ich aufgestanden war. Warum hätte ich denn nicht augenblicklich stürzen sollen?

Maria schrieb nebenan Briefe. Jede wirkliche Tat, von der in der Zeitung die Rede war, traf mich wie ein Hieb, denn ich hatte mich ja herausgestohlen aus allem. Ich sprang auf und rannte ins Bad, wusch und kämmte mich mit einer klaren Akkuratesse. Für einen Augenblick glaubte ich diesem täuschenden Bild von mir im Spiegel. Ich hatte das Gefühl, noch jederzeit abspringen und draußen die Kampfanstrengungen wiederaufnehmen zu können, heftiger und wütender denn je. Aber dann sah ich mir schon wieder geringschätzig entgegen. Meine Wut, die nicht ausreichte, mich auf den Beinen zu halten, richtete ich immer unverhohlener gegen Maria. Nur Lasski traute ich dieselbe Krankheit noch zu, sonst war sie niemandem mitzuteilen. Ich konnte ja meinen Körper abtasten und mich durch die Wohnung bewegen. Ich konnte mir eine übermenschliche Anstrengung auch mit meinem Körper gut vorstellen, aber daß eine nutzlose Anstrengung die andere ablösen sollte, das konnte ich mir nicht vorstellen. Dabei sackte ich zusammen. Die Von-uns-Gefangenen, die Nach-kurzer-schwerer-Krankheit-Verschiedenen, die Abgerufenen erinnerten mich an mich selber. Die Gegenstände in Marias Wohnung nahmen immer bedrückendere Bedeutung an. Die ganze Substanz einer unsympathischen Welt wurde in ihnen wirksam, die Uhr, der seit Tagen unbewegte Schaukelstuhl, die Kissen, die Schallplatten – eine unerträgliche Symbolgewalt tickte in diesen Zimmern. Maria erschien frisch und aufgerichtet in der Tür. Sie betrat ein Krankenzimmer. Sie kam aus den hinteren Räumen, wo noch etwas angefaßt und bewegt wurde. Sie machte das Fenster auf. Es kam mir so vor, als müsse die Welt draußen sich vollkommen entleert haben. Hier waren wunderbare, aber für mich unfaßbare Zusammenhänge zu bestaunen, eine trickhafte Organisation. Nichts davon durfte ich berühren, obwohl alles nur meinetwegen zusammenpaßte. Ich wurde verhöhnt und wäre nun gern Maria mit Krallen durchs Gesicht gefahren. Sie war ja verantwortlich für dieses Arrangement und die Magie, die davon ausging. Wenn ich etwas davon angegriffen hätte, wäre es mutwillig geschehen, aber der Mutwille war heraus aus mir. Alles um mich herum schien mir endgültig zur Ruhe gekommen zu sein, alles schien liquidiert von der Zeit – ein Museum der toten Dinge, eine schwache Erinnerung an Bewegungen, die einmal stattgefunden hatten. Wenn ich mich umdrehte, knarrte das Bett. Es war unwirklich und komisch. Ich streckte den Arm aus und schaltete die Lampe an – ein kleines scharfes Knipsen, ein Vorgang, etwas winzig Technisches. Neben mir stand die ausgetrunkene Teetasse. Ich wartete darauf, daß der Griff mit einem feinen Knacks absprang.

Maria kam vom Einkaufen zurück. Ich betrachtete sie so argwöhnisch, als müsse in der halben Stunde eine Veränderung in ihr vorgegangen sein, als sei sie draußen auf ganz andere Zeichen gestoßen, auf lebendige, aggressive, auf Leute, die etwas trugen und schleppten, die sich die Hände schüttelten und überraschend redeten, als sei es ganz leicht. Sie hätte mich also in einem anderen Licht gesehen, in dem Licht draußen. Ich hatte den Verdacht, daß sie nur zurückgekehrt war, um die Abmachung einzuhalten. Ich hörte, wie sie in der Küche das Huhn auspackte und Töpfe aus dem Schrank nahm. Ich forderte von ihr, sich sofort wieder auszuziehen. Aber sie hatte immer noch etwas zu tun. Komm endlich, rief ich durch die Zimmer, laß das doch, warum denn das auch noch, willst du nicht mehr kommen? War ihr Zögern da in der Küche, ihr Hinauszögern nicht der Beweis für meinen Argwohn? Ein Topfdeckel sang und scheppterte wie ein Kreisel auf den Bodenplatten, immer noch mal und immer noch mal. Nebenbei formulierte ich ein paar Sätze, unwillkürlich, wie:

Es war eine schöne wilde Zeit. Während sie kochte, schlief ich. Wir steckten immer wieder zusammen, bis wir ganz leer waren, ganz ohne Bedürfnis und Gefühl. Unsere Körper lagen herum, wie sie gefallen waren und fühlten nichts mehr. Endlich war es schön, nichts mehr zu fühlen. Solche Sätze wurden immer lächerlicher. «*Wir taten das und das, dann taten wir das und das, dann taten wir überhaupt nichts mehr.*» Das wiederholte sich ärgerlich oft in mir, bis ich etwas zu Maria hinüberbrüllte und in die leeren Zimmer hineinhorchte.

Offenbar hatte sie eine gewisse Mühe, sich loszumachen von Eindrücken, die sie draußen empfangen hatte. Andere Befehle, ganz andere Befehle, mitzumachen, sich zu beteiligen, endlich etwas zu tun dagegen oder dafür, Hand in Hand. Noch die winzigste Bewegung draußen mußte ihr als ein verlockender Kontrast zu meinem absterbenden Daliegen erschienen sein. Diese Andeutungen eines Liebeskampfes, diese abgewetzte und aufgeriebene Lust, die übriggeblieben war, dieser leere, fade Appetit auf mehr, mehr Liebe, auf nichts mehr.

Auf einmal genierte sie sich. Sie wollte nicht mehr ins Bett kommen. Statt dessen schien sie sich Gedanken zu machen. So angezogen war sie auf alles vorbereitet. So hatte sie sofort fotografiert werden oder einen Grafiker treffen können, einen Ostberliner Kammersänger aufsuchen oder einer Chorprobe zuhören können. Schön siehst du aus, sagte ich und hatte Lust, sie aufzulösen, sie zu verbiegen, sie schlaff und erledigt im Bett zurückzulassen. Ich spürte, daß ich böse wurde und eifersüchtig darauf, daß sie so bereit aussah.

Wollen wir nicht essen gehen, sagte sie, und das Huhn für morgen lassen?

Ich hielt sie am Rock fest, und sie tat so, als wolle sie mir aus Spaß entwischen. Ich war aber in Eile, riß ihr die Schuhe von den Füßen und drohte, sie solle schneller machen, sonst würde ich ihr helfen. Das könnte dir so passen, schimpfte ich, hier in den Schuhen zu bleiben, auf dem Sprung, was?

Da hatte ich sie zu mir heruntergezogen und riß an ihren Sachen. Sie zog sich ruhig aus und lächelte etwas unsicher. Ich fragte sie aus nach jeder Kleinigkeit (Kleinigkeit?), nach allem, was sie gesehen und was sie sich dabei gedacht hatte. Was sie sich bei dem Huhn gedacht hätte, als sie ein Huhn verlangte und auch tatsächlich ein Huhn bekam. Bist du an den Regalen vorbeigegangen und hast gedacht, ja, eine Büchse Erbsen und hast eine Büchse Erbsen in den Einkaufswagen gestellt? Hast du irgendwie den Wunsch gehabt, den Einkauf hinauszuzögern oder schnell noch jemand zu treffen? Auf einen Sprung, hä? Sie war draußen hart geworden. Auf eine Bewegung von mir ging sie ein. Ich spürte, daß sie Lust auf Leute hatte, auf ganz andere Leute, viele Leute, in Büroflure und in Cafés, Autofahrten, Cocktailempfängen. Einmal hatte sie einen Seidenschal geklaut und sich den ganzen Abend darüber gefreut und den Schal immer wieder zufrieden durch die Hände gleiten lassen. Ich gehe weg von dir, sagte ich. Nein, nein, nein, sagte sie.

In der Küche kochte das Huhn, ich roch es durch die offenen Türen, und neben mir sah ich ihren festen, glatten Bauch, und ich stellte mir vor, wie die Haut des Huhns immer weißer, weicher und lappiger wurde. Der Ansatz ihrer Haare, auf dem ich auch meine Hand liegen sah, verschwand unter dem Gummiband ihres Slips, der faltig gerafft an ihr hing, zu groß vielleicht, aufgebauscht, da, wo es hineingeht. In der Vorstellung konnte ich nicht drinbleiben, und ich streifte den Slip zu den Knien hinunter und zog sie halb über mich. So blieb sie liegen und flüsterte mir etwas zu. Dann richtete sie sich auf und schälte eine Apfelsine. Die Schalen ließ sie aus dem Bett fallen, die Finger wischte sie an mir ab. Längere Zeit lagen wir wieder still und fühlten, obwohl es nichts zu sprechen gab, doch einen Drang zu sprechen. Aber die Angst davor, bloß Laute abzugeben, abwechselnd, nach dem Muster eines Dialogs, hielt uns ganz still. Ein paarmal überlegte ich krampfhaft, worüber ich mit ihr sprechen könnte, aber nichts fiel mir ein. Es geht immer «über» irgendwas. Wenn man redet, redet man «über» irgendwas, wenn man schreibt «über» irgendwas. Es ist eigentlich nichts. Wie Kommentare zu Friedensverhandlungen. SOLANGE VERHANDELT WIRD, WIRD NICHT GESCHOSSEN.

Ich nahm mir vor, ihr die Frage zu stellen, was uns eigentlich davon abhält, uns zu trennen und unsere Arbeit wiederaufzunehmen, zu unseren Notwendigkeiten zurückzukehren.

Ich wünschte mir eine Arbeit bis zum Umfallen, eine Arbeit, die einfach getan werden muß. Maria und ich gingen wieder aufeinander los. Wir mußten es wieder schaffen, diesen Körperwahn, dieses Frösteln und durchdringend süße Ziehen loswerden. Sie flüsterte. Sie hat ja Leibeskräfte, mit den Armen konnte sie mich ganz in sich hineinziehen, für einen Moment meinte ich, mich wehren zu müssen. Ich hatte sie nicht verstanden, dieses schwache, lispelnde, piepsende Stimmchen nicht verstanden. Und als ich nachfragte, was hast du gesagt, wiederholte sie es ebenso schwach und undeutlich, so als brauche ich sie gar nicht zu verstehen, nur zu hören. Unsere Hitze hätte auch ein Frösteln sein können, sie war auch ein Frösteln. Unsere Umarmung hätte auch ein Abschied sein können. Das Sprechen war noch immer eine Verlockung, aber das Nichtsprechen auch. Jetzt sprechen wollen und doch nicht sprechen können, sprechen müssen und es doch nicht können. Ich konnte das Ende, von ihr wegzufallen, gar nicht mehr abwarten, weil ich meinte, danach könne wieder gesprochen werden. Sie sah nicht aus, als sei sie jetzt bei mir, vielmehr schien sie an etwas ganz anderes hingegeben, etwas, wovon ich nie eine Ahnung haben würde.

Sie absolvierte schnell ein paar Zärtlichkeiten an mir. Mit den Fingerspitzen fuhr sie mir über die Brust, es war kaum eine Berührung, aber die Linien und Kurven, die sie beschrieb, stellte ich mir als ein Muster vor, das eine hinterhältig verborgene Bedeutung haben mußte. Dann wollte sie sich aus dem Bett hinauswälzen. Um sich zu waschen und schnell anzuziehen, natürlich, sie wollte schnell alles auslöschen, mir schnell wieder angezogen gegenübersitzen. Eigentlich wie ein Mann, dachte ich. Sie verhält sich wie ein Männchen: fertig, Aufgabe erfüllt, ein paar Spuren verwischen und nichts wie raus. Findest du es gut, mal wieder allein zu sein? Sicher, manchmal. Jetzt, fragte ich. Nein, jetzt nicht. Du lügst. Wenn du meinst.

Ich weiß, was du brauchst. Leute brauchst du, und wenn es auch artige Affen wären. Das sind für dich die wahren Feierlichkeiten, dir am Müggelsee von dem Kammersänger den Rücken eincremen zu lassen. Hinterher kann er so drollig sein mit seinen Anekdoten. Und du kannst ihn schnell mal ranlassen zwischendurch, damit das Drollige nicht aufhört.

Das war also das Sprechen. Ich wischte wieder weg, was ich gesagt hatte. Es war beinahe egal. Ich sagte, ich hätte es nicht so gemeint. Wir lachten auch.

Ich würde nie wieder die Kraft haben hinauszugehen. Der erste Luftschwall vor der Haustür würde mir Übelkeit verursachen. Der erste Handschlag würde mich in die Knie zwingen. Niemand würde mich willkommen heißen. Lasski vielleicht. Ich konnte mir vorstellen, wie er begeistert aufsprang von seinem Kneipentisch. Aber es würde keine Arbeit bis zum Umfallen geben, nicht für mich. Das Sprechen hätte ich endgültig verlernt. Ich würde nur für mich selbst leichte Sätze bilden, ein leichtes Leben in mir fühlen, ein leichtes, verschwindendes. Die geringste Ironie würde mich in Luft verwandeln, und endlich konnte an meine Stelle das treten, was vor mir da war.

Sie war für vierzehn Tage verreist, sie verreiste immer häufiger, aber das änderte nichts an der Geschichte, die immer länger dauerte. Ich hatte ihre Schwester kennengelernt, Linda. Linda hatte nichts gemein mit Maria, außer einer verblüffenden Ähnlichkeit, die aber immer mehr verschwand, je länger man sie ansah. Sie hatte mich einmal zum Essen eingeladen mit einem Studenten zusammen. Ich ging danach, der Student blieb. Einmal rief sie an. Sie habe Lust, mit mir Motorrad zu fahren, an den Wannsee oder in den Tegeler Forst. Ich kannte sie schon und wollte lieber arbeiten.

Ich blieb nicht mehr in Marias Wohnung, wenn sie weg war. Sie sei in London mit lustigen Leuten zusammen, sagte sie am Telefon. Manchmal deckte ich für den ganzen Tag das Telefon mit Kissen ab.

Was waren das für lustige Leute? Die Vorstellung von lustigen Leuten in London, die mit Maria zusammen waren, kam mir unglaubhaft vor. Sie hatte wohl gemeint, daß jeder auf seine Art genügend merkwürdig war. Leute, von denen ich ihr erzählte und die sie nicht kannte, ließ sie dagegen nicht gelten. Ich weiß, ich weiß, sagte sie dann, geschenkt, ach, das hat er wirklich gesagt, das ist ja toll, bemerkenswert. Von Lasski sprach sie immer als von «deinem Lasski», geh doch zu «deinem Lasski», was sagt denn «dein Lasski» dazu.

Lustige Leute, das konnten nur Leute sein, die sich um sie drehten, die sie bestechen und aufheben und fallenlassen konnte.

Ich hatte die Hefte mit meinen alten Eintragungen durchgeblättert, die Lasski und mich betrafen, vor drei Jahren, als wir zusammen am Wannsee wohnten. Als ich daran dachte, Ursel einen Brief zu schreiben, bekam ich eine kleinliche Angst. So als würde ich sie mit so einem Brief berühren, in sie eindringen. Weißt Du, Ursel, so hätte ich schreiben wollen, weißt Du, ich bin ein so schlechter Vater, schon deshalb, weil ich nicht bei Dir bin.

Mein Gefühl war sanft und warm. Ich freute mich über die in mir aufsteigende Rührung. Ich würde sie noch ein paarmal drängen müssen, auch tatsächlich in den Ferien nach Berlin zu kommen. Auch auf Erika mußte ich noch, am besten am Telefon, zahm und freundlich einreden.

Ich las das vorhin Geschriebene wieder durch. Es tönte laut auf dem Papier, allerdings leer und hohl, belehrende Sätze, kommentierende Sätze, Sätze über etwas, über die Industrie, die die Kultur und alle Gefühle zerstörte. Ganz schwach wurde ich unter der vorgetäuschten Macht solcher Sätze. Ich selbst war die Industrie, eine rauchende und dröhnende Figur, die nichts lassen konnte, wie es war. Es ist so, dachte ich, daß ich alles nur noch durch mich selber erklären kann, außerhalb gibt es keine Erklärungen mehr. Nur in meinen wahnwitzigen Vorstellungen passierte noch was. Wenn ich still dasaß, haue ich die beweglichsten Erlebnisse, aber auch die gefährlichsten Sprünge in dem Gefühl, zu leben. Ich ging ins Bad und rasierte mich vor dem kleinen runden Spiegel, in dem ich immer nur einen Teil meines Gesichts sehen konnte, eine sinnlos zufällige Hautpartie mit Stoppeln. Solche Tätigkeiten wie das Rasieren, das Abwaschen des Geschirrs, der Gang zum Briefkasten hatten noch etwas von der alten Notwendigkeit. Sie stabilisierten mich, und für ein paar Minuten konnte ich mir normal vorkommen. Aber dieses angenehme Gefühl einer Zugehörigkeit, einer gesunden Übereinkunft mit einer ruhig vorangehenden Gesellschaft, konnte ich nicht lange behalten. Ich lächelte ein paarmal nur für mich, als ich eine kindliche Angst vor dem Verrücktwerden bekam. Auf dem Fußboden standen die Schuhe. Mühsam machte ich mir klar, daß die herabhängenden Schnürsenkel keiner Erklärung bedurften. Ich sah mich auf einer Bank am Lietzensee die Zeitung lesen, junge Frauen mit Kinderwagen hielten auf dem Weg an. Ein Kind reichte mir seinen Lutscher, und die Mutter nickte mir freundlich zu, ein ganz nebensächliches Einverständnis, das mich auf bösartige Gedanken bringen mußte. Ich war die Treppen hinuntergerannt und hatte mir gegenüber Zigaretten gezogen. An der Ecke sah ich einen Mann, der einen Strohhut trug. Er hatte eine Hundeleine in der Hand, und als er mich sah, fing er an, in alle Richtungen zu pfeifen. Langsam ging ich wieder hinauf und setzte Kaffeewasser auf den Kocher. Ich hatte nicht die geringste Lust auf einen Kaffee, aber Lust auf das vertrauenerweckende Bild, so dazusitzen und Kaffee zu trinken.

Mit der Tasse in der Hand ging ich hinaus auf den Balkon. Der Mann mit dem Strohhut schaute zu den Häusern hinauf. Den Hund konnte ich nirgends sehen. Ich sah mir die Kontoauszüge an, die ich im Umschlag oben auf den Schrank gelegt hatte. In den letzten paar Wochen waren drei Rundfunkhonorare eingegangen für einen Aufsatz über das Identitätsproblem, alles in allem etwa 1500 Mark. Meine Ausgaben in demselben Zeitraum waren höher gewesen. Über mein Aufsatzthema hätte ich mit kaum jemandem sprechen könnten, mit Maria schon gar nicht, und insgeheim schämte ich mich auch, daß es überhaupt so etwas wie metaphysische Probleme gab. Irgendwie empfand ich sie als unaufrichtig, weil man sie niemandem an seinem Verhalten, seiner Kleidung und seinen Bewegungen ansehen konnte. Ich wußte, daß ich mich irrte. Mit Lasski hätte ich darüber reden können, vulgär und wenig theoretisch. So damals am Wannsee auf unseren Spaziergängen nach Nikolskoe und Kohlhasenbrück. Ich hatte über uns Eintragungen gemacht, auch Ansätze zu Dialogen. Lasski trug bei jedem Wetter einen dunkelblauen dünnen Perlonmantel. Manchmal bildeten sich auf dem Rücken Luftkissen. Meine Eintragungen aus dieser Zeit kamen mir heute verschroben vor, aufgebauscht und sehr entfernt von den tatsächlichen Erlebnissen und Gesprächen. Ich hatte den Eindruck, daß ich damals nichts, was ich erlebte, verwenden konnte. Offenbar war nichts passiert, was in einer Erzählung so hätte bleiben können. Allerdings hatte damals noch alles mit Erika zu tun, von der ich weg war wie von Ursel. Ich hatte oft vor der Schreibmaschine geweint und arbeitete, angetrieben von einem Entsetzen und der panischen Vorstellung, mein Leben sei unter mir weggezogen worden. Ich steckte mir noch eine Zigarette an und ging wieder hinaus auf den Balkon. Die Sonne war untergegangen, der Mann war nicht mehr da. Die Kneipentür im Haus schräg gegenüber stand weit offen, und ich konnte Musik und Stimmen hören, konnte mir diese Feierabendstimmung vorstellen mit Bier, mit den rumsenden Liedern aus der Box und den Köpfen und Freizeitjacken. Ich wollte zu Lasski gehen, ihn in Gesprächen festhalten, wenn er da wäre. In Gedanken fing ich einen Brief an Ursel an, aber der Körper war flau und taub, die Konzentration währte nur kurz.

Liebste Ursel, ich sitze hier und denke an dich. Ich stelle mir vor, daß wir wieder radfahren zusammen. Komm doch sobald wie möglich, auch ein Wochenende wäre schon mehr als nichts, das heißt, wenn Erika nichts dagegen hat. Ich vermisse dich mehr, als ich dir sagen kann (man kann ja nicht immer *mehr* sagen, irgendwann ist es dann nicht mehr wahr, aber es ist ja wahr) ...

Ich hörte damit auf. Zu mir selber hätte ich sagen mögen: Ich stürze mich in die Arbeit. Ich war neidisch auf die Wirklichkeit aller anderen, die schon das eigentliche Leben führten, während bei mir alles immer noch nur Vorbereitung und Provisorium war. Froh war ich jetzt, daß Maria mich nicht erlebte in dieser Verfassung. Ich komme wieder hoch, sagte ich mir, ganz gewiß, das ist sicher. Eine Freundin, eine, die schnell auftaucht und schnell wieder verschwindet. Nur ganz kurze Zeit gehalten werden, bis es wieder geht. Eine ganze Nacht lang hätte ich es nicht aushalten können. Sie sollten nicht einschlafen und sich nicht ausschlafen bei mir. Ich forderte sie auf, sich schnell wieder anzuziehen, ich zog mich ja auch an, um an der Ecke ein Bier zu trinken, nein, besser und schneller einen Schnaps. Ja, ruf mich wieder an, wenn du magst. Halt, ruf mich auf jeden Fall wieder an! Und ich ging zurück und sammelte die Haare auf und schüttelte die Laken und Decken aus. Nein, nicht das, lieber zu Lasski. Vielleicht würden mich seine Bosheiten anfeuern für eine Weile, Lasskis Gift, das auch in seinen beiläufigsten Bemerkungen enthalten war und hinterrücks wirkte. Obwohl ich nicht den geringsten Drang spürte, setzte ich mich auf die Kloschüssel und döste mit hängendem Kopf, streifte nur ganz flüchtig die eigenen Gedanken und betrachtete meine glänzenden weißen Knie. Ja, ja, Lasski, ja, Lisa, und das Wetter, und Ursel, der ich zu weit weg war, zu unverständlich, Maria in London, die Englisch sprach mit einer anderen Stimme, die Matte unter meinen Füßen, vielleicht sollte ich mal wieder wegfahren und unterwegs immer an Maria denken, der braune Roststreifen am Grund der Badewanne, der nie mehr verschwinden würde, der Mann mit dem Strohhut, wie er mich schnell mit einem Blick streifte und nach dem Hund pfiff. Wurde ich schon jetzt beschattet? Nein, ich doch nicht. Mildred und diese andere mit dem weißen, immer lächelnden Gesicht.

Ich wusch mir die Hände und setzte mir vor dem Spiegel die Sonnenbrille auf, die jemand auf der Ablage hatte liegenlassen. Es kam nichts heraus dabei. Ich ging ins Zimmer zurück und trank die Tasse leer. Die Wohnung dämmerte jetzt sogar vor sich hin, wenn ich da war. Kaum eine Spur von Leben, die nicht absichtlich angelegt war. Ein Raum, den ich immer verließ und in den ich immer zurückkehrte, ohne wirklich darin zu leben. Wenn ich von einer Reise zurückkam, hing über der Stuhllehne eine Hose von mir. Neben dem kleinen Teetisch mit dem Telefon standen Schuhe, neben den Schuhen lagen übereinandergeworfen die Socken, ein Fetzen Zeitungspapier, auf dem mit Kugelschreiber geschrieben stand: Tee, Zucker, Farbband. Das alles hatte ich so fallen lassen, hingelegt, hinterlassen. Hier war keine Zeit vergangen. Meist wusch ich mich schnell, zog andere Sachen an und ging schnell wieder weg.

Lasski kratzte sich den Ellbogen. Er tastete hinten nach seinem Portemonnaie. Der Wasserkessel dampfte, und die Fensterscheiben, hinter denen es jetzt ganz dunkel war, beschlugen.

Lasski rannte hin und her, als fühle er sich von mir angetrieben. Er vergaß immer wieder, was noch zu erledigen war, bevor wir gingen.

Oder trinken wir noch einen Kaffee? Dann müßtest du mal eben zwei Tassen abwaschen. Den ganzen Tag bin ich immer wieder aufgestanden, aber nur um mich wieder hinzulegen. Ich kann mir nichts mehr zumuten. Nichts vertrage ich. Du arbeitest wenigstens, aber ich hab nicht mal mehr die Kraft zu scheitern.

Ich wusch unter fließendem Wasser die zwei Tassen ab. Es roch hier im Zimmer nach Salben und Pomaden, nach abgenommenen Verbänden, eine kranke Luft, aber Lasski öffnete nie die Fenster, nur manchmal die Wohnungstür, und dann drangen hallende Stimmen und Schritte herauf, und man hörte ein flappendes Geräusch, wenn sich das Flurlicht ausschaltete.

Seit drei Tagen ist sie weg, sagte Lasski, krankgeschrieben natürlich. Gestern abend war Knieper hier, aber ich konnte Knieper nicht ausstehen gestern abend. Ich hab ihm gesagt, ich will allein sein, und dann bin ich doch wieder mit anderen woanders gelandet, verstehst du, überleg mal, was das heißt, schon wieder da gehockt die ganze Nacht. Mildred war auch da, ich kann ihr nicht entgehen, sie ist zu stark für mich. Im Grunde will sie gar nichts mehr, nicht wirklich. Sie hat nur noch Sehnsucht, sie ist selber nur noch Sehnsucht. Vor Sehnsucht schmeißt sie mir mein Porzellan kaputt. Den Rücken hat sie mir zerkratzt und das Porzellan zerschlagen. Du spürst richtig den Moment, in dem sie beschließt durchzudrehen. Wie soll ich das Liss erklären?

Seinen Jammer hätte er Mildred übergeben sollen. Warum ging ich nicht wieder weg? Dieses ganze ironische Lamentieren trieb er weiter und weiter. So wollte er gesehen werden. Damit machte er sich.

Seit Wochen lag im Zimmer diese zusammengekehrte Staubhalde, Haare, Flusen, eine zerknüllte Streichholzschachtel, weiße Reißzwecken, Papierschnitzel und das, was ich darunter nicht sehen konnte, jedenfalls historische Zeugnisse aus Lasskis Leben. Er hatte die Porzellanscherben dazugekehrt, und nun lächelte er den Haufen an, als läge darin der Beweis aller Vergeblichkeit. Das andere, sagte er, ist unten auf den Blumenbeeten gelandet. Er machte die Tür auf und steckte sich das Hemd in die Hose. Über den Fußboden wehten Flusenrollen. An der Wand stand ein alter, überlackierter Kleiderschrank. Ein Türflügel war immer offen, und wenn Lasski aus der Küche ins Zimmer kam, stieß er jedesmal mit der Schulter dagegen. Er hätte ein paar Bügel darin nur zu drehen brauchen, aber das würde er nie machen. Eher würde er den ganzen Schrank rausschmeißen. Mir war alles zu bekannt. Es kam mir so vor, als hätte er meine schwächsten und verzagtesten Anstrengungen übernommen und genüßlich stilisiert. Seine graue Tweedjacke hing über der Stuhllehne mit energisch ausgebeulten Ellbogen. Von seinem Tod überrascht, hatte er nicht mehr die Zeit gefunden, sie wegzuhängen. Ich hatte den Wunsch, mit einem Bügeleisen über die ausgebeulten Ellbogen der Jacke zu fahren, immer hin und her, bis sie weggebügelt, nach innen gebügelt wären.

Auf dem Tisch stand noch benutztes Geschirr. Auf einem Teller lagen abgebrannte Streichhölzer in einem Rest braunem Bratensaft mit kleinen Fettaugen. Lasski beugte sich breitbeinig über das Zusammengekehrte und kämmte sich die Schuppen aus dem Haar. Es fiel ihm nicht ein, daß ich ihm zuschaute. Wir tranken Kaffee, und er redete noch weiter über Mildred, die er endgültig abstoßen wolle. Dabei stellte ich mir vor, wie er sie mit einem Ellbogen vor den Kopf stieß.

Lasski machte die Tür wieder zu. Wenn er in «seine Kneipe» kam und sich etwas zu bedächtig und zu langsam durch das Gedränge schob, lag auf seinem Gesicht eine hektische Freude, nur der Mund war noch schiefgezogen in der Gewohnheit, auf Abstand bedacht zu sein und immer einen unverbindlichen milden Hohn auszustrahlen. An seinem Gesicht wischten Lippen vorbei; er ließ sich auch festhalten und in die Augen sehen. Mädchen zupften an ihm herum, bohrten Finger durch die Löcher in seinem Pullover. Sein Kardinalsgesicht blühte. Ich spürte, daß ich Lasski kaum noch ansprechen konnte. Ich hätte ihn gern gefragt, sag mal, hast du auch manchmal das Gefühl, daß sich alles, was du je aufgeschrieben oder gelesen oder wahrgenommen hast, in dir ausbreitet und sich ganz unverständlich organisiert zu einem anderen Leben? Du spürst es, verstehst du, aber du hast keine Gewalt darüber, und deshalb machst du lieber mit der Realität weiter. Verstehst du, Lasski, wenn du für Momente deinem Körper zuhörst, auf ihn hörst, kriegst du sofort ein schlechtes Gewissen, weil es Ketzerei Ist, ich meine, ich habe dann das Gefühl, mich an den Tatsachen zu vergehen. Aber in Wirklichkeit, was meinst du dazu, ist das Reale unrealistisch. Ich hab Tage, da glaube ich nichts mehr, am wenigsten das, was ich anfassen kann. Die Geschichten, die wirklich passieren, kommen mir am lächerlichsten vor. Ich sag mir ja auch, das ist die Wirklichkeit, Fabriken, Flugzeuge, Kuchenkrümel auf der Tischdecke, Schuhe, in die man seine Füße steckt, das Hin und Her von Import und Export, die Wespe am Arbeitsplatz, Schienenstränge, Baumblüten und wiederaufflackernde Kämpfe, darauf müssen wir uns berufen, davon werden wir kontrolliert. Die Realität? O Mann, Lasski, was haben wir da? Ist das krank? Ja, vielleicht ist das krank. Aber sind wir nicht spätestens dann am Ende, wenn alles erklärt ist, wenn das letzte Geheimnis aus uns rausgewaschen ist wie ein Dreck?

Lasski zog seinen dünnen Mantel an. Es ist verdammt kalt geworden, sagte er, aber einen Paletot halten meine Knochen nicht, ich würde das Futter durchschwitzen und bei lebendigem Leib verfaulen. Er ging vor mir die Treppe hinunter. Auf dem Treppenabsatz war sein Gesicht steil von oben beleuchtet; auf der Haut erschienen feine, helle Flocken, getrocknete Reste einer heimlichen Häutung.

Lasski, wie du die Treppe runtergehst, siehst du krumm und gebrochen aus.

Wieso, fragte er, ohne sich umzudrehen. Er zog die Haustür auf und blickte links und rechts auf die Straße. Alles in Ordnung, sagte er leise und winkte mich an sich vorbei.

Wir gingen nebeneinander, als hätten wir wirklich ein Ziel, irgendeine Besprechung, ein wichtiger Film, und ich kam mir jetzt auf eine komische Art zuständig vor für den Verlauf dieses Abends. Ich war aufgeräumter als vorher zu Hause, vielleicht dadurch, daß ich jetzt Lasski ein wenig verachtete. Die feuchte kalte Luft prickelte auf meinem Gesicht. Ich fühlte mich auf einmal in der Lage, Marias Abwesenheit zu genießen und vielleicht nachher noch die Nacht durchzuarbeiten. Wenn ich jetzt schreibe, dachte ich, wird es was, jetzt in diesem Moment müßte ich anfangen. Im Vorbeigehen sah ich durch das Fenster in eine Spielhalle, Jemand sah mich an; er hatte ein dunkles, narbiges Gesicht und trug eine schwarze Kunstlederjacke. Er sah trostlos aus und blickte weg, noch bevor wir vorbei waren.

Unter der S-Bahnbrücke am Savignyplatz parkte ein Polizeiwagen. Die Türen standen offen, und die Polizisten saßen in Gummimänteln und rauchten. Durch die Windschutzscheibe sahen sie uns gleichgültig an. Was machte Maria in diesem Moment? Na, wie war's in London? Ich sah das von Taubenkot gesprenkelte Pflaster unter der Brücke. Eine Autotür wurde zugeschlagen. Lasski klagte über kalte Füße. Von den Eisenträgern der Brücke gingen Rostspuren bis an den Rinnstein. Maria konnte mich nicht aushalten, auf die Dauer nicht. Zurückzukehren, das war eine Eigenschaft von ihr. Ich war froh. Ich hatte Lust, mir alles gleichgültig werden zu lassen, nur etwas Bestimmtes wollte ich tun, morgen früh, konzentriert anfangen. Vielleicht auch die alten Eintragungen vom Wannsee verwenden.

Ein paar Männer lungerten um das Pissoir herum, in Lodenmänteln und Trenchcoats, lauernd – sie blickten gerade immer in die andere Richtung. Auch Jüngere, in engsitzenden Hosen, die schlank mit kleinen Hintern und großen Frisuren auf der Stelle festfroren. Auf Lasskis Schultern lagen feine Tautropfen. Was ich sah, machte mich nur noch unternehmungslustiger. Lasski hauchte in seine Hände. Ich fühlte mich so aufgeräumt, so stabil auf den Beinen, daß ich zugleich Angst davor hatte, diesen Zustand wieder zu verlieren. Aber wir gingen auf den beleuchteten Eingang der Kneipe zu.

Ich war wieder ins Ruhrgebiet gefahren, weniger zu Erika, die ich sehen mußte, mehr zu Ursel. Die Trennung wurde wieder zu einer Trennung, und Ursel schien immer noch keine Ahnung zu haben, wie verlassen sie von mir war. Erika benutzte unsere Betten und Teppiche weiter mit einem neuen Partner. Nach und nach hatten sie mich herausdesinfiziert. Ich war nur ein böser Traum. Alle anderen Möbel waren neu, das und das erneuert, wie die Frisur von Erika, wie ihre Kleider aus fremdem Stoff. Zahlungsbefehle hatten mich in Berlin erreicht. Obwohl ich immer noch gebückt und verdrückt ging, sah ich mir die Leute wieder etwas genauer an, nahm auch manchmal jemanden mit nach Hause, aber nur kurz. Für Ursel zahlte ich hundert Mark im Monat. Meine Fragen waren Geldfragen. Finanziell hatte mich Erika tief verletzt. Sie hatte ihr neues Leben. Sie saß auf einem Stuhl, als ich kam. Es war das Weiterleben der

Hinterlassenen. Einmal, als ich noch einen Schlüssel hatte, war ich in die Wohnung eingedrungen. Die Betten waren in Unordnung, Flecken auf den Laken, am Boden hartgewordene Papiertaschentücher. Ich durfte da nicht mehr mitspielen, das war es, was mir den Stich gab, viele Stiche, Schmerzen, die man fühlt, wenn man meint, der Beste zu sein unter vielen Unwürdigen, unerkannt. So konnte ich mir nur vornehmen, mich von alldem noch weiter zu entfernen. Der neue Partner rauchte Zigaretten ohne Filter; die Kippen lagen zusammengedrückt in der gleichmäßig feinen Asche – die Rückstände des an mir begangenen Unrechts. Dafür waren sie nun eingeschlossen in grauer eintöniger Arbeit. Der Himmel war bedeckt, und für sie würde er nie aufreißen. Wenn sie von ihren Arbeitsplätzen heimkehrten, richteten sie sich ein wie Feiernde. Ursel kniete in ihrem Zimmer vor dem Plattenspieler. Ich fühlte mich aber jetzt als Betrogener und Verlassener ganz wohl. Es war eine etwas schmerzende, haltlose Freude. Ich suchte nach Briefen, fand aber keine. Wenn ich in den Korridor hinaustrat, hörte ich die Küchenuhr ticken. Ich hob die zerknautschten und fleckigen Kopfkissen an; da lagen Haare von Erikas Haaren, eine Klammer und auch wieder hartgewordene Papiertaschentücher. Auf dem Teppich war ein roter Wachsfleck, weiß am Rand. Vor dem Fenster stand ein Hocker, auf dem zusammengefaltet eine dunkle Hose lag. Unter dem Hocker, als sei da ein besonderer Ort, stand ein Paar schwarze Halbschuhe, die Öffnungen gefüllt mit grauen Socken. Als ich den Kleiderschrank öffnete, wunderte ich mich darüber, daß ich erleichtert war, als ich keine Sachen von ihm fand. Ein Anzug von mir hing auf dem Bügel; er kam mir wie der Anzug eines Toten vor, ein für allemal leer. Ich brachte es nicht mal fertig, in die Taschen zu fassen. Er sollte ihn fortan tragen mit meiner Billigung. Alles sollte er haben und mit seinen großen Füßen darauf treten. Ursel lebte ja nicht hier um das Paar herum, sondern «vorübergehend» bei den Großeltern. Ich bückte mich und schabte mit der Klinge des Taschenmessers weiße Flocken von dem Wachsfleck herunter. Ich weiß nicht, ob ich dann, als ich überall suchte, in Schubladen und Schachteln und hinter den Bücherreihen, nach Geld suchte. Ich war gerade so, daß ich das Geld sicher an mich genommen hatte. Das Wohnzimmer war wie die Küche peinlich sauber. Nur die Betten ließen sie also sich selbst zur Strafe in diesem Zustand. Dieser Mann faßte Erika ins Haar und schlug ihren Kopf gegen die Wand. Wo hatte sie diesen Blumenhocker her, auf dem in mehreren Etagen, die wie Blätter an einem Zweig angeordnet waren, Topfblumen standen? Aus der Mitte des Bücherregals war ein Brett entfernt worden, und in der Öffnung stand der Fernsehapparat. Sie saßen auf dem Sofa und sahen so ein Programm. Er sah versonnen aus, in der einen Hand die Bierflasche, die andere auf Erikas Nacken, so als liefe das Programm in ihm selbst. Erikas schöne Beine standen gleichmäßig nebeneinander, der Rock war ein wenig hinaufgerutscht und so, als solle ihr ganzes Leben nach einer solchen Ordnung verlaufen, winkelte sie die Beine nach links ab, ohne ihre parallele Haltung aufzugeben, nach einer Weile aber, wie im Schlaf, nach rechts. Ihr Gesicht hatte den Ausdruck der Entschlossenheit, alles in Ordnung zu finden. Im Schrank fand ich eine halbleere Flasche Whisky. Ich nahm einen großen Schluck und stellte sie wieder zurück. Auf einmal tat mir doch der alte Anzug leid; ich spürte eine Verpflichtung, ihn in Sicherheit zu bringen. Der Anzug blieb aber, wo er war. Ich setzte mich in einen der Sessel, um eine Mitteilung an Erika zu schreiben, stand aber, als ich in einer Tasche einen Zettel gefunden hatte, wieder auf und benutzte das Fensterbrett als Pult. Ich schrieb, daß ich die vorläufige Trennung nun als eine endgültige betrachten wolle, einseitig, ich meine, von meiner Seite her, mit steinerner Miene, ja, ich – fühlte wirklich mein Gesicht über dem Geschriebenen erstarren, Liebe Erika, hiermit – Ich blieb kalt und kurz, und es las sich stolzer, als es geschrieben worden war. Der Schrank war noch unser gemeinsamer, ein stickiges, vollgestautes Möbel; die Stühle dumm um den Tisch herum versammelt. Mutwillig setzte ich mich noch einmal an diesen Tisch und stützte das Kinn auf den Arm. Wertlos gewordene Erinnerungen rutschten von mir weg in den freien Raum. In der Badewanne war ein speckiger Rand, durch den ich, wie einen Radiergummi, meinen Finger schob. An der Leine hingen trockene Strumpfhosen von Erika. Der Mann war von einer ruhigen selbstsicheren Härte, dann wieder ein weicher, gepflegter Kaufmannssohn mit schulterlangem Haar, der donnerstags zum Kegeln ging. Er hinkte leicht oder hatte doch einen Sprechfehler. Der beschriebene Zettel lag auf dem Tisch, und ich setzte mit einer Endgültigkeit, die mich erschreckte, den schweren Kristallaschenbecher darauf. Dieser Bewegung würden andere zwangsläufig folgen, die das Leben von Ursel veränderten. Ihre Fragen, wann ich denn endgültig wiederkäme, würde sie immer seltener stellen und immer abwesender, mit einem immer lahmer werdenden Interesse. Ursel weinte ins Kopfkissen, ohne ihrer Mutter dafür einen Grund nennen zu können. Sie malte Aquarelle, auf denen alles zerfloß, und wenn sie trocken waren, zog sie, den ganzen Körper auf den Stift gestürzt, Konturen hinein.

Das war ein falsches Leben gewesen; auch dann, wenn ich nie ein richtiges Leben würde führen können, war das Leben ein falsches gewesen. Ich wollte schon die Wohnung verlassen, da sah ich im Korridor, daß sich die Scheibe im Stromzähler drehte. Im Bad brannte noch Licht. Ich schaltete es aus. Dann schloß ich hinter mir die Wohnungstür und warf den Schlüssel durch den Briefschlitz. Die ersten Treppen hinunter nahm ich wie der flüchtende Mörder in einem Appartementhaus, aber da hörte ich jemand von unten heraufkommen und ging langsam weiter. Es war eine Hausbewohnerin. Sie sah aus wie früher, trug sogar Mantel und Frisur noch wie früher, als steckte sie in der Vergangenheit, ohne es zu wissen. Sie blieb, während ich grüßte und an ihr vorbeiging, auf das Geländer gestützt stehen und sah mich mit bedauerndem Kopfschütteln an, so als habe sie meine Erniedrigung am eigenen Leibe erfahren.

Die Haustür wollte ich rasch hinter mir zuziehen, aber der Schließmechanismus gab viel zu langsam nach, ich hatte es vergessen, und so ging ich einfach weg und hörte noch die Tür langsam und weich ins Schloß fallen.

Alle Anzeichen deuteten auf Mord hin. War das nur meine Verfassung, mein Gesetz? Oder deutete jeder auf den Straßen und in den Wohnungen einen Mord schon an, den er für sich beschlossen hatte nach so langer Zeit der Friedfertigkeit, des Zurücksteckens, des aufgeschichteten, immer unerträglicher werdenden Friedens um die Wohnlöcher und Arbeitsplätze herum. Irgendwann mußte das weichste Polster Druckstellen verursachen. Es konnte auch mit geringeren Folgen abgehen, wie meist bei Lasski, wenn er seiner Lisa mit Tritten die Haut von den Schienbeinen schürfte. Lisa schrie dann und rannte im Bademantel ans Wannseeufer hinunter, wo ihr eine ältere Frau den Kopf hielt, bis der Kopf wieder ruhig war. Einmal hat Lasski mir erzählt, wie er sie manchmal töten wollte und tatsächlich ihren Körper angriff, aber den Griff nach ihrem Hals, den ließ er sein, weil er, wie er sagte, sich selbst kaum trauen konnte. Es hätte ihm auf einmal alles gleichgültig werden können außer diesem Daumendruck auf den Kehlkopf. Mit seinem verspielten Interesse hätte er die Folgen deutlich in ihrem Ablauf gesehen, Lisa, wie sie an ihm hinunterglitt und noch einen Halt suchte an seinem Gürtel und wie er ihr gespannt nach untenhin nachsah, ihren Fingern, die sich vergeblich festzuklammern suchten, bis sie komisch, mit ausgestreckten Beinen, auf dem Boden saß. Er hätte gerade, um die Zwangsläufigkeit der Folgen, eingeschlossen das Elend in der Haft, nicht zu unterbrechen, den Kehlkopf eingedrückt. Er habe sich auch vorgestellt, wie sie ihn beim Sterben ansah, mit einer erschrockenen Neugier, ob er ihr obendrein auch noch die Tat erklären wolle. Er hätte zwar eine Erklärung gehabt, sagte Lasski, aber zu der Tat gehöre es dann auch, sich nicht mehr zu erklären. Lasski sagte, er habe ihren Hals immer nur genau angesehen, bis sie wieder schluckte.

Niemand, der mir begegnete, sah aus, als hätte er nichts zu verbergen. Wirkliche Gewalt, nicht mehr bloß eine Vorstellung davon, wirkliche Gewalt auf Leben und Tod, keine verschleierte oder verfilmte, keine, die nur Erinnerung war oder Ahnung, sondern eine, die hier passierte und in der wirkliche Körper und nicht die Träume davon, übereinanderstürzten und unaufhaltsam versanken. In der Straßenbahn trat ich einem Mann auf den Fuß und entschuldigte mich. Die Leute, die sich an Stangen und Griffen festhielten, sahen alle aus, als könnten sie es noch eine Weile aushalten, so wie sie waren. Ich wußte, daß Erika heute abend ins Kino wollte. Überhaupt war es ihr lieber, wenn wir alles weitere telefonisch besprächen. Frühere Bekannte hatten mich eingeladen. Ich hätte dort auch übernachten können, aber ich rief sie nicht mehr an, sondern nahm mir in einem Hotel ein Zimmer. Die ganze Stadt glomm nur schwach durch Nebel und Dämmerung, und es kam mir so vor, als geschähe hier auch nichts mehr. Ein paar Körper bewegten sich später in der Dunkelheit wie nichtswürdiges, an zufälligen Rändern und Kanten entlangkrabbelndes Ungeziefer, hinten auch, am Ende der Straße, in ein fahles Lichtfeld gezwängt, wie angetrieben von dem besinnungslosen Wunsch zu entrinnen. Eine Leuchtreklame flackerte immer wieder kurz auf, um dann wieder eine Weile dunkel zu bleiben. Hinter den Scheiben eines Schnellrestaurants, dessen Eingang von einer Jalousie verschlossen war, konnte man in der schwachen Nachtbeleuchtung Hocker und hohe Eßtische erkennen. Ebenso waren die Schaufensterpuppen nur schwach beleuchtet zu ihrer Sicherheit: wie wirkliche, wirklich gewordene Gespenster hielten sie inne in ihrem Leben, in einer Phase ihrer Bewegung, ihres

Gehens, ihrer unheimlich verbindlichen Abwesenheit. Gleichzeitig schienen sie aber wirklicher und faßbarer zu sein als ihre Kopien, die sich an den Fassaden entlangdrückten, um Häuserecken gingen und sich und allen auch die Verlassenheit verschwiegen. Es war mir ein elender Gedanke dazuzugehören, obwohl ich doch morgen, bei Tageslicht, wieder zu tun haben würde. So fühlte ich mich vergehen wie diese Nacht. Ich hatte viel Zeit und wenig Zeit, und dann wieder hatte ich alle Zeit auf einmal, ohne damit etwas anfangen zu können. Ich fühlte eine Sehnsucht nach Menschen, ohne aber zu vergessen, daß ich niemand auf mich aufmerksam machen konnte. Meine innere, eigene Zeit, die ich einmal beliebig beschleunigen oder verlangsamen konnte, war ausgelöscht. Aufgeregt wie ein Tier suchte ich danach, aber es war zu spät. Nur eine Ahnung war mir geblieben von einer anderen Zeit, die ruhig ihre Bewegungen gegen die allgemeine vollführte, mir selbst aber verborgen war, unbetreten, ungenutzt, ein dunkler, unter der Erde unauffindbarer Flußlauf. Wie schwierig war es nun auch noch, sich die Bewegungen in den Körpern der anderen vorzustellen, die da über der Biertheke hingen, die Hand um ein Glas geklammert und stumpf auf die Flaschenregale starrend.

Wenn ich dann aufschrieb, daß ich nach dem letzten Bier zu Fuß zum Hotel ging und meine eigenen Schritte selbst das waren, was mich zu größerer Eile anspornte, war ich sicher, an Maria gedacht zu haben. Aber Maria kannte ich noch nicht. Der Portier richtete sich im Sessel auf und schob mir den Schlüssel über die Glasplatte. Der Aufzug ruckelte mit mir hinauf. Den Koffer ließ ich zu und legte mich in Unterhose und Hemd ins Bett. Das Zimmer blieb so, als sei ich nicht da. Es war ganz und gar vergessen, die Gondel eines Luftschiffs in den Wolken.

Am nächsten Nachmittag holte ich Ursel bei ihren Großeltern ab. Sie schien zerstreut und aufgestört von meinem plötzlich fremdem Erscheinen. Als ich mit ihr den langen Weg durch die Gärten ging, der bis in den Herbst hinein immer dichter zuwuchs, so daß die von links und rechts nach innen hängenden Zweige sich stützten zu einer Art Laubengang. Ursel blieb zerstreut, aber ich vermutete, sie wollte mir damit helfen, damit nicht etwa unser Treffen eine eindeutige Situation ergab, die wir mit unserer Trennung in Zusammenhang bringen mußten. Sie machte Andeutungen, aber so, als seien sie nur für sie selbst bestimmt. Ihr Großvater hatte etwas Verabscheuungswürdiges gesagt oder getan.

Sie sah zufrieden darüber aus, daß sie mir schon etwas zu verheimlichen hatte. Beide übten jedenfalls ihre Obacht und das, was sie für Erziehung hielten, gegeneinander aus, auf verschiedene Weise. Wo der Weg beinahe zugewachsen war und man sich mit den Armen rudernd den Kopf frei halten mußte, nahm ich Ursel in die Arme und hob sie zu mir herauf. Das war unpassend, erst recht, da ich mich umsah, ob auch niemand käme, und sie spürte es auch, dazu war es zu spät, und sie spürte auch, daß ich unsicher und verlegen wurde und machte sich steif und glitt wieder durch meine Arme hinunter. Ich bückte mich und umarmte sie, wie sie dastand, voller Demut, zerknirscht und ertappt jetzt, worauf sie mich streichelte und beruhigend auf mich einsprach. Der Weg führte auf einen Spielplatz, auf dem stählerne Turngeräte, Leitern, Rutschbahnen und Turnstangen befestigt waren. Sie wollte gar nicht rutschen, ließ sich aber von mir dazu überreden.

Dieser Herbst, es war schon kurz vor dem Dunkelwerden, war naß und kalt, die Luft schmierig und klamm. Der Sand hier hatte sich in dunklen Schlamm verwandelt, und wir stiegen vorsichtig über Pfützen, auf denen farbige Ölkringel schwammen. Sie war erst sieben, aber war sie nicht soeben erst drei gewesen? Ich fühlte ihre kleine warme Hand in meiner Hand. Als sie drei war, stürzte sie auf der Kellertreppe; ich hörte einen feinen Porzellanton, bevor sie zu schreien anfing. Sie hatte sich eine Zahnecke abgesprengt, und mit dem Gesicht auf der Stufe war sie liegen geblieben, als dürfe sie sich jetzt schon nicht mehr bewegen.

Sie wird es nie erfahren, dachte ich, welches Leben ich in Berlin führe, die Beine tief unten in meinem Souterrain, das Fenster unten vom Gehsteig schräg angeschnitten; an meinem Tisch, das Gesicht in den Händen eine, die mir soeben gesagt hat, daß ich sie ausgenutzt habe. Es ist wahr, ich hatte sie ausgenutzt. Sie ging weg und verschwand in einer Einkaufsstraße. Ursel rutschte, und unten stand ich, unnötig, mit ausgebreiteten Armen, unter denen sie hinwegtauchte. Ich sah dann kaum noch hin, wie sie immer wieder hinaufkletterte und hinunterrutschte. Ein paarmal löste sie sich in Luft auf, bis sie wieder auf den Beinen stand. Dann zählte sie mir ihre Freundinnen und Freunde auf. Sie beobachtete mich, als müsse ich ihre Spielgefährten an den Namen erkennen. Sie staunte, als ich ihr sagte, ich kenne sie nicht. Im Gang des D-Zugs von Berlin hatte ich sie mir vorgestellt, aber ich ahnte da schon, daß es bereits wieder veraltete

Bilder waren, aus ihrem vergangenen Lebensjahr, die beim Wiedersehn sofort ausgelöscht sein würden für immer. Der Zug fuhr durch ein falsches, verschränktes, wie spiegelverkehrtes Ruhrgebiet; es sah so aus, als führe er nur unendlich lange Rückseiten von Orten und Vorstädten ab.

Die offenen Industriehallen, die Rangiergelände und dann wieder die dunklen, wie beschwichtigt zurückliegenden Wohnhäuser waren von einem so abgestandenen und würgenden Grau, daß ich sie mit keinem Bekannten von früher in Verbindung bringen konnte. Sie würden alle diese Umgebung entrüstet von sich weisen. Ein niederdrückender, dickflüssiger Himmel, in den der Rauch aus Schloten ockerfarben wie dicke Teichklumpen einsank. Eine zerdrückte, in Schollen abtreibende Landschaft, weiter entfernt neugebaute Schulen und Turnhallen, einzelne Bäume, kahl, händeringende Gestalten, Basalthaufen und Hochspannungsleitungen, hinter eingesunkenen Zäunen Reihen verwachsener Kohlstrünke. Teppichstangen. Eine lange Autoschlange vor der Bahnschranke. Einer wischte von seinem Sitz aus mit einem Lappen die Scheibe ab. Dann sah ich dem allen nichts mehr an; ich spürte nur noch, wie dieses Bild durch mich hindurchwuchs, so daß ich mich gar nicht mehr distanzieren konnte und gleichgültig, wie ein beruflich Reisender, alles an mir vorbeiziehen ließ. Todgeweiht und blind hatte ich mich darin bewegt, viele Jahre, meine Kindheit war dort versunken. Ich hatte keinen Menschen kennengelernt. Meine Eltern waren dort versunken. Ich hatte fast nichts bemerkt, aber etwas doch in meinen eigensinnigen, käferhaften Versuchen, an der Oberfläche zu bleiben. Schwach und ohne Hoffnung dachte ich jetzt daran, daß ich Ursel da herausholen, in Sicherheit bringen müßte.

Damals, bevor ich endgültig nach Berlin umzog, hatte ich nur noch eine Prüfung zu bestehen. Das Kind konnte ich gar nicht mehr ansehen, ohne daß mein Blick zusammenbrach. Ich stand in einer Haustür, die von Bäumen gegen das Laternenlicht abgeschirmt war. Erika stieg aus einem Sportwagen, und um vollkommen unglücklich zu sein, schlug ich sie, die einen neuen grünen Trenchcoat trug, der seitdem an einem Ellbogen durchgeschlissen war. Auf diese Weise wollte ich auch ganz ins Unrecht kommen. Mit der Faust kam ich ein paarmal in ihr Gesicht hinein und wurde erst wieder ruhiger, beinahe versöhnlich, als ich den harten Widerstand ihrer Backenknochen in den Fingern spürte. Sie ergab sich und wollte auch ganz niedergeschlagen werden, wie eine Puppe ohne Kniegelenke an der Hauswand zu Boden rutschen, die Beine flach und gespreizt auf den Gehsteigplatten und mich verschwommen und willenlos ansehen.

Es war etwas passiert, aber das half mir nicht in meinem Verhältnis zu Ursel. Ich wich sogar Ursels Blicken aus, als hätte ich sie auch geschlagen. Sie hatte viel Ähnlichkeit mit Erika, und das fand ich immer schamlos, sich so an ein Kind weiterzugeben. Und Ursel schien das noch nicht auszureichen; sie ahmte Erikas Gang nach, ihre Handbewegungen und ihren geringschätzigen Blick für alles, was sie sich nicht erklären konnte. Meine Nase war vom Schnupfen verstopft, zugebacken in der trockenen Heizungsluft. Wie ich mir auf dem Gang stehend, ungeduldig den Mentholstift an die Nase hielt und tief durchzuatmen versuchte, fühlte ich mich obendrein wie einer, der hier eine alte Rechnung zu begleichen hat. Und ich fühlte mich auch wie einer, dessen früheres Leben hier in seiner Abwesenheit weitergegangen war. Nachdem ich Erika wieder aufgerichtet hatte und im Laternenlicht ein paarmal um sie herumgegangen war, während sie den verletzten Arm beugte und streckte und ihr Gesicht befühlte und den Mantel abklopfte, gingen wir zusammen essen. Ich wollte gar nichts mehr sagen, ihr nur noch in allem zustimmen und alles tun, was sie wollte. Beim Essen, Pizza, sah ich meine Schläge wieder, ihr weiches, kaum erstauntes Gesicht, wenn es getroffen wurde, meine Wut, die ganz schnell mit den Schlägen aus mir wich. Ich bedauerte sie wie eine Fremde, die mich nur deshalb nicht will, weil sie mich nicht kennt. Deshalb, glaube ich, wollte ich ihr mit den Schlägen auch wieder näherkommen, zugleich sie einfach, ohne es ausdrücklich zu wollen, totschlagen, damit ich sie sicher in der Erde hätte; auf sie regnen und schneien sollte es, damit sie nichts mehr erleben konnte, meinetwegen auch mich nicht mehr; aber andere sollten mich erleben. Die Pizza und die vollgehängten Mantelhaken, das Geraune der anderen aus den Nischen, der unter der Decke ausgespannte Fetzen Fischnetz gaben mir zu verstehen, daß ich Erika endgültig verloren hatte. Ich wollte sie jetzt auch verloren haben, sie heraushalten aus mir, sie verschleudern. Eine wohltätige Einsamkeit stellte ich mir vor. Und sie war, unbegreiflich, schon wieder die Erika von vorher, hatte sich schnell den Dreck weggewischt und sich neu geschminkt, schien sich gar nicht mehr geprügelt zu fühlen. Ein Recht hatte ich wohl an ihr begangen, und es schien ihr nur noch darauf anzukommen, daß niemand ihr etwas anmerkte. War es denn nicht neues Unrecht an mir, daß sie mich auch noch zu verstehen schien, ein Gefühl für mich haben wollte? Ich fand es schon anmaßend, daß sie mich überhaupt verstehen wollte. Und es war die letzte Kränkung, ein erniedrigender Höhepunkt, daß sie von meinen Schlägen nichts mehr wissen, sie mir auch nicht nachtragen wollte. Meine Faust lag auf der Tischplatte und zitterte noch immer. Sie legte ihre Hand auf meine. Vielleicht hatte sie mich auch schon töten wollen, mir eine Aussicht auf ein Leben wegnehmen. Vielleicht wollte sie mich auch gut in der Erde haben. Da zog ich meine Hand unter ihrer hervor. An meinen Fingerknöcheln klebte Blut. Ihre Beine neben mir auf dem Stuhl waren etwas nachlässig geöffnet. Die Pizza zog Fäden. Ich mußte mich umschulen auf andere Bedingungen, anderes Sprechen, andere Bewegungen, eine ganz neue Aufmerksamkeit, ganz andere Essens und Schlafenszeiten. Erika stürzte in die Fallgrube, die ich hinterlassen hatte. Erika hatte jetzt ganz schwarze Zähne wie auf einem Schulfoto aus der Zeit der Evakuierung im Allgäu. Ihr Gesicht sah schwer geprüft aus. Die Zahlungsbefehle schickte sie mir nach Berlin. Das Kind blitzte längere Zeit bei ihr ab. Bepackt mit Tüten und Paketen kam sie aus dem Kaufhaus. Ein paar Bekannte, die sie wiedergetroffen hatten, sagten, sie sei selbstbewußter als zu meiner Zeit. Das Kind wollte sie mir nicht geben; das Gericht sprach es ihr später auch zu, weil ich es gewesen war, der sie böswillig verlassen hatte. Aber das war schon nicht mehr zu meiner Zeit.

Eine Schlagersängerin hatte sich in Maria verliebt. Sie erzählte es mir, und ich fragte warum, was machst du jetzt mit ihr? Sie ruft immer an, sagte Maria, sie ist ganz kindlich; ich weiß gar nicht, was sie eigentlich von mir will. Maria hatte bei Plattenaufnahmen dabei sein müssen. Zweimal übernachtete die Schlagersängerin bei ihr. Ich ging hinauf und klingelte. Die Schlagersängerin machte auf und fauchte mich sofort an, Maria sei nicht zu Hause. Da erschien Maria hinter ihr. Sie war verlegen, lachte aber auf jeden Fall, und sagte zu ihr, es sei schon gut, schon in Ordnung. Später dachte ich manchmal, sie hätte gesagt: Der da, der ist schon in Ordnung, ich bürge für ihn. Maria nahm ihren Mantel und kam mit mir. Sie sei in ein paar Minuten zurück.

Zwei Tage später lag bei mir im Korridor ein Briefumschlag mit Marias Wohnungsschlüssel. Sie habe schnell für ein paar Tage nach Düsseldorf reisen müssen. Bitte auch die Post hereinholen! Nicht böse sein! Ich ging in Marias Wohnung, um zu arbeiten. Auf dem Weg dorthin fiel mir ein, daß ich geträumt hatte. Sie hatten mich mit einer Wäscheleine an den Korbsessel gefesselt. Maria lag mit nassen, herabhängenden Lokken auf der Schlagersängerin und flüsterte. Ich konnte nichts verstehen. Nachher saßen sie nackt am Tisch und tranken Tee. Auch mir flößten sie Tee ein. Die Sitzfläche knisterte unter mir, und ich bat Maria, mehr Licht zu machen. Marias Auto war nicht da. Sie hatte es wahrscheinlich mit zum Flugplatz genommen. Ein grauer Volkswagen parkte genau vor ihrem Haus. Als ich näher kam, wurde von innen die Beifahrertür aufgemacht und ein Schäferhund sprang hinein. Das Auto fuhr sofort ab. Die Wohnungstür war angelehnt. Ich dachte zuerst an

Einbruch, dann an die Schlagersängerin, an ihre Ermordung. Ich klingelte. Vielleicht hatten die Handwerker in die Wohnung gemußt. Es rührte sich nichts. Mir fiel komischerweise auch Lasski ein. Dann Marias Verbindungen nach Ostberlin. In einem Verhör hätte sich herausgestellt, daß ich sie kaum kannte. Ich dachte daran, unten den Hauswart zu rufen. Ich klingelte noch einmal. War die Schlagersängerin nicht mit Maria nach Düsseldorf geflogen? Oder Maria mit der Schlagersängerin, damit sich da mein Traum ohne mich erfüllte? Ich ging hinein. Im Korridor flog ein Stück Lehm von meinem Schuh. Ich machte die Tür zum Durchgangszimmer auf, stellte mich auf die Fußspitzen und lauschte. Dann ging ich langsam und laut, eher polternd durch das Zimmer und öffnete die gegenüberliegende Tür, das heißt, sie war nur angelehnt, und ich stieß sie auf und blieb stehen. Dann zog ich die Schultern hoch und ging in ihr Arbeitszimmer, in dem noch immer einige Bücherkartons ungeöffnet an der Wand standen. Ihre Aktenordner lagen auf dem Teppichboden verstreut. Ich stürmte geräuschvoll durch Wohn- und Schlafzimmer, kehrte wieder um und sah in Küche und Bad nach. Es schien alles unberührt zu sein, bis auf die Ordner. Ich rannte zurück und machte die Wohnungstür zu. Das Schloß schien auch nicht versehrt zu sein, und ich fragte mich, warum der Einbrecher die Tür nicht wieder zugezogen hatte.

Auf dem Schreibtisch lag auf einem Schnellhefter ein Foto der Schlagersängerin mit schräg hindurchgeschriebener Widmung. In dem Schnellhefter waren noch mehr Fotos von ihr, auch solche, auf denen Maria mit verschiedenen Leuten zu sehen war. An ein Porträt von ihr war ein kleines

Paßbild von mir geheftet. Neben dem Schnellhefter lag ein Stapel Briefe, die meisten von der Schallplattenfirma, alle mit neuerem Datum und wahrscheinlich noch unbeantwortet. Der Lederbecher mit den Bleistiften und Kugelschreibern war umgekippt. Die Deckel der herumliegenden Ordner standen hoch, und ich sah, daß darunter die Klammern nicht wieder geschlossen worden waren. Die meisten trugen auf dem Rücken die Aufschrift Korrespondenz. Die Maschine stand neben dem Schreibtisch auf dem Boden, zugedeckt mit der Plastikhülle. Ich blätterte die auf dem Tisch liegenden Briefe durch; die Anrede auf fast allen lautete, *Liebe Maria,* zweimal *liebste Maria.* Ich spürte keine Gier weiterzulesen. Ich nahm einen der Briefe von der Düsseldorfer Filiale und wählte die Nummer.

Aber erst am Nachmittag konnten die Leute von der Filiale Maria erreichen. Sie rief zurück, und ich sagte ihr, es sei eingebrochen worden. Ob ich die Polizei benachrichtigen solle. Ja, sagte sie, nein, warte mal, das will ich selbst erledigen, ich komme morgen, ja, morgen schon. Ob etwas fehle, ob die Tür noch schlösse. Sie hörte sich kaum nervös an. Warte mal einen Augenblick, sagte sie, und sie hielt nun offenbar eine Hand auf die Sprechmuschel. Bist du noch da, ja, also ich komme morgen nachmittag. Sag mal, hast du eine Ahnung, wer es war, hast du irgend etwas bemerkt? Nein, sagte ich und unterließ es, ihr von dem abfahrenden Volkswagen und von dem Hund zu erzählen. Kannst du es dir erklären, fragte ich. Ich hab nicht die geringste Ahnung, sagte sie. Sag mal, kannst du nicht bis morgen bei mir bleiben? Dann leg doch die Kette vor. Bis dann also, mach's gut. Ich legte sofort die Kette vor, schloß zweimal herum. Dann arbeitete ich an ihrer Maschine ein paar Stunden. Bis morgen nachmittag hatte ich ihre Wohnung nicht mehr verlassen wollen, aber nun erschien mir der Einbruch immer nebensächlicher. Im Kühlschrank waren nur ein paar Käse- und Wurstreste. Ich machte mir einen Kaffee und rief Ursel an, deren Anruf ich sonst zu Hause erwartet hätte. Es ginge ihr gut, sagte sie, sie hätte heute nachmittag geturnt. Für einen Aufsatz habe sie eine Zwei plus bekommen. Nur noch ein paar Wochen, sagte ich, dann gibt es Weihnachtsferien. Du willst doch immer noch kommen? Ich hatte es mit Erika vereinbart, da gab es schon lange keine Schwierigkeiten mehr. Seit einem Jahr durfte sie in den Ferien mit dem Flugzeug kommen, genauer, seitdem ich nicht mehr im Souterrain wohnte. Und das Versprechen mußte ich geben, sie nicht auf dem Motorrad mitzunehmen, ein unnötiges Versprechen. Ich glaubte Erika die Besorgnis nicht ganz. Sie brachte sie zu beflissen, zu eindringlich vor. Ich glaubte, es war gerade die Besorgnis, die sie von sich verlangte, als Mutter. Ich ging essen danach und fühlte mich ganz gut. In Marias Wohnung brannten ein paar Lampen, und an eine Rückkehr des Eindringlings konnte ich nicht glauben. Ich stellte mir das, was mir heute passiert war, geschrieben vor, in der dritten Person. Er erschrak, als er die Wohnungstür nur angelehnt fand. Er erwartete, eine Leiche zu finden und dachte schon daran, hinterher seine Fingerabdrücke vom Türknauf zu wischen. Es war still in der Wohnung, und deshalb meinte er, jemand stände mit angehaltenem Atem und erhobenem Arm in einem Türwinkel ... Ich pfiff, bis es nur noch zischte zwischen den Lippen, weil ich zu sehr grinsen mußte. Ich kam wieder an Marias Haus vorbei, sah, daß oben Licht war, wie ich es angelassen hatte, und verzichtete sogar darauf, noch einmal das Türschloß zu prüfen.

Zu Hause schaltete ich den Fernsehapparat ein und sah einen Film. Am nächsten Morgen wollte ich zeitig in Marias Wohnung sein, um ein paar Stunden zu arbeiten, bevor ich sie abholte.

Damals, die Jahre nach meiner Zeit waren schon wieder damals, gewöhnte ich mich nur mit einem Grollen an die Unordnung in den Zimmern der Studentinnen. Ich schrieb Briefe an Erika, die nur von Geld handelten, das heißt, sie solle mich verschonen, bitte, mit weiteren Zahlungsbefehlen für Einkäufe, die mich nichts mehr angingen.

Nur selten erwähnte ich mein neues Leben und unterdrückte dabei mein Erstaunen, neu und wieder zu leben, und ich deutete ihr auch an, daß ich Ursel schon zu mir nehmen könnte.

Maria lag noch und rannte noch an der Seite eines völlig gebrochenen Abendschülers, der die eigenen Reserven erschöpfte, sich hindurchpeitschte durch die Klassen, durch das Abitur, kaum eingeschrieben als Medizinstudent, sich auf Diät setzen lassen mußte wegen mehrerer Magengeschwüre. Lasski steuerte mich durch das Berliner Gedränge; er konnte mit einer einzigen Bemerkung die ganze farbenbewegte Mischpoke durchschütteln, die ganze Stadt, für die sich die meisten anderen mühelos und endlos begeisterten, in Staub zerfallen lassen. Er konnte mir die ersten Freundinnen abtreiben mit einem winzigen wörtlichen

Eingriff: Laß dich nicht von der in ihren Schleim ziehen! So kam ich immer wieder frei, konnte immer wieder erste Schritte machen im neuen Leben. Die S-Bahn fuhr mit mir drin durch Berlin, und ich achtete darauf, wenigstens so auszusehen, als fände ich mich zurecht. Die ersten paar Monate hatten Lasski und ich Zimmer in zwei alten, benachbarten Wannsee-Villen. Jede Nacht schunkelten wir mit der S-Bahn zurück durch den Grunewald. Manchmal, an dunstigen schönen Vormittagen, war ich glücklich, Bilder wiederzusehen, wie ich sie aus alten Büchern kannte: das Licht, das durch die schlampig aussehenden Kiefernkronen auf den berankten Sandboden fiel; ein Gartencafé am Rand einer vom Licht geschüttelten Fläche, Wurzelstümpfe, ein anderes Geäst im Grund, das sich stellenweise aufbuckelte. Auf den Klappstühlen saßen Feen und Kobolde aus den zwanziger Jahren, die sich im Gegenlicht auflösten und manchmal die Gläser in den Händen ganz fadenscheinig aufblitzen ließen. Eine Vergangenheit ohne Anfang, die mir so schön vorkam, daß ich weitersehen konnte. Und auch das Weggehen von so einem Ort, wo wir in einer kleinen, nachlässig verstreuten Gruppe einen Kaffee getrunken hatten, blieb als Bild noch länger erhalten. Ich mußte mich immer von außen sehen in diesem Betrieb, wie ich darin lachte, als gehörte ich dazu, ohne wirklich dazuzugehören. Meine Bekannten waren mir so fremd, daß ich sie mir aus Scham nicht mal genauer ansah, aber umgehen konnte ich doch mit ihnen. Einer schrieb Gedichte. Manchmal sah ich ihn aus dem Haus kommen wie aus einem Hurenhaus, geduckt – er hatte gerade ein Gedicht geschrieben. Er hatte immer gerade schon lange kein Gedicht mehr geschrieben oder gerade ein Gedicht geschrieben. Man sah es ihm aber nicht mehr an. Ich saß schon am Mittag in einer Gartenwirtschaft und trank Bier. Erst wenn ich beim Aufstehen schwere Beine hatte und das Gefühl, langsam in kleinen Portionen mein Leben von mir zu werfen, als sei es selbst Ballast, wurde ich wieder ruhiger und hörte auf, an den Händen herumzubeißen. Erst wenn ich das Gefühl hatte, keinen Wert mehr zu haben, dachte ich daran, wieder zu arbeiten. Und wenn ich mich am Abend ganz leer fühlte, taub und betreten von mir selbst, fing ich an zu schreiben. Wenn ich etwas zu sagen hatte, dann mußte das erst mal heraus; das war ein Dreck, was ich zu sagen hatte. Leer fühlte ich mich schon besser. Wen hätte denn meine Armut interessieren sollen? Ich ging manchmal in ein Schnellrestaurant am Bahnhof Zoo, um eine

Suppe zu essen und Brötchen, die es gratis gab. Dann dachte ich wieder an Ursel, die mich noch nicht verdient hatte. Ich fuhr mit der S-Bahn, den inneren Ring, ein Stück des äußeren Rings, Umsteigen am Westkreuz, weil ich denken wollte. Dann lag ich platt auf dem Bauch und las die Schrift über den Schah von Persien. Die Wahrheit war schlimm, aber an den schlimmsten Stellen mußte ich immer denken, es sei jedenfalls nicht so schlimm wie erwartet. Vielleicht erwartete ich zuviel an Schlimmem, vielleicht wollte ich zu empört sein. Ich war es überhaupt nicht, es gelang mir nicht, ich war jetzt unmenschlich. Ich war nicht bei mir, so verzweifelt versuchte ich, mich selbst zu erreichen, was nicht ging, weil ich nicht beieinander war. Ich kam immer nur zu Vorstellungen von einem Zustand, in dem alles mich betreffen sollte, in dem ich alles auf mich beziehen konnte. So lächelte ich meinen Freunden bitter zu, wenn es um den Tod in der Welt ging. Wir hatten das ja alle längst verstanden. Da gab es ja nichts anderes mehr, als uns gegenseitig zu empören mit Informationen. Es war traurig, sich den Tod in der Welt nicht vorstellen zu können. Das konnte uns manchmal wütend machen, aber auch dann hielten wir nicht viel von unserer humanen Wut.

Ich schmiß auch wieder die Bücher vom Bett. Dann zog ich den Wecker auf und ließ Wasser in die Wanne laufen. Ich setzte mich in die Wanne und war dann noch als der eigentliche Gegner in mir drin. Die Kacheln waren beschlagen vom Dampf, das war es, was ich sah. Das Zeitungspapier kräuselte sich, den Wecker hörte ich immer lauter ticken, der Schwanz trieb an der Oberfläche, Licht fiel herein am Plastikvorhang vorbei wie samstag nachmittags, früher. Erfahrungen, sagte Lasski, müssen dich schwer verletzen, sonst sind es keine; ich bin als Kind einmal von einem Wolf gebissen worden. Und ich, sagte ich, bin schwer verletzt worden von einer Phosphorgranate, aber ich weiß es nicht mehr. Ich sehe nur noch eine weiße Wolke am Fenster vorbeiziehen. Das kalte Zimmer war mir fremd. Ich hatte keine Möglichkeit, mich dahinein auszudehnen. Das Bett war über einen Meter hoch; mein Vorgänger hatte es gebastelt, und ich durfte nichts verändern. Ich fragte mich, ob Ursel sich auch schon so fühlte, auf sich selbst beschränkt, ohne Verlängerungen nach außen. Eine Landschaft hätte das sein können. Ich wollte einmal eine Landschaft beschreiben, die dann meine Wirklichkeit sein sollte, mein Körper. Ich müßte diese Landschaft unendlich verkleinern, um nicht darin verloren zu gehen. Andere Menschen anstelle einer solchen Landschaft kamen kaum in Frage. Lasski hatte sogar gesagt, er wolle keinen Menschen mehr kennenlernen, seine Leute reichten ihm aus. Je mehr Leute du kennst, sagte er, um so weniger gut lernst du sie kennen; am Ende kennst du alle, weißt aber nichts mehr von ihnen, und was das Schlimmste ist, du hast dich auf so viele verteilt, daß du dich nie wieder zusammenbringst. Viele unserer Bekannten wurden schnell immer politischer, das hieß erst einmal, daß sie prinzipiell wurden und gewisse Verständigungen abkapselten gegen jeden Zweifel, andererseits, daß sie immer weniger gelten ließen, auch immer weniger Menschen gelten ließen und nach und nach ihre Eigenschaften aufgaben. Die politischen Gruppen griffen auch nach Lasski und mir. Ich fühlte mich manchmal in der Umarmung in den Tropen verseuchter Missionare. Je abtrünniger ich roch, je verräterischer ich blinzelte, um so begehrlicher wurde das Interesse an mir. Ich bekam wirklich einen Begriff von der Gerechtigkeit; ich liebte diesen Begriff, der immer größer wurde. Das wurde ein Begriff, der sich fortan selbst bediente, immer reichlicher. Ich wußte nur noch, daß mein Leben immer falsch und erbärmlich sein würde. Verständnisvoll und mißbilligend sah die Gesellschaft zu, wenn ich Maria umarmte, ihren Kopf auf meinen Schwanz steckte und von ihrer nackten Haut bedeckt wurde, wenn ich mich aufgab und den Tod fand, um wiederaufzuerstehen zu können. Kaum konnte ich mir selber noch klarmachen, daß mir immer noch was fehlte, daß ich noch mehr wollte, mehr als so eine einfältige Tätigkeit hinterher, wie es das Anziehen ist; mehr als der ernste gesammelte Gesichtsausdruck, bevor man wieder auf die Straße tritt. Und Maria blieb damals immer noch ihr eigener Herr, mit Rückfällen.

Ich war am Mittag schon an der Oper vorbeigegangen. Polizisten in Arbeitsanzügen stellten auf der anderen Straßenseite die Absperrung auf. Vom Mittelstreifen wurden Autos abgeschleppt. Auf den Fahrbahnen ging in beiden Richtungen ungerührt der Verkehr. Während ein paar Mann Teile der Absperrung ineinanderklinkten, drehte sich einer, den Hammer locker in der Hand, nach mir um. Es wurden immer mehr Absperrungsteile herangeschleppt und befestigt. Es sah alles ganz unbedeutend aus. Weder die Autos noch die Absperrung widersetzten sich dem ruhigen, flachen Bild. Die Arbeitsjacken der Polizisten waren um die Oberschenkel herum zugeschnürt. Ein paar ältere Leute kamen vorbei. Ein Lastwagen, mit Stahlrohren beladen, hielt, und der Fahrer sprach kurz mit den Beamten, die dann ein Absperrungsteil aus der Kette herausnahmen und beiseite schoben. Das kam mir alles so vor, als hätte ich es schon einmal gesehen, und ich fühlte mich sogar unwillig werden, weil das alles so langsam ging, als ob diese Vorbereitungen fürchterlich viel Zeit hätten, während ich doch meinte, alles müßte sehr rasch gehen. Und mich störten auch diese Bewegungen, die fahrig und zufällig schienen, jedenfalls nicht flott und geübt; sie standen in Kontrast zu der einheitlichen Arbeitskleidung.

Ich bin weitergegangen auf den U-Bahn-Eingang zu, und da hörte ich, wie ein Polizist zu seinem Nebenmann sagte: ... meine Frau ... Mehr verstand ich nicht, obwohl ich für einen Augenblick meinte, ich sei angesprochen worden und solle nun meinen, diese Männer seien nicht anders als andere auch.

Als uns die Parolen, ganz in der Nähe abgefeuert, erreichten, war es so, als ließen wir im Nu alles fallen, das unbeschriebene Papier, Kugelschreiber; den Kaffee konnte ich gerade noch austrinken, die Tasse aber nicht mehr spülen, die leere Sardinenbüchse nicht mehr in den Mülleimer werfen.

Lasski holte mich ab. Er hatte die Schrift gegen den Schah erst gestern gelesen. Sein Gesicht blühte schon jetzt wie sonst nur am Abend in der Rage des Saufens. Ich nahm die Armbanduhr ab und legte sie auf den Tisch. Lasski ging ungeduldig hustend auf und ab. Er holte Luft, um mir etwas zu erklären, winkte aber selber ab mit einer Entschiedenheit, als sei die Zeit der Erklärungen vorbei, als sei schon zu lange alles klargewesen. Die Kunst war getan, wir sollten nicht mehr hinzufügen. Gelernt werden sollte nur noch der vorläufige Umgang damit, bis auch diese Kunst sich zu krümmen hatte im Feuer, wenn wir nämlich bewiesen haben würden, daß sie bloß das bessere Leben eines schlechteren Lebens war. Auf halbem Wege zu uns selbst hieß es umkehren, weg von uns; und wir ließen unsere Sachen in der allergrößten Unordnung zurück. Unsere Empfindungen für alles, was uns selbst betraf, legten wir still.

Vor der Oper waren die Masken versammelt, Leidenschaften aus den kleinen Kinos, deren Wirklichkeit aber doch nicht mehr zu bestreiten war. Ich verstand die Berechtigung, nicht erst, als der Herrscher durch ein Spalier von Auserwählten ging. Ich sah, wie er sich nervös ein Ohrläppchen zupfte (er hatte da ein Ohrläppchen, was mir grotesk vorkam). Er duckte sich etwas unter den Sprechchören und sah so harmlos aus, daß ich verstand, warum er vor mir beschützt werden mußte. Diese Figur war gleichgültig, nur zufällig in ein Licht geraten. Es hätte ihm nicht schnell einer das geben können, was er verdiente; seine direkte Umgebung grüßte ihn wie bessere Zeiten. Das Geschrei und Gekreisch erreichte manchmal eine Stärke. Ich konnte mich aber nicht wehren gegen ein Gefühl von künstlicher Stimmung, das eine Art Rückstau von Informationen war, nicht von Erfahrungen am eigenen Leib. Einige wurden schon verprügelt und hingen am Boden, ein Paar Stiefel umarmend, wenn sie nämlich herausgequetscht worden waren aus der Menge. Ich versuchte ein paarmal, mir einzelne Gesichter einzuprägen; das konnte ich nicht, weil sie sofort von anderen Gesichtern wie mit Lappen ausgewischt wurden. Ein Entsetzen vor blinkenden Knöpfen, vor Knüppelarmen, die Angst, an den Rand, an die Barrieren gedrückt zu werden, Angst, die auf einmal ganz ohne Meinung auftauchte und schon wieder weg war. Die Gesichter wurden aufgehoben und wieder verborgen hinter anderen Gesichtern. Nichts war zu halten; ich kam nie auf eine Person zurück, auch dann nicht, wenn einer schreiend einen größeren öffentlichen Schrei auslösen wollte. Schnell drückte ihn eine Bewegung des Blocks beiseite, als sei dem Block schon so eine Eigenwilligkeit, so ein Hervortun peinlich. Andere traten mit anderen Verletzungen dazwischen. Es gab kleine strudelartige Bewegungen, Handgemenge, die Platz einnahmen. Ich war auch bereit, etwas Gemeinsames zu bewirken, mich in blinder Wut in Stücke reißen zu lassen, aber die blinde Wut konnte ich vor Angst nicht haben. In meiner Angst sah ich lauter ganz kleine, gestochen scharfe Momente, auch den Blick eines Uniformierten, der an der Absperrung einen Stoß gegen die Brust erhielt und an den Schultern seiner Nebenleute Halt suchte. Alles schien er bisher verstanden zu haben, nur das nicht. Er sah beleidigt aus, so unerträglich «persönlich» war der Stoß gewesen. Neben mir sah ich eine Brille auf einem Gesicht verrutschen, aber die Hände konnten erst zu spät aus dem Gedränge befreit werden. Die Brille war nur noch eine verlorengegangene Brille. Ich wich mit denen zurück, zwischen denen ich eingekeilt war. Die erste Reihe an der Absperrung knüppelte darüber hin. Eine auseinandergekeilte Woge von Körpern, die Arme über die Köpfe gekreuzt. Jeder Satz, jeder Zuruf war zu lang. Es gab nichts Ganzes mehr. Bärte rutschten durch Gesichter, Schultern flogen gegen Ohren. Ein Schlägertrupp setzte über die Absperrung in eine dünn gewordene Stelle hinein. Jetzt dachte ich schon wieder an ein Ballett. Ein Knüppel traf mich am Arm, und da habe ich die Stelle an meinem Arm genau betrachtet. Es tat nicht weh, und ich sah da auch nichts. Aber ich merkte, daß hier immer nur ein einzelner erstaunt war, irgendwie getroffen zu werden, vielleicht auch darüber, daß es ihn als einzelnen immer noch gab.

Von hinten, von der Baustelle her, drang jetzt ein Trupp
Arbeiter mit Sturzhelmen vor, in den Händen kurze gebogene Moniereisen. Die hatten schon am eigenen Leib Erfahrungen gemacht. Eigentlich war hier keiner gemeint, jeder einzelne nur ein Unbeteiligter, ahnungslos hineingeraten. Ich hörte auch immer weniger, nur noch die jaulenden Kommandostimmen aus den Lautsprechern, sah auch immer weniger, konzentrierte mich schon darauf, auf den Beinen zu bleiben. Ich glaube, ich habe auch ein paarmal das Gesicht zum Himmel hinaufgereckt, der mir dann wie die allergrößte Unverständlichkeit vorgekommen sein muß. Hinterher mischten sich alle Bilder mit den Häuserfassaden im Rücken. Ich hatte mich also auch öfter umgedreht. Der Verputz war in großen Flecken abgeblättert. Auf den Balkonen waren Leute in Unterhemden, die mit den Armen fuchtelten und schrieen, immer lauter, verzweifelt darüber, nicht verstanden zu werden.

Ein Pflasterstein wurde mir in die Hand gedrückt, den ich behielt und später darin wiederfand. Ich sah einen Bekannten, der an mir vorbeigeschoben wurde, ein vollendet lächerlicher Händedruck wie auf gegenläufigen Rolltreppen. An ein Gefühl der Befriedigung kann ich mich erinnern, als ich sah, wie eine blutende Stirn behandelt wurde. Der Verletzte hielt die Mütze hoch in die Luft. Ich sah auch ein Mädchen lange von der Seite an und muß überlegt haben, ob ich sie ansprechen soll. Ich habe auch geraucht, wie zwischendurch, als könne erst danach alles weitergehen. Meine Uhr hatte ich auf dem Tisch liegen assen. Maria war in Frankfurt. Ich konnte heute abend Linda treffen, wenn ich wollte. Ich wußte auch, wo ich Lasski wiederfinden konnte, wenn alles vorbei war. Ich fand dieses Gewoge schon komisch, und es fiel mir schwer, wirkliche Interessen dahinter zu vermuten. Ich konnte mir auch nicht vorstellen, daß es bezahlte Schläge waren und daß ein wirklicher Schuß fallen sollte, tödlich, dafür war das alles doch immer noch viel zu lustig. Es war schon Ernst, aber doch kein wirklicher. Saß denn der Herrscher jetzt tatsächlich dort drüben in der Musik? War ich vielleicht wirklich politisch geworden, bekehrt? Vielleicht war es eine Bekehrung, nach der mein Körper allerdings wieder gewohnten Beschäftigungen nachging. Ich glaube, ich bin überhaupt nicht verändert worden. Ich war nur eine Weile ganz krank und belustigt und durcheinander, dann war ich wieder wie normal, dann wieder wie verrückt. Aber ich wollte ja immer, daß mich noch etwas erreichen sollte, für das ich meinen Körper zur Verfügung stellen konnte, für Gerechtigkeit jederzeit, für Freiheit jederzeit, nur wenn man das genauer haben wollte, wurde es schwierig: einmal gesetzt und schon verloren, aus. So schnell wollte ich mich aber nicht verspielen, dann lieber mit offenen Augen mich langsam mit Widersprüchen vergiften. Aber nach längerem niedergedrücktem Leben fühlte ich mich doch wieder erwachen. Ein fröhlicher Aufstand ging durch meinen Körper, und im Kopf waren Vorstellungen von Gewalttaten. So lag der Körper zu Hause und auf Veranstaltungen herum und spielte im Liegen alles Handeln durch, bis sich eine Befriedigung einstellte, die immer nur daran erinnerte, daß sie keine Befriedigung war.

Ich wollte das nicht erzählen, auch Maria wollte ich es nicht erzählen, als sie zurückkam aus Frankfurt. Das Wesentliche wußte sie schon aus den Zeitungen, aber sie war nur am Unwesentlichen interessiert, an persönlichen Eindrücken. Ich sollte das mit dem Polizisten noch einmal wiederholen, der behandelt wurde und dabei die Mütze hoch in die Luft hielt. Über meine Erklärungen schüttelte sie aber den Kopf. Sie sagte auch «Flucht in die Innerlichkeit», und ich sagte auch «Gefangenschaft in der Äußerlichkeit». Das gehörte aber dann doch wieder zum «Wesentlichen». Maria ärgerte sich über meine Kommentare und rauchte schnell und nervös. Ich wollte auch nicht mit der Bewegung draußen übereinstimmen, auch kein Verständnis bei Maria finden, lieber ihr Unverständnis.

Ich käme ihr wie ein neutraler Beobachter vor, sagte sie. Nein, sagte ich, das nicht, aber wir leben jetzt ganz gewöhnlich. Vor zehn Minuten haben wir noch im Bett gelegen, und schon willst du wieder Anschluß finden an den Fortschritt; kannst du nicht erst mal frühstücken? Maria sagte, ich sei wohl allein auf der Welt, und ob es denn keinen freien Willen gäbe, keine gemeinsamen Interessen? Vielleicht, sagte ich, wirken sich gemeinsame Interessen bei mir aus wie Muskelschwund. Ich sagte, die wahren Bewegungen gingen von toten Stellen aus, von Befehlszentren hinter glatten Fensterfronten, wo auch das in aller Bewußtlosigkeit entschieden würde, was keiner mehr will. Der Zwang ginge mehr und mehr von Gegenständen aus, von Maschinen, während die Gehirne verkrümelten und verpappten. Die Bilder trudelten durch die Zellen, die Vergangenheit war ein unendlicher Raum, in dem man wieder leben konnte, ohne je in eine Gegenwart zurückzukehren. Die Anzüge wehten an den Körpern, eine Landschaft voller tränender und träufelnder Hülsen. Ich habe aber gar keine Sicherheit, sagte ich, für das, was ich sage, ich bin nur besessen davon, unterzugehen, und das habe ich nicht gern. Ich bin zu alt, eigentlich verloren für das, was wirklich passiert. Ich glaub's einfach nicht. Diese Wirklichkeit kommt mir lächerlich vor, warum kannst du das nicht ertragen? Ich verleugne sie ja nicht, sondern versuche, sie zu beobachten. Das ist mir selber oft unerträglich, ein erbärmlicher Zustand, aber warum bin ich deshalb dir unerträglich?

Du bist mir nicht unerträglich, sagte Maria. Aber Maria sagte die Wahrheit nicht genau. Du lachst ja, sagte sie. Ich lachte in vollem Ernst.

Ist etwa das Leben nichts, nur weil es vergänglich ist, sagte Maria.

Wie sollte ich meine neue Kraft und Zuversicht ausrufen? Maria konnte meinetwegen verschwinden. Ich hatte es ihr auch schon gesagt, war ihr aber wieder verfallen. Ich baue einen Kinderspielplatz, ich baue Kohl an, ich baue einen Schweinestall aus. Die Mühen schrecken mich eben nicht darum, weil sie vergänglich sind. Maria sagte, das sei ja auch ein lächerlicher Einwand. Wir saßen uns gegenüber, Leute, die gar nicht mehr aneinander hingen, aber es schien so, als waren wir aufeinander angewiesen. Frühstück, diese etwas künstliche Zeit, wo das Tageslicht noch durch die tiefhängende Lampe unterstützt wurde, weil es trüb war draußen, so ein Sanatoriumslicht, Brötchen und Marmelade, ein ernüchternder Anblick jedes für sich, eine gewaschene Ernüchterung, ein Argwohn, ob die Nacht noch gilt. Die Wanduhr tickte nur, um mich noch mehr durcheinander zu bringen, in Zeit aufzulösen. Der leichte, von Unruhen durchzogene Schlaf hatte nicht die Erschöpfung aufgehoben. Ich sah Maria an, wich ihrem Blick aber immer schon vorher aus. Sie kaute wahrhaftig, sie nahm Nahrung auf, was auch geschehen mochte.

Diese Einöde zwischen uns – ich glaube, jedes Bild davon würde zur Einöde werden.

Ich aß im Winter einen Apfel auf dem Weg zu ihr. Den Rest schleuderte ich hoch in die Bäume. Der Boden war hartgefroren, und auf den Gehsteigplatten lag ein feiner kristallener Film. Ober- und Unterkiefer waren starr. Ich freute mich auf Marias Wärme. Die Luft war so frostig und trocken, daß mir das Gehen hart und unelastisch vorkam, die Gelenke wie eine ungefederte Mechanik. Ich freute mich auf Ursel, die in ein paar Tagen kommen wollte. Maria hatte mich eingenommen, das war mir sehr lieb, wie Maria mir lieb war. Sie hatte alles intensive Interesse aus mir herausgeholt. Ich wollte sie um mich haben, das merkte ich. Sie machte Kaffee oder Tee. Sie kochte auch, schnell, aber sie hatte sich ein Tuch um den Kopf gebunden, das mir nicht gefiel. Mach das ab, sagte ich, weil es mir nicht gefiel. Die Scheiben der parkenden Autos waren vereist. Ich konnte auch bei ihr arbeiten, wenn ich sie nebenan arbeiten hörte. Sie telefonierte viel. Es war alles so gut und so leer. Nur *ein* Gefühl war es. Lasski kam vorbei. Wenn Lasski gegangen war, konnte alles von vorn anfangen. Ich dachte mir manchmal lange besinnungslose Abende bei ihr aus, aber wenn wir auf dem Bett wieder zu frieren anfingen, wollte ich raus, essen gehen. Sie zahlte immer öfter. Ich ging zu ihr hinauf. Einmal, an einem Vormittag, war schon jemand bei ihr gewesen. Du warst vorhin mit einem im Bett, sagte ich. Nur wenn du nicht da bist, sagte sie. Das war immer mehr in Ordnung. Ich wurde unaufmerksamer und schlampiger, nahm aber immer wieder mein gewöhnliches Leben in meiner Wohnung auf, ohne jedesmal zu wissen wozu. Ich war jetzt wie eine Blondine, leicht beschwipst, die alles sausen läßt. In Marias Leben keuchte ich, wir steckten länger ineinander, auch heftiger, auch gleichgültiger. Manchmal sah ich sie mit Abscheu an, wenn sie dalag, auf dem Rücken und mit offenen Augen etwas Fernes zu sehen schien, das eine neue, noch größere Erfüllung sein mußte, die mich bei weitem überstieg. Ich bemerkte kaum noch etwas, mir fiel einfach nichts mehr auf. Alles was ich sah, wurde immer richtiger, je länger ich hinsah, aber ich sah kaum noch länger hin. Ich schützte sie manchmal vor meiner Wut. Sie schminkte sich oft längere Zeit im Bad, um wieder neu, als eine andere, mit feinem Instinkt zurückzukehren. Ich wollte es nicht anders. Die peinlichen Spiegeleier, die sie machte, aß ich schweigend. Sie schnitt mir die Zehennägel, um auch praktisch zu sein. Wir hörten Platten, voll auftrumpfende Musik, die durch mich hindurchsickerte. Ich las, wie Edmond de Concourt einen Kommunarden beschrieb und wie ein anderer ins Feuer rannte und neben einem Gefallenen stehenblieb. Wie Laub und Zweige von einem Treffer auf ihn niederregneten, bevor er selber fiel. Ich wußte nicht, wie sehr Maria mich ausersehen hatte. Es belustigte mich zu denken, daß sie mich ganz klein haben wollte, um mich einfach tragen zu können. Sie setzte nichts an mir aus, und das machte die Luft immer leerer.

Ich stieß ja nirgends mehr an, alles war weich gepolstert, und es war nicht mehr nötig, aufzupassen.

Ich wußte nicht und dachte nicht einmal daran, es herauszufinden, woher dieses Summen kam, das in der Luft lag, wie in einer weiten menschenleeren Landschaft, durch die eine Hochspannung geht. Mir kamen die Leute betäubt vor und desinfiziert. Wenn einige kurz miteinander sprachen, um gleich darauf wieder unterzutauchen in der summenden Stille, dann wirkte es absichtslos, wie einer Eingebung folgend, die sich damit auch schon erledigte. An so einem Ort würde nie eine Panik entstehen können. An den Abfertigungsschaltern mit den Gepäckwagen brannten noch die Lampen, obwohl heute keine Maschine mehr starten sollte. Die Kioske waren geschlossen und wurden nur von dem allgemeinen Licht der Halle schwach erleuchtet. Eine Maschine war soeben unter Schwierigkeiten, die ich nicht einsehen konnte, gelandet, und aus einer noch größeren Stille und einem noch dumpferen, alle Bewegungen schluckenden Licht traten die Ankommenden verlegen in die Halle, aus einer Gleichzeitigkeit heraus, die nun wie tot oder nie gewesen hinter ihnen lag. Die Freude, die Begrüßungen, das Schwenken einer Pelzkappe – in dem allen schien kein besonderer Wille zu liegen, nur ein lautloses, flaches Geschehen. Aber würde denn nicht jede jähe Bewegung, jeder Ruf wie eine eitle Sonderveranstaltung empfunden werden, wie ein unverständliches Ding hineinragen in das Stillhalten? Ursel da oben konnte nicht landen, obwohl ich doch unaufhörlich an sie gedacht hatte, während ich mich hier umsah. Es fiel immer noch mehr Schnee herunter, und drei Flugzeuge waren in der Luft, die man ganz langsam und vorsichtig herunterholen mußte. Ursel machte im Flugzeug ein Gesicht wie Erika, so normal fand sie das. Inzwischen hatte ich die Lage kennengelernt, alle Kontaktstellen in meinem Gedächtnis gespeichert. Mir kamen die unnützesten, frei herumwirbelnden Vorstellungen, wie ich diesen Flughafen abschreiben könnte, bis er nicht mehr da wäre, herausgelöscht aus der Wirklichkeit, weil an seiner Stelle jetzt eine andere Wirklichkeit ist mit anfliegenden Maschinen und wartenden Leuten, die gerade in meiner Beschreibung erwacht sind. Was einmal beschrieben war, ja während der Beschreibung in dem Maße als Original verschwand, in dem die Beschreibung zunahm, hinterließ keine Spuren mehr, sondern war wieder ganz da wie vorher. So hat es ja ganze Autobiographen gegeben, die am Ende nur noch Haut und Knochen waren, abgeschrieben, ausgelaufene Hülsen, leer, leer, von der Seele haben sie sich heruntergeschrieben und nur ein Gebrabbel beibehalten, diese abgrundtiefe Sucht. Städte abgeschrieben, hohl, Landschaften weg. Die Welt war leer, Farben und Formen waren nur noch Reflexe der Bibliotheken und Museen. Von denen und in denen lebten wir, ein Film- oder Konservenleben. So verschwand auch das Soziale und machte der Lehre vom Sozialen Platz; so peinigten uns nicht Krankheiten mehr, aber die Medizin; und so verloren wir schließlich unsere Körper an die Physiologie und die Psychiatrie; schließlich war Gott untergegangen, die Theologie auferstanden. Filmleben, das sich auch schon wieder in verfilmbare Wirklichkeit verwandelte. Hohler kommen wir uns entgegen und kommen uns immer hohler noch entgegen, wenn wir nur noch Erinnerungen sind. Und das Gras wird verschwunden sein, wegerklärt mit den Wurzeln. Und es wird immer schwieriger, neue Täuschungen zu erfinden, an denen eine Wirklichkeit Halt finden kann.

Die Halle war unmerklich warm. Schon vor einem Jahr hatte ich Ursel hier erwartet. Oder war jetzt noch voriges Jahr? Maria war mit der U-Bahn nach Hause gefahren, weil es sinnlos war, zusammen zu warten. Die Tragflächen waren vereist und rutschten durch die Luft. Endlich blinkten die beiden roten Lämpchen an der Anzeigetafel auf. Ein Mann neben mir fing an, ganz laut zu atmen und nahm den Hut in die Hand. Die hinteren Reihen der Wartenden schlossen dichter auf, und man hörte auch wieder ein paar Stimmen, die sich gegenseitig aufmunterten. Eine Frau in schwarzem Pelzmantel tastete mit gestreckten Fingern ihre Frisur ab. Ein Mann, wickelte einen Blumenstrauß aus, legte aber dann das Papier wieder locker darüber.

Als Ursel an der Hand einer Stewardeß durch die Sperre kam, wurde alles wieder realistisch wie nach Vorschrift. Die Stewardeß fragte Ursel, ob ich ihr Vater sei, worauf Ursel nickte und die Stewardeß mich auf amerikanisch anlächelte. Die Wartenden drängten sich gegen die Barriere, und es kam ein Durcheinander von Bewegungen zustande, weil ein paar Leute unter der Barriere wegtauchten, um jemanden in die Arme zu schließen. Ursel hielt mir ihren Mund hin, aber ich küßte, weil ich gestoßen wurde, nur ihr Haar. Wir warteten neben dem Transportband auf den Koffer. Ich stellte ihr mehrere Fragen rasch hintereinander, so daß sie gar nicht antworten konnte. Ein paarmal nahm ich sie überschwenglich in die Arme. Sie fragte nur, was ist, und blickte sich nach Mitreisenden um. Ich dachte, sie ist peinlich berührt, ich habe sie peinlich berührt, ich muß aufpassen, daß es nicht wieder zu peinlichen Berührungen kommt. Wie geht es Erika, fragte ich. Gut, sagte sie. Was heißt gut, fragte ich. Wie immer, sagte sie.

Ich sah, wie nach den ersten freudigen Begrüßungen und während man auf die Gepäckstücke wartete, eine Art Enttäuschung ausbrach, so als sei nur ein Stellvertreter des Erwarteten angekommen. Ein Mann wollte sich mit Gewalt nicht daran halten und schlug immer wieder freudestrahlend einem anderen Mann auf die Schulter. Die Enttäuschung war so, wie ich sie im Kaufhaus beobachtet hatte, als ich vor den Umkleidekabinen auf Maria wartete. Mädchen und junge Frauen traten erwartungsvoll vor die Spiegel, als müßten sie sich hinter den Vorhängen verwandelt haben, und die Blusen und Röcke leuchteten neu. Aber dann fielen sie ganz in sich zusammen, weil sie sich nicht schön fanden, zurück in die altbekannte Schäbigkeit. Mit einer hätte ich weinen können, so verloren und fassungslos stand sie auf der Stelle. Es hatte die erste Begegnung mit sich selbst werden sollen, doch die war verpatzt.

Ich legte Ursel eine Hand auf die Schulter, und das ließ sie zu. Ich bin noch aufgeregt, sagte ich, weil ich hier unten für dich da oben keinen Finger rühren konnte. Wieso, fragte sie. Du brauchst nichts zu sagen, wenn du nicht willst, sagte ich. Sie starrte auf die wackelnden Koffer, die hinten an der Luke auftauchten. Na, sag mal, was macht Erika bei diesem ganzen Schnee, häh? Das hast du mich schon dreimal gefragt, sagte sie. Ja, entschuldige, sagte ich, ich bin ein bißchen blöde. Wir gingen hinaus, und Ursel sagte, ihr Meerschweinchen sei schwermütig geworden. Sie rannte ein paarmal zurück, um die Tür vor sich auffliegen zu sehen. Ich habe immer an dich gedacht, sagte ich, aber Ursel schüttelte den Kopf.

Draußen schneite es nur noch schwach. Die Laternen hielten ihr Licht bei sich. Im Auto zogen wir unsere beschneiten Mäntel aus und atmeten hastig, um warm zu werden. Ich staunte über Ursel. Als es warm wurde, waren wir zu Hause.

Vielleicht waren Marias schlechte Momente meine guten Momente. Die Gefühle für Maria vergingen mir nicht. Sie lag nie plötzlich, wenn am Morgen Licht auf das Bett fiel, als eine andere neben mir. Offenbar meinte sie, nicht mehr und nicht weniger zu sein als der Eindruck, den sie von sich hatte, und dabei aber immer noch mehr zu sein, als ich ahnen könne. Ihr Geheimnis sollte nicht größer sein als meine Beschränktheit, sie genau zu sehen. Sie hatte auch nichts zu verbergen. Sie war wirklich schön, so schön, daß ich mich selten danach fragte. Und sie hatte eine innere Kraft, die dieser Schönheit standhalten konnte und sie ganz zu äußerlicher Schönheit werden ließ.

Wenn sie mich aber ansah wie eine gequälte Katze, ganz wund und getreten, ohne einen Tritt bekommen zu haben, erfaßte mich eine Übelkeit, ein Abscheu gegen alles, was mit ihr zusammenhing, in dem für Stunden, manchmal Tage, alles eingeschlossen war. Ich sah sie dann genauer in ihrer Unveränderlichkeit, wie sie im Morgenmantel am Fenster stand und fassungslos hinausstarrte ins Jenseits, ein paar Käsekrümel auf der Oberlippe, am Fuß eine bläulich vernarbte Stelle. Du kannst sterben, wenn du willst, sagte ich, und sie drehte sich um, nur um mir zu zeigen, wie sich ihre Augen mit Wasser füllten. An ihrem Hinterkopf war ein unkontrollierter Wirbel, ein widerspenstiges Gewuschel, das mich in eine kühle, unterdrückte Raserei versetzte. Wie eine schimmelnde, moderne Ecke auf dem Dachboden, wie ein eingepupptes Insektennest. Wer hat dir den Rock geschenkt, du Stück Scheiße? Ach, ich hoffte ja nur, daß sie sich umdrehte, ihre Anwesenheit aus dem Griff verlor und immer anders war, immer ganz anders, daß sie sich umdrehte und kotzte, daß sie ihre Ansichten verlor wie Leibesfrüchte. Ich war es ja, der es nicht ausstehen konnte, daß sie so war, wie sie war, und das, was sie war, herumtrug, als sei es was. Dieser Wirbel am Hinterkopf – wie oft hatte ich die Formen ihres Schädels durch das Haar befühlt. Meine Wut klang sehr beiläufig, als ich fragte, was hast du denn da hinten, kannst du dich nicht mal kämmen? Das waren alles Schläge auf ihren Kopf, was ich sagte und auch nicht sagte. Du bist eine gute Nutte, aber ich nehme in Zukunft Geld von dir, verstehst du? Ob du mich verstanden hast? Einmal hatte ich ihr Blumen geschickt und sie dann ausgequetscht, von wem sie die Blumen hätte. Aber ich wußte ja von ihr, mit wem sie sonst noch schlief, in Frankfurt, in London, auch hier. Nur die Blumen konnte sie nicht erklären. Wegen der Blumen war sie verzweifelt und in Angst.

Wieso, sagte sie, bin ich denn nicht gekämmt? Sie vermied es, ihren Kopf abzutasten, was sie besser getan hätte. Ich sah sie weiter mit einer beleidigenden Kälte an, ohne das geringste Entgegenkommen und ohne ihr die Hoffnung zu lassen, sie könne sich im Moment in mir irren. Maria, meine Maria, dachte ich gleichzeitig, ich fühlte es mehr, so wie ich mich auch als gemeiner Schweinehund fühlte. Meine Muskeln fühlte ich weich werden und eine beglückende weiche Woge aufsteigen in mir, ohne daß ich jedoch die geringste Mühe hatte, die Tötung fortzusetzen. Sie war vollständig verkrampft. Sie stand unbequem da, mit gespreizten Beinen, gegen den Türrahmen gelehnt, so wie sie von meinem Blick erwischt worden war. Es wäre ganz einfach gewesen für mich, jetzt wegzugehen. Warum gingen wir nicht beide voneinander weg? Wir hätten uns nicht mehr zu berühren brauchen. Oder sie blieb einfach hier, und ich wäre ganz woanders. Wo war denn ihr freier Wille, wo war meiner. Wir waren aber Süchtige, ohne Genaueres zu wissen. Und die Sucht konnten wir ohne ein Gegengewicht, ein anderes Gefühl, nicht aushalten. Sie hatte ein paarmal von ihrer Würde gesprochen, die ich ihr systematisch zerstöre. *Würde* war mir ein unangenehmes Wort. Ich konnte sehen, wie sie nicht von der Stelle wegkam, sich nicht bewegen und fortbewegen konnte, nicht sprechen konnte, sie konnte jetzt nicht sprechen, sie konnte auch nicht weinen jetzt. Sie war in die Enge getrieben, und in der Enge war sie vollständig allein. Ich bin auch allein, dachte ich, und ich war es um so mehr, je weiter ich sie von mir stieß. Später sagte sie, ich solle sie nicht immer so allein lassen. In einem falschen, unnatürlich großen Abstand ragten ihre Beine aus dem Morgenmantel heraus. Die Vorstellung fiel mir leicht, daß auch oben, an den Schenkelansätzen, die Beine einen zu großen Abstand hätten. Nach einiger Zeit hatte ich nur noch die Abweichungen von etwas Normalem, wie es in meiner Vorstellung bestand, von einem normalen Körper, wahrgenommen. Sie war eine Serie von Abweichungen, nur daß sie selbst sich immer bewegte wie eine Norm. Ich fand, daß alle anderen Frauen normale Körper hatten, ohne jedes Ärgernis den vorherrschenden Maßen angepaßt, so normal, daß man darüber kein Wort mehr zu sagen brauchte, einfach Körper, die so sind, wie sie sind, schön und weniger schön, weniger aufregend, nur Maria war anders. Das Besondere hörte hier auf, etwas Besonderes zu sein. Es stach mir in die Augen, das Besondere, der Typ, das auf den Typ Hingepflegte. Sobald ich sie wieder aus den Augen ließe, würde sie in einer unterbrochenen Bewegung fortfahren, das Geschirr abwaschen und jedes Teil an seinen Platz stellen, als habe jedes Teil einen besonderen Platz. An dem Hakenbrett hingen die Geschirrtücher und Topflappen, ein tatsächlich lappiges, herabbaumelndes Zeug, mit Blumen und Farbklecksen bestickt. Kleine ärgerliche Gefühle, liebevoll auf die Gegenstände verwandt. Schmuck und Pflege, die dafür sorgten, daß sich auch das letzte Gefühlchen noch unzählige Male wiederholen durfte. Die Fliesen in der Ecke hinter Herd und Spültisch waren von ihr selbst mit altem blauem Rankenwerk bedruckt worden. Gewürzgläser standen in einer Reihe und gleichmäßig beschriftet auf einem Bord. Einer, der an diesem Gesamtmuster etwas veränderte, eine Tasse aus dem Schrank nahm oder auf der Kühlschrankplatte einen Apfel schälte, mußte sich sofort unter Anklage fühlen. Jede Störung in diesem Bild war ein gräßlicher Anschlag auf die Ordnung der Dinge. Ich hatte den Eindruck von langen abgehakten Katalogen, von ruhig vor sich hindämmernden Dingen, die erst in einem späteren Leben aus ihrem Zusammenhang gerissen werden könnten.

Ich entließ aber Maria aus dem Bann, und nachdem ich sie gestreichelt und ihr etwas ins Ohr geflüstert hatte, rannte sie wieder aufgedreht los und telefonierte wegen einiger Bandaufnahmen mit einer Agentur. Ihre Stimme war wieder da. Sie rauchte. Am Nachmittag probierte sie am Kurfürstendamm Sonnenbrillen auf, im Winter, und wenn ich ein Stück vorgegangen war an den Auslagen vorbei, kam sie mir schreiend nachgelaufen. Ein paar Tage später griff ich sie aber wieder an, und sie wehrte sich auch zum erstenmal, was mir zuerst gefiel, aber mich dann noch wütender machte und noch kälter. Auf dem Tisch in ihrem Zimmer lagen stapelweise ältere Jahrgänge einer pädagogischen Zeitschrift. «Die einzelnen Exemplare» ließ ich durch das Zimmer segeln, bis sie auf den Boden klatschten. Einen Haufen Kleingeld, matt schimmernde Münzen, die auf Auslandsreisen übriggeblieben waren, wischte ich mit der Hand von der Kommode. Ich schmeiß dich raus, sagte Maria und versuchte zum letztenmal, mich zum Lachen zu bringen. Ich stand vor dem Bücherregal und las die Buchrücken, die in einer gewissen Ordnung dastanden, als könnten sie nichts trüben, die nochmalige Ordnung anderer Ordnungen, mit noch einmal unterteilten Sachgebieten, mit noch einmal sekundärer Primärliteratur, endlosen Verdoppelungen, Vervielfältigungen von etwas, das es schon nicht mehr gab, und das, zusammengestellt, nur wieder ein Muster ergab aus Wissensabstufungen und Erklärungen von etwas, das es nicht mehr gab, Erklärungen der Erklärungen, Sekundärliteratur über eine Primärliteratur, die es auch nicht mehr gab. Aus Sekundärliteraturen frisch herausgeschürfte neue, primäre. Ich sagte, warum liebe ich Bücher so, ich weiß es nicht. War ich denn nicht krank? Ich war es sicher. Der Sinn von mir wurde immer dünner wie ein durchsichtiger Stoff, da war nichts mehr dahinter. Ich würde schon in das schwarze Loch fallen, wehrte mich zwar, aber würde schon. Ich war verloren in all diesem Zeug, spürte die winzige Unruhe in aller Materie, eine Unruhe, die die eigentliche Ruhe war, nur noch aufrechtzuerhalten durch ein paar alte Notwendigkeiten aus Büchern. Aber diese alten Notwendigkeiten waren künstlich nachgebaut und mußten außerhalb der Bücher auf die künstlichste Weise immer wieder nachgebaut werden.

Ursel und ich, wir blieben auch über Nacht bei Maria. Ich hätte wegen Ursel nicht weggehen können, wenn wir bei mir gewesen wären, aber auch von Maria konnte ich nicht weg wegen Ursel. Die Abende bei Maria waren wie in Familien, plüschtierhaft, weich und müde. Wir schoben uns Kissen überall unter die Körper, und die Zufriedenheit war schon gleich wieder eine Gereiztheit. Wir hockten oder lagen auf dem Sofa und auf dicht zusammengerückten Sesseln. Wenn der Fernsehapparat ausgeschaltet war, hörte man die Uhr ticken. Wir sammelten wieder etwas Energie zu einem Brett- oder Kartenspiel. Die Figuren wurden, nachdem sie aufgebaut waren, mit einer Armbewegung wieder abgeräumt. Die Karten wurden gemischt, und dann doch nicht gespielt. Draußen war es so wäßrig und kalt, und der Schlamm spritzte einem beim Gehen an den Beinen hoch. Maria legte ihren Kopf auf meinen Bauch, und sofort wollte Ursel von mir in den Arm genommen werden. Sie legte eine Platte auf, aber Maria wollte es ruhig haben. Maria stellte die Nachrichten an, und Ursel wollte die Hitparade auf dem anderen Kanal einstellen. Schluß jetzt, sagte ich, und sofort gaben sich beide den Anschein, als wollten sie sich gegen mich verbünden. Ursel zeigte eine Zuneigung für Maria, andererseits eine Abneigung gegen Maria, was mich anbetraf. Maria bemühte sich um Ursel, aber nicht zu sehr. Sie hatte jetzt etwas abendlich Geselliges. Ihr Haar hing strähnig herab, und ihre Bluse war offen, so daß manchmal die Träger des Büstenhalters zu sehen waren. Tuschreste hingen ihr noch krümelig in den Wimpern. Ich stellte mir vor, wir wären tatsächlich, eine Familie. Dann würde ich jetzt im Unterhemd allein am Tisch sitzen und essen. Wir würden grausamer zueinander sein, aber es wäre nicht so unerträglich. Unsere Gefühle wären schwach und schwächer geworden, und unsere Unterhaltungen über das Notwendigste wären von einer vorsichtigen Freundlichkeit, wie eine Freundlichkeit gegen jedermann. Meine ganze, wehleidig aufwallende Liebe zu Ursel versank in der Empfindung einer allgemeinen weichen Geborgenheit. Ich trank Bier aus der Büchse, und es gefiel mir, leere Büchsen durch das Zimmer zu treten. Maria hatte eine schwarze Cordhose an und dicke weiße Wollsocken. Ihre Füße lagen über Kreuz auf der Rückenlehne des Sofas. Erzähl doch mal was, Ursel, sagte Maria, aber Ursel schüttelte den Kopf. Ich wüßte auch nichts zu erzählen, sagte ich. Dann erzählte nach einer Weile Maria. Sie erzählte von einem Sänger aus Ostberlin, der nebenbei mit Antiquitäten handle. Wenn ich mir diese blanke Tenorstimme vorstelle, sagte Maria, und mir dabei vorstelle, wie er seine Wohnung eingerichtet hat, nämlich wie ein Gespensterschloß ... Verstehst du, sagte Maria, der Kontrast. Was sind Antiquitäten, fragte Ursel. Maria erklärte ihr, was Antiquitäten sind. Ursel war enttäuscht. Ursel warf einen kleinen Gummiball gegen die Wand. Maria stand auf, um Tee zu machen. Ursel ging ihr nach in die Küche und gab mir im Vorbeigehen routiniert und schnell einen Kuß. Unter solchen Bedingungen hatten wir alle drei kaum etwas miteinander zu tun. Ursel war sieben und hatte schon ein ganz schönes Repertoire von Erika übernommen. Sie hatte auch schon Gesten und Bewegungen von Maria. Im Fernsehen lief ein Film aus einer deutschen Familienserie. Der Vater saß am Tisch und las Zeitung, während die Mutter die Kinder in Schach hielt. Ein junger Mann lief einsam und tödlich gekränkt durch einen Wald.

Als wir am Tisch saßen und Tee tranken, zuckte ich einmal zusammen. Ursel hatte ihren Löffel auf die Untertasse fallen lassen. Maria blies sich eine Haarsträhne aus dem Gesicht, mit derselben Beiläufigkeit, mit der Ursel mich geküßt hatte.

Ursel wurde müde. Sie sah aus, als müsse sie aufpassen, daß ich nicht mit Maria ins Bett ging; andererseits sah sie auch müde aus und als wüßte sie nicht, was sie wachhielt. Mit jedem Wort bewies sie nur noch ihre Zähigkeit gegen das Einschlafen. Ich erzählte ihr kurz etwas von Alladin mit der Wunderlampe. Lasski hatte ihr die Lage Berlins erklärt. Sie war an Lasski hochgesprungen und hatte ihm keine Minute Ruhe gegeben. Das ist eine Deutschlandkarte, sagte Lasski, hier verläuft die Grenze, Zonengrenze, Staatsgrenze, das kommt ganz darauf an, wie alt du bist. Er drehte sich nach uns um, und Maria lachte auch wirklich über den Witz. «Das fehlende Hinterland», die Insellage und so weiter. Was ist Hinterland, fragte Ursel. Es interessierte sie kaum. Sie wollte im Atlas immer weiterblättern, so als gäbe es nur diese eine Richtung des Umblätterns, und als folge der Atlas ihrer Richtung. Wir fuhren mit ihr ans Brandenburger Tor. Da war das Brandenburger Tor. Sie konnte selbst sehen, was es war. Am sowjetischen Ehrenmal hatte die Wache gerade keine Ablösung. Ich hatte Erklärungen im Kopf, aber da stand ja das Brandenburger Tor. Sie konnte es selbst sehen.

Es war kalt, und eine Geschichte kam mir zu dem Anblick gar nicht in den Sinn, höchstens etwas Starres, Gefrorenes, das öde war und nichts mehr bedeutete. Kahles Buschwerk, einzeln parkende, wirklich verlassen aussehende Autos, eine klare, milchige graue Luft, die unbeweglich schien, ein paar Wachfiguren, die schon erfroren auf Befehl. Das Leben, wenn es Leben gab, war zurückgedrängt in die Büsche. Und die Geschichte, wenn sie je stattgefunden hatte, war zugefroren in den Weihern und Tümpeln des Tiergartens. Wie ein Peitschenknall riß das Eis. Ein Japsen toter Seelen. Eine hartgefrorene Erinnerung an Sätze.

Ursel rief mich noch einmal an ihr Bett. Sie war ganz blaß und widerstand immer noch dem Einschlafen. Sie zog meinen Kopf zu sich herunter, um mich zu küssen. Es war eine Heimlichkeit. Sie drehte sich herum zur Wand, und ich mußte ihr versprechen, das Licht erst auszumachen, wenn sie eingeschlafen war. Die Tür blieb angelehnt. Sie rief noch ein paarmal, sie sei noch nicht eingeschlafen. Als ich dann das Licht ausmachen wollte, schlief sie aber doch, mit offenem Mund, und ihr langes Haar hing aus dem Bett heraus. Ich meinte, sie sei verängstigt eingeschlafen und müsse nun im Traum ihre Angst begreifen. Ich hatte als Kind immer Angst vor der Nacht, vor dem Einschlafen, vor dem Wegsein.

Maria war im Bad, als ich aus Ursels Zimmer geschlichen kam. Ich sah den Lichtspalt unter der Tür, und in dem Augenblick drehte sie auch die Dusche an. Ich trank noch ein Glas Bier und rauchte, während ich den Tonarm auf die Platte setzte und leise einstellte, so daß die Musik bloß ein dünnes Lispeln war. Ich wäre jetzt viel lieber mit Ursel allein gewesen. Daß es normal war, auch mit Maria zusammen zu sein, störte mich, auch daß es normal war, Maria anzufassen, daß sie einfach da war, auch daß sie für mich da war und daß sie das wußte, wie ich es wußte. Aber wir waren ja jetzt zusammen, und vor uns lag schon wieder eine ganze Nacht, unbequem und hart wie eine Nachtschicht. Das Rauschen aus dem Bad hörte auf, und Maria erschien so, wie ich es mir vorgestellt hatte; in ihrem hellblauen Bademantel kam sie in vorgespielter Zerstreutheit herein, so als suche sie etwas, ohne zu wissen was und als hätte sie keine Ahnung, daß ich da im Sessel saß. Sie hatte ein Handtuch um ihr Haar gebunden. Sie blieb mitten im Zimmer stehen und wartete darauf, daß ich etwas sagte. Sie schien einzusehen, wie stumm und weggerückt ich dasitzen mußte; sie schien aber auch entschlossen zu sein, mir diese Stummheit und Entrücktheit nicht durchgehen zu lassen. Vorher mit Ursel hatten wir mutwillig miteinander gesprochen; noch aus der Abwesenheit und dem Überdruß ließ sich Unterhaltung herauspressen, wenigstens ein Nörgeln, Bemerkungen über den eigenen Zustand, verschuldet vom Zustand des anderen. Das war jetzt vorbei, weil es nicht mehr den Umweg über Ursel gab. Ich war auch beleidigt davon, daß ich nicht mehr so scharf war auf Maria, wie es sich gehört hätte. So versuchte ich es mir wenigstens vorzustellen. Wie eine Schuld kam es mir vor, nicht unbedingt mit ihr schlafen zu wollen und daß ihre Gefühle für mich kaum noch eine Beruhigung waren. Sie machte mit ein paar sinnlosen Verrichtungen auf sich aufmerksam, zog die Uhr auf, stellte den Plattenspieler ab, nahm das Handtuch vom Kopf und frottierte damit ihr Haar. Sie ging hinüber ins Durchgangszimmer und holte ein trockenes Handtuch, das sie sich dann über dem Haar zusammenband. Ja, wie ist es, sagte sie, kommst du mit ins Bett? Sie stand einfach neben mir, und ich hatte den Kopf gesenkt und blickte von ganz unten zu ihr auf. Ich dachte, wenn ich sie jetzt umarmte, unter dem Bademantel ihren Körper fühlte, ihre Haut, dann sei für heute nacht alles leicht zu ertragen. Du bist so weit weg, sagte sie immer, wenn wir telefonierten, und jetzt war ich auch so weit von ihr weg, jedenfalls würden wir nicht einfach nebeneinander liegen und einschlafen können mit einem tiefen Sicherheitsgefühl, das unsere Körper schwer und weich machte. Ich stand schon auf und zog mich aus. Ohne wirklich Gefühle zu haben jetzt, warf ich mir vor, erbärmlich zu sein, zu geizen mit diesen Gefühlen, sie zu horten für eine unendlich lange, günstige Gelegenheit, wo alles stimmen würde. Wie konnten zwei Schuhe nur so verstreut herumliegen? Ich lag neben ihr auf dem Rücken und spürte mich noch härter und gespannter werden. Meine Schultern schmerzten wie nach einem Krampf; die Beine waren gestreckt. Ich fror, machte aber keine Bewegung, zog die Beine nicht an und atmete auch kaum. Vorhin, als die Lampe noch gebrannt hatte, war ein Gedanke da, den ich dann im Dunkeln nicht weiterdenken, nicht einmal in mir behalten konnte. Ich versuchte an morgen zu denken, was ich alles machen wollte, wie ich Ursel beschwichtigen würde, um ein paar Stunden arbeiten zu können. Meine Schuhe würde ich nie zum Schuster bringen. Ich komme nicht dazu, dachte ich. Morgen abend wollte ich mit Ursel zu Hause bleiben. Es war kalt. Vielleicht würde ich für Ursel Schlittschuhe kaufen. Kinder versuchten mit ihren Absätzen das Eis auf den Pfützen einzustoßen. Eine Eisfläche war im Zimmer, an der Wand ein gerahmtes, zwei Jahre altes Foto von Ursel. Hatte ich Ursel einmal ins Gesicht geschlagen, weil sie allein in ihrem Zimmer geweint hatte? Ich träumte schon, daß es nur ein Traum war. Maria rückte dicht an mich heran und strich mir übers Haar. Hinter zwei Wänden schlief Ursel und weinte gar nicht. Marias Atem ging nervös, unstabil. Die Erde drehte sich, ich meinte, sie drehte sich in mir drin, oder ich hätte mich in sie eingegraben. Ursel drehte sich im Schlaf und war nicht mehr richtig zugedeckt. Ihre Arme hingen jetzt aus dem Bett, und die Beine ihres Schlafanzugs waren hochgeschoben bis zu den Knien. Was machte sie jetzt eigentlich im Schlaf? Ihre nackten freigelegten Glieder schienen mir doch zu träumen. Ich legte sie gerade hin, so daß Arme und Beine wieder richtig zum Körper gehörten, und dann meinte ich, Ihr den Schlaf und die Träume übersichtlich gemacht zu haben. Manchmal flüsterte und stöhnte Ursel im Traum. Erika sagte, manchmal flüstert und stöhnt sie im Traum. Sie hätte sich schon einmal eine ganze Stunde an ihr Bett gesetzt und versucht, etwas herauszukriegen. Maria war nackt, und auf einmal machte sie mir keine Angst mehr. Was jetzt kam bis zum Aufstehen, war ein Traum, wie ich ihn geträumt haben könnte. Ursel wollte mir darin entkommen, und ich wußte nur, daß es ein Mißverständnis war. Nun wollte ich Ursel nur einholen, um ihr etwas zu erklären. Es war so ein Satz da wie: ICH KANN DIR ALLES ERKLÄREN! Und eine geheime Angst, ich könne doch nicht alles erklären. Aber ich sah sie gar nicht mehr und war schon von Dorf zu Dorf unterwegs, um sie zu finden. Pferdegeschirr hing an den Wänden. Erika kam aus einer Tür, sie trug einen Wassereimer und war verkleidet, so daß ich sie kaum als Erika erkannte; sie war auch nicht genau Erika. Ich verfolgte Ursel, schien aber auf der Flucht zu sein, weil hinter mir immer Schritte zu hören waren. Sobald ich aber stehenblieb, gab es die Schritte nicht mehr. Während ich Ursel suchte, vergaß ich Ursel manchmal, und es war jedesmal ein Schrekken, wenn sie mir wieder einfiel. Ich wußte längere Zeit nicht mehr, wonach ich suchte, aber daß ich suchen mußte, war selbstverständlich. Erstaunt war ich darüber, daß meine Verzweiflung so flach und wenig schmerzhaft war. Ursels Verschwinden war eine aufdringliche Erinnerung. Ich bin geradeausgelaufen und dann auch von einem Mann zur Rede gestellt worden wegen Betretens. Einmal hatte ich keine Schuhe mehr an. Dann bemerkte ich, daß ich mir Ursels Gesicht nicht mehr vorstellen konnte. Alle möglichen, sehr verschiedenen Fotografien von verschiedenen Gesichtern machten mich unsicher, ob sie es nicht doch sein könnte. Alle Bilder hatten eine gewisse Ähnlichkeit mit Ursel. Ich sagte, wenn ich sie sähe, würde ich sie schon wiedererkennen. Ganz unwahrscheinlich war mir aber die Vorstellung, sie könne irgendwo anders tatsächlich anwesend sein. Wenn nicht hier in Sichtweite, dann nirgends. Der Schrecken darüber war auch erstaunlich klein. Ich hatte nur ein undeutliches Mangelgefühl an einer immer leerer werdenden Stelle in mir drin. Ich saß da mit anderen Gästen, die weiß wie Engel waren und strahlten. Es war ein Chor. Ich aß. Ich hatte, ohne es zu bemerken, die Suche nach Ursel aufgegeben. Vielleicht war sie ein großes Mädchen auf der Landstraße, das winkte. Ich betrachtete mich mißbilligend beim Weitersuchen. Dieses Suchen kam mir hartnäckig und befremdend vor. Ich konnte gar kein Wetter bemerken. Es war weder hell noch dunkel, aber es schien schön zu sein. Ich suchte weiter, vielleicht weil mich im Augenblick nichts anderes weiterbewegte. Ich ging da oben auf einem Deich, kam auch da wieder herunter. Als ich hinabging, geriet ich ins Rennen, ein unpassendes Gefühl, eine Albernheit des Körpers. Ich ging über eine Obstwiese auf das Haus zu und um das Haus herum. Auf einmal war es sicher, daß Ursel darin war. Auf der Rückseite des Hauses war eine neu angebaute Loggia. Über dem Tisch brannte eine Lampe, ohne dem Licht im Raum noch Helligkeit hinzuzufügen. Zwischen einem Mann und einer Frau saß Ursel, die ruhig aß. Der Mann und die Frau sahen ihr gespannt zu. Ich sah ihr auch gespannt zu. Sie ließen das Kind nicht aus den Augen. Es war nicht erstaunlich, daß es Ursel war. Ich war zufrieden. Ursel war einige Jahre jünger.

Ich fror und hatte Magenschmerzen. Vorhin beim Aufstehen vom Stuhl hatte mich ein Schwindel ergriffen, und meine Beine fühlten sich an, als würden sie vom Gewicht des Körpers auseinandergetrieben. Ich hielt mich mit beiden Händen am Schrank fest, und als ich bestimmt und tief durchatmete, war mir so, als sei ich leer und bliese nur meine Hülle auf. Ursel saß in der Küche vor dem tragbaren Fernsehgerät; sie hatte sich, weil sie auch fror, in eine Decke gehüllt. Ich setzte Wasser auf die Kochplatte, um einen Tee zu machen, und Ursel sah mir dabei zu, als gehörte auch ich zu dem Programm. Ich ging zurück an den Arbeitstisch und las das Geschriebene. Ich hatte über Lasski Sätze bilden können, über Maria auch, die, wäre sie dagewesen, lauter Frage- und Ausrufungszeichen an den Rand gemalt hätte, kleine Bemerkungen wie: *ach nein, was du nicht sagst, nur weiter so, doll, noch doller, das ist ja interessant.* Was ich erlebte – dagegen waren diese Sätze schwach und verschwindend; zu deutlich waren sie auf eine Wahrheit aus. Was ich tatsächlich erlebte, das war eine ganz andere Geschichte; da war nämlich die Straße auf dem Weg zu ihr ein wüster, schmerzender Alptraum, ein düsteres Arrangement von Warnungszeichen, ohne daß ich diese Zeichen mit einem Satz hätte auffangen können. In meiner Einbildung ging ich oft den Weg zu ihr und dachte immer öfter daran, ihr zu entkommen, ohne aber an ein Entkommen auch zu glauben. Ein Mann in einem Kriminalroman, den ich gelesen hatte, «schlitterte» immer tiefer in einen Fall hinein und wurde immer schuldiger. Vorher gibt es aber ein paar Momente, wo er durch eine feste Erklärung die Entwicklung aufhalten und sich befreien könnte. Er gibt diese Erklärung nicht ab; er ist unfähig dazu, ohne diese Unfähigkeit erklären zu können. «Er steckt schon zu tief drin», und vor allem muß die Geschichte weitergehen. Ohne jede Erklärung.

Maria hatte die Fähigkeit, sich von allem zu lösen, sich von jedem zu trennen. Es machte ihr nichts aus, gelegentliche Liebhaber am Telefon weit von sich weg zu schieben, aber dafür mußte sie irgendwo eine ewige Liebe haben. Wenn ich sagte, mir müßten mal sprechen über uns, über eine Trennung auch, dann sagte sie, ach nein, du willst das in eine Freundschaft umwandeln, wie? Und sie trieb mich in eine Enge, die schnell aufgebaut war hinter meinem Rücken. Sie drohte damit, sich umzubringen oder mich, und dagegen hatte ich kein Mittel außer meiner Hilflosigkeit. Erklärungen gab es nicht. Ich war schuld an ihr. Meine Schuld war es, ihre Gefühle nicht halten zu können. Meine Schuld war es, nicht mehr scharf auf sie zu sein. Das Verhältnis war ein religiöses geworden, in dem alle Erklärungen zu kleinen Sünden wurden. In so einem religiösen Verhältnis konnte man nur noch vergehen oder von einer höheren Macht vernichtet werden. Ich war erstaunt, wenn es bei ihr klingelte und der Postbote einen eingeschriebenen Brief für sie hatte, dessen Empfang sie freundlich quittierte. Ich dachte nicht mehr daran, aber später fiel mir das Beispiel wieder ein. Ihr Leben konnte ganz normal anderswo weitergehen, auf einer anderen Stufe, während dann, wenn wir zusammen waren, alle jene Lebenszeichen ungültig waren. Ursel saß ganz still vor dem Fernsehapparat, aus dem die Geräusche eines Zeichentrickfilms drangen. Ich brühte Tee auf und goß ihn in zwei Tassen. Ich konnte nicht schreiben, mir nicht einmal vorstellen, daß ich es könnte. Ich wollte auch immer nur *etwas* schreiben, nichts Bestimmtes, schon gar nicht, was ich erlebte. Ich hätte das, was ich erlebte, erst wieder erfinden müssen, und dazu war ich viel zu schwach und mutlos. Ursel war mir eher lästig, weil ich sie nicht mit einer Ruhe und Freude einfangen konnte. Eigentlich wartete ich immer nur auf einen Alarm, daß Lasski angerannt käme, weil sich etwas abgespielt hatte in der Geschichte, eine unerwartete Wendung oder das längst Erwartete, daß Lasski gerannt käme, nein, der Hauswart, und mit nach hinten gebogenem Oberkörper die Fäuste gegen meine Tür schlug. Vor der Tür stand ein Polizist, und Linda trat neben ihn und zeigte auf mich: der da hat sie auf dem Gewissen. Und ich ging ihnen auf Strümpfen nach. Der Krankenwagen war weggefahren. Hausbewohner und Passanten standen um den Sandfleck herum und reckten die Gesichter hoch zum Fenster. Ein paar Leute beschrieben Maria, weil ein paar Hinzugekommene nicht wußten, wer Maria war. Keiner hatte sie springen sehen. So aufgeregt ich war, so ruhig war ich auch. Ein Beamter stieg noch mal aus dem Volkswagen. Daran, daß ich keine Schuhe trug, erkannte er meine Beziehungen zu der, die tot war. Der Himmel bedeckt, ganz gleichmäßig, ohne jede Wolkenform, die Bäume kahl; an den Ästen die Nässe gefroren. Ein ganz weißes Wetter, ein Wetter, bei dem Maria manchmal in eine Nachmittagsvorstellung ging. Auf den Randsteinen schartige, gefrorene Schneereste. Ein Auto fuhr vorbei und hupte. Keiner hier fand das anstößig; ich fand es auch nicht anstößig. Irgendwie war das hupende Auto etwas beruhigend Normales, als würde damit die ganze Straße wieder freigegeben für den Verkehr.

Das arbeitete in mir in lauter neuen Szenen: freier Fall ohne Ton, Marias Gesicht vom Luftwiderstand verzerrt, falsches Daliegen eines Körpers auf dem Pflaster, meine Verstörtheit auf der Polizeiwache. Das-habe-ich-nicht-gewollt-Sprüche. Neue Beobachtungen vor Marias Haus, die Auslagen in den Schaufenstern des Elektrogeschäfts gegenüber, aufeinandergetürmte Chromtöpfe, ein Föhn auf einem roten Samttuch. Und im nächsten Moment rief Maria vollständig betrunken bei mir an, weggesackt, sagte sie, die Beine gehen einfach von mir weg, das darfst du nicht tun, was tust du mit mir, die Beine sind schon unter der Erde. Ich komme, Maria, schrie ich, oder was soll ich denn machen. Ach, hau doch ab, sagte sie ganz labberig, und ein paarmal kam noch ein Schluckauf, bis sie einhängte. Ursel saß zusammengekauert im Sessel und knüllte auf ihrem Schoß ein Kissen. Sie ist betrunken, sagte ich zu Ursel, sie ist sehr krank. Ist sie sehr krank, fragte Ursel. Ach, hör auf, sagte ich, es geht ihr einfach dreckig. Ich wählte ihre Nummer, und sie sagte, ich solle jetzt nicht kommen, sie wolle schlafen. Soll ich mal hingehen und ihr Apfelsinen bringen, fragte Ursel, oder soll ich ihr eine Flasche Rotwein bringen, achnein, Rotwein ja nicht. Ich schüttelte den Kopf. Du kannst, wenn du willst, heute abend hingehen. Maria war zu etwas geworden, was ich nicht behalten konnte, wie ein Tier, das eigentlich sehr lieb und zutraulich ist, aber auch unberechenbar gefährlich reißen kann. Immer wenn ich zu ihr ging, war ich auf alles gefaßt, und wenn das Befürchtete nicht eintraf, wurde ich sorglos, bis es mich doch erwischte. Manchmal, wenn ich die Wohnungstür öffnete, stand sie auch schwankend davor und hatte schon länger überlegt, ob sie klingeln sollte oder nicht. Manchmal floh sie, wenn ich aufmachte, die Treppe hinunter. Und manchmal kam sie herein und sagte als erstes, es hätte keinen Zweck, sie hereinzulassen. Entweder griff sie mich dann sofort an, weil ihr meine Zurückhaltung unfaßbar war, oder sie entschuldigte sich für etwas, von dem sie nicht sagen konnte, was es war. Es hat keinen Zweck, sagte sie und blickte zu Boden, wo sie mit einer Schuhspitze hin und her fuhr. Ihr Gesicht war fleckig und ihre Frisur abgeflacht und vom Wind nach hinten geschoben. Ein Ohr lag ganz frei, und das war mir eine fremde unheimliche Partie. Ich war schuld an ihrem Zustand, das sagte ich mir; gleichzeitig kam mir diese Schuld sehr leicht vor. Es hat keinen Zweck, sagte sie, du hast keinen Zweck, ich habe keinen Zweck. Kannst du mir das alles einmal erklären? Was soll ich dir erklären, fragte ich. Sie hatte mich verstanden, konnte es aber nicht aushalten, mich zu verstehen. Sie meinte, wenn ich sie je verstanden hätte, müßte ich mich anders verhalten. Um dieses Ohr an ihrem Kopf zu sehen, mußte ich beinahe schielen. Ich sagte nichts mehr. Unter dem Ohr fing schon der Haaransatz an, noch sehr wenige dünne Haare, glatt nach hinten gestrichen. Wir sagten beide nichts mehr und sahen aneinander vorbei, und es war so, als dürften wir uns nicht bewegen. Ich hatte das Gefühl, immer dicker zu werden und dabei langsam im Fußboden zu versinken.

Wenn ich zu ihr ging, weil sie angerufen hatte oder weil ich ungezwungen hingehen wollte, bevor sie anrief, mußte ich mir auf der Treppe den Ton ausdenken, mit dem ich sie ansprechen wollte, nicht zu leichthin, dann wirkt es zu unverbindlich, aber auch nicht zu bedrückt, dann hat sie den Eindruck, ich sähe mich als ihr Opfer an; sie braucht die Illusion, daß ich ihr helfen könnte, es aber nicht will. Es ist ihr lieber, an meine Bosheit zu glauben als an meine Gleichgültigkeit. Ich wollte besser gar nichts sagen, dann würde sie mich fragen, warum ich nichts sagte, und dann konnte ich immer noch etwas sagen.

Angst hatte ich, als ich bemerkte, daß ich schon längere Zeit wach war und mühsam aus der Erinnerung das Bild von gestern zusammensetzte. Ich lag ja in Marias Bett, wie hineingeschleppt in einer Bewußtlosigkeit. Auf der Fensterbank lag ein Tablettenröhrchen, daneben eine aufgerissene Packung Papiertaschentücher und der Wecker, der immer lauter tickte, bis er wieder leise tickte. Es war ein paar Minuten vor zehn. In der Küche klapperte Geschirr, und Ursels Stimme war zu hören, aber nicht zu verstehen. Ich hörte die Lautsprecher knacken und wußte, daß Ursel eine Platte auflegte. Das Ticken des Weckers schwoll noch einmal an und überschwemmte meine unklaren, trudelnden Bilder, dann Musik, und fast in demselben Augenblick drang der Kaffeegeruch bis zu mir hin.

Maria hatte mich arbeitsunfähig gemacht; ich würde Bücher und Schallplatten verkaufen müssen und das Geld wie üblich rasch ausgeben. Ich wünschte mir ein Zimmer in der Luft, in dem ich in meiner Not arbeiten könnte. Ich dachte an eine Geschichte, in der ein verstümmelter Mann sich der Resozialisierung entzieht; die Gesellschaft schickt eine Krankenschwester aus, um ihn zu holen, dann eine Sozialarbeiterin, dann eine Psychologin. Dieser Verstümmelte schläft mit ihnen, will sich aber nicht rehabilitieren. Ein andermal, ebenfalls im Bett, hatte ich diese Geschichte deutlich gesehen, jetzt aber kam sie mir vor wie eine falsch zusammengesetzte Maschine. Eine andere Geschichte war die Geschichte mit Maria, aber die würde ich niemals schreiben. Vielleicht würde ich eine Frau erfinden und sie Maria nennen. Ein Kind von mir könnte ich Ursel nennen. Ursel könnte immer zwischen mir und Maria Briefe hin- und hertragen.

Ich hatte Ursel versprochen, mit ihr spazierenzugehen, in den Grunewald aufs Eis. Maria und Ursel kamen wie zwei Puppen, Mutter und Kind, herein, als ich gerade die Jalousie hochzog. Sie sagten, sie hätten mich im Schlaf überfallen wollen, die Decke wegziehen, mich kitzeln. Ich sagte zu Maria, ich hätte mir Gedanken gemacht über sie und mich. Maria sagte, steh endlich auf, du weißt, daß Lasski zum Frühstück kommt, Ursel hatte die Arme über der Brust verschränkt. Ich freute mich auf Lasski beim Frühstück, der uns beide etwas erleichtern würde. Maria ging aus dem Zimmer, und ich hörte sie telefonieren. Ich hatte mich von Ursel umstoßen lassen, und sie lag auf mir, nachdem sie das Kissen zwischen unsere Bäuche geschoben hatte. Sie hielt mir die Nase zu und versuchte, mir einzelne Haare auszuziehen. Maria kam zurück und sagte, sie müsse noch heute nachmittag nach Düsseldorf fliegen. Bist du angerufen worden, fragte ich. Nein, ich habe angerufen, sagte sie, es war verabredet, daß ich anrufe. Ursel rannte an die Tür, weil sie meinte, Lasski stünde in diesem Moment davor. Ursels Hauptbeschäftigung war es, hier meine Bekanntschaft nach Wundertätern abzusuchen. Vielleicht wollte sie Leute finden, mit denen sie gemeinsam auf mich hinabschauen konnte. Dieses Trinken war anders, und das Essen und die Musik war eine andere. Ich war zweimal mit ihr in eine Diskothek gegangen, wo sie aufgeregt neben mir saß, Cola trank und ganz fiebrig und verstört war. Zu Hause war die Begeisterung neu ausgebrochen in einem Brief an Erika. Sie sprach kaum über das Leben mit Erika und über das Dasitzen in der Schule, aber sie mußte in ihrer Neugier alles miteinander vergleichen und manches hier falsch finden, um Erika nicht weh zu tun. Manchmal fand sie einen zu freundlichen Ton bloß albern, und meine Großzügigkeit verwirrte sie, so daß sie sich immer entschiedener verstellte, als sei ihr alles längst fade und bekannt. Hier, so meinte sie, dürften die Kinder die Wände bemalen, hier ließe man das Haar lang über die Schultern der Pelzmäntel wachsen. Dieser Wechsel der Konfektion, der ganzen Staffage, des musikalischen Hintergrunds, war ihr schon sehr lieb geworden, und sie wollte rascher größer und älter werden. Hier waren die Möbel angemalt, die Zimmer waren weniger vollgestellt, und die Matratzen lagen auf dem Boden. Wir saßen schon am Frühstückstisch, als Lasski hereinkam. Er hängte den Mantel über die Stuhllehne und setzte sich. Mich ärgerte dieser Mantel da, und ich stand auf und nahm den Mantel weg. Die Ausgelassenheit von Ursel war jetzt verbraucht, und sie beobachtete langsam kauend Lasski. Sie hatte sich schon dem untertriebenen Verhalten von Lasski angepaßt. Er kam leicht grinsend herein, sagte, na, und setzte sich an den Tisch. Lasski redete langsam, daß es sich gerade so hinschleppte, ein lavierendes, ausprobiertes Sprechen, vorsichtig, glatt und unangreifbar. Diese jungen Arbeiter, sagte er, und es fiel schwer, Ironie herauszuhören, haben ein neues Selbstbewußtsein, das unabhängig ist von den bürgerlichen Lehrplänen und Bildungszielen. Durch diesen bürgerlichen Kultursumpf brauchen die gar nicht mehr hindurch; sie nehmen den kurzen Weg vom Arbeitsplatz, der kaputten Ehe direkt aufs Papier; Artikulationsschwierigkeiten – dafür sind wir da, wir haben ja Gott sei Dank ein schlechtes Gewissen ...

Ursel war irritiert von Lasskis Humor, als er sagte, die Kinder müßten früh an Ungerechtigkeit gewöhnt werden. Sie fand ihn ungepflegt, wie sie mir nachher sagte. Aber dann meinte sie, Lasski entschuldigend, ich sei ja auch ein bißchen ungepflegt. Ich hatte das nicht gewußt. Lasski, sagte sie, trüge das Haar zu kurz, ohne daß es deshalb gepflegt wäre. Trägst du keine Cordhosen, fragte Ursel Lasski. *Diskutieren* fand sie so schön. Ich verstehe es nicht, sagte sie, aber es ist spannend. Mir wurde etwas flau von dem Reden, dem Kaffee und dem Sonnenlicht auf dem Frühstückstisch. Maria kaute und lachte vollkommen sorglos auf, wenn Lasski beiläufig eine Bosheit aussprach. Das fand ich haltlos von ihr, wie sie damit zugab, daß Lasski mit seinen Sprüchen in ihr direkt körperliche Lust hervorrief. Ihre Oberlippe war naß und ein wenig braun vom Kaffee.

Ursel rückte näher an Lasski heran und fragte, denkst du dir das vorher aus, was du schreibst? Findest du *den* nett? Wen findest du nett? Nach kurzer Zeit kroch sie in die Leute hinein, um etwas für sich aus ihnen herauszuholen. Wenn sie eine vermeintliche Eigenart fand, ein zögerndes Sprechen oder ein absichtlich gehemmtes, leicht stotterndes, ahmte sie es nach. Deutlich gegen den eigenen Willen hatte sie auch schon die selbstvergessene Art von Maria, sich mit seitlich geneigtem Kopf zu kämmen, angenommen. Sie lernte Masken und Posen auf der Suche nach späteren Auffälligkeiten. Wir hatten aufgehört zu essen. Maria und ich rauchten, und Ursel fächerte mit einem Zeitungsblatt den Rauch weg. Lasski aß immer weiter und fand noch Zeit zum Sprechen. Nichts außerhalb der eigenen Haut konnte ihn interessieren, aber vieles betraf seine eigene Haut, und so konnte er immer weiterreden. Sprechend mit vollem Mund zahlte er für den vollen Mund mit Sprechen. Maria fing mitten im Lachen an zu weinen. Ich blieb ruhig sitzen, aber Lasski nahm sie in den Arm, und in einer vorgetäuschten Kopflosigkeit kratzte er ihr mit dem Kaffeelöffel Tränen von den Wangen. Marias Kopf lag an Lasskis Schulter, und sie mußte wieder lachen, so daß noch mehr Tränen kamen. Ursel lachte auch, weil der Kaffeelöffel in Marias Gesicht komisch war und weil Lasski unter Entschuldigungen Marias Kopf streichelte, mit dem Löffel in der Hand. Ursel kamen auch die Tränen; sie lachte immer lauter, bis ihr die Spucke aus dem offenen Mund fiel. Ich hätte gern mitgelacht, konnte aber nicht, weil ich gelähmt war vor Verlegenheit. Das sollte hier schnell enden, damit ich mit Ursel allein sein konnte. Am liebsten wollte ich von allen verlassen sein und Ursel an mich drücken. Ich hatte noch ein Foto in der Erinnerung, auf dem ich Ursel bei einem Besuch im Ruhrgebiet auf dem Arm trug. Die Liebe zu diesem kleinen Kind, die ganz von warmen Gefühlen durchdrungen war, wirkte noch immer hinein in mein jetziges Verhältnis zu ihr. Beinahe bildete ich mir ein, so ein Zustand sei jederzeit wiederholbar. Wir schnippsten die Asche auf die Frühstücksteller. Ursel bückte sich, um ihre Schuhe zu schnüren. Lasski zog sich Petersilienstengel aus dem Mund. Er wollte dann Maria beim Abräumen helfen, worauf Ursel und ich auch helfen wollten. Maria winkte ab und wollte es mit Ursel allein machen. Aber Ursel wollte ihr auch nicht mehr helfen. Sie schnürte weiter an ihren Schuhen. Lasski sagte, wenn das meine Arbeiter gehört hätten, was du soeben gesagt hast, würden sie mich mit dem Schraubenschlüssel erschlagen, nur weil ich es angehört habe. Endlich hörte auch Lasski mit dem Essen auf und mit dem Reden. Die Tassen standen noch auf dem Tisch. Ursel nahm einen Strauß verwelkter Rosen aus der Vase und ließ das Wasser von den Stielen tropfen. Maria fragte, ob wir sie mit dem Auto an den Flugplatz bringen könnten. Wenn du willst, sagte sie, fliege ich heute nicht. Flieg ruhig heute, sagte ich und bemühte mich zu verbergen, daß ich erschrocken war. An meinen Wänden, sagte Lasski, hängt kein Bild mehr. Ursel strich sich mit den Händen, wie es Maria manchmal tat, über das Gesäß der Bluejeans. Sie drehte den Kopf nach hinten und hob abwechselnd ihre Absätze.

Ich lag bei mir zu Hause mit Linda im Bett. Maria und Ursel waren in die Stadt gegangen. Wir hatten beide nicht viel ausgezogen, um notfalls wieder schnell angezogen zu sein. Linda war so schön, daß man es darauf abgesehen hatte, aber in Wahrheit lag sie knapp neben meiner Lust. Trotzdem hatten wir manchmal etwas zwischen uns zu beseitigen. Wenn wir uns nach einem Geräusch aus dem Treppenhaus ganz ruhig verhielten, konnten wir das Schmelzwasser draußen auf die Simse tropfen hören. Auch auf dem Hof schmolzen die Schneereste weg; man sah Fuß- und Reifenspuren im Matsch, der grau war und gelb, als sei Urin versprüht worden. Das Sonnenlicht traf durch das Fenster genau auf das Bett, diesig und gelb; als ob es von einem brutalen Beleuchter auf uns gelenkt würde. Wir boten ein Programm, aber ich meinte, in diesem Licht keine richtige Bewegung zustande zu bringen. Die Vorhänge zuzuziehen, dazu fehlte mir die Unbekümmertheit. Ich wollte, daß hier möglichst wenig verändert würde. Linda war das gleichgültig, sie lag flach und beinahe regungslos da und schien noch immer auf eine Art Pointe zu warten. Ich lag schwer atmend neben ihr und beobachtete sie aus einem Dämmerzustand heraus, aus dem Schutz einer vollkommenen Sättigung. Ich mag dich sehr gern, sagte Linda, und ich deutete ein zustimmendes Nicken an. Ich täuschte ihr immer einen bloß oberflächlichen Umgang vor, die beiläufige Befriedigung eines beinahe schon vergessenen Bedürfnisses. Es waren schöne Gelegenheiten, an denen man nichts zu organisieren hatte, ohne Gefühl vorher und nur mit einer Leichtigkeit hinterher. Linda sagte ein paarmal, sie erwarte gar nichts von mir. Ich wollte das gern glauben. Sie schien zufrieden damit zu sein, daß es jetzt sie war, die mir etwas bedeutete.

Sie war weder eine Falle, noch war sie eine Frau, die einen empfing, wenn man zerschlagen nach Hause kam. Ich wollte sie mir nicht genau bekannt machen. Es war nicht einmal vorgekommen, daß wir uns getroffen und irgendwo zusammen etwas getrunken hätten. Es gab für uns keinen neutralen Ort für Heimlichkeiten, nur immer die ganz bestimmte Gelegenheit.

Ich beugte mich über sie und kitzelte sie mit einer ihrer eigenen Haarsträhnen, was gar nichts mit mir zu tun hatte; es war vielmehr ein träumerisches Bild aus einer anderen Zeit, von Darstellern überliefert. Linda bäumte sich auf und lachte. Dann zog sie die Decke ganz über sich und wurde wütend über ihr Lachen wie über die Eigenmächtigkeit eines Untergebenen. Hör auf, sagte sie, ich sehe dir ja doch an, wie es bei dir tickt, du denkst dir bloß immer alles aus, auch wie du an mir herumfingerst, alles denkst du dir bloß aus. Ich glaube, du denkst dir auch deine Gefühle bloß aus, du bist eigentlich gar nicht da. Was ist mit Maria? Ich kann mir das überhaupt nicht vorstellen. Ich glaube, du erlebst überhaupt nichts wirklich, es sind bei dir bloß Geschichten, glaube ich, lauter Geschichten. Wenn es wenig ist, machst du mehr daraus, wenn es viel ist, machst du es klein. Du bist ja gar kein richtiger Mensch, ich könnte mich auch nie in dich verlieben.

Ich sagte ihr, ich müsse das alles abstreiten. Es war auch nicht wahr, es war vielleicht ein wenig wahr. Gleichzeitig fühlte ich mich geschmeichelt. Ich dachte, es ist gut so, ich will es so haben, wie du es siehst. Es machte mir nichts aus. Ich glaubte auch, daß alle einer Dramaturgie folgten, daß kaum ein Gefühl wahr sein konnte, weil das Bewußtsein alles verdarb. Aber ich war auch enttäuscht von ihr, weil sie sich nicht hatte täuschen lassen. Vielleicht würde sie sich mit Lasski gut verstehen. Ich stand auf und zog die Hosen an, etwas beunruhigt auch von der Möglichkeit, Maria und Ursel könnten früher zurückkehren und mehrmals klingeln müssen, bis wir mühsam eine unverfängliche Situation hergestellt hätten. Linda erhob sich halb, sie kniete auf dem Bett und steckte ihr Haar zusammen. Einmal, als ich hinsah, geriet sie durch ihre Bewegungen ins Wippen. Diese kleinliche Angst, wie ein Kind erwischt zu werden, hatte ich bei Frauen nie erlebt. Ich roch an den Fingern, und da ergriff mich eine widerstandslose Belustigung. Ich fing an zu kichern. Alles schien auf die leichteste Art verträglich und gewichtslos zu sein. Linda sah mich still an. Dann wieder war ich froh, festen Boden unter den Füßen zu haben und nicht mehr da auf der Matratze lächerlich auf und ab zu federn. Ich ging ins Bad und wusch mich. Als ich dabei in den Spiegel blickte, mußte ich wieder kichern und dann wieder furchtbar ernst werden. Die Lust, wie grandios sie auch war, war hinterher nur wieder eine Erinnerung an Ärmlichkeit und an Aufhören, eine Erinnerung daran, daß es zu Ende geht, daß es keinmal nicht zu Ende geht. Es war nur ein Aufhören, ein Wegsinken nach einer Reise, ein ungläubiges Staunen darüber, daß du mit diesem Körper vorhin noch in einem anderen Raum und einer anderen Zeit warst. Ich ging zurück ins Zimmer, und während ich mir das Hemd in die Hose steckte und mein Blick derart gleichgültig, daß er mir nichts mehr bedeutete, auf der immer noch wie eine *Kniende* auf dem Bett knienden Linda lag, wußte ich etwas, was ich aufschreiben wollte. Ich setzte mich an den Tisch und schrieb es auf einen Zettel. Ich wollte einen Tee machen, und Linda sollte ruhig noch zum Tee bleiben. Ich wollte Maria sagen, daß ich mit Linda im Bett war, aber nur, wenn sie mich danach fragte. Ursel sollte es hören. Es war mir egal, was ich ihnen sagte. Es war mir auch egal, wenn Maria ihrer Schwester die Tür aufhielt. Ich würde sie nicht daran hindern. Bei der Vorstellung, Maria zu hindern, Linda rauszuwerfen, mußte ich wieder lachen. Ursel würde so tun, als verstünde sie nichts. Es war mir auch egal, wieviel sie verstand. Sie verstand sich mit Maria besser, wenn ich nicht dabei war. Ich sah sie mit Maria durch die Stadt gehen. Ich war selbst ein paarmal mit ihr an Schaufenstern vorbeigegangen, und sie hatte mich immer wieder gebeten stehenzubleiben. Sie hatte mich am Arm gepackt, um mich festzuhalten. Ich sagte, es ist ein Dreck, was du da siehst; das sollst du alles kaufen und schnell verschleißen, damit du dir wieder neue Sachen kaufst. Dann kam es mir lächerlich vor, sie so überzeugen zu wollen. Mach ihr doch nicht alles mies, sagte Maria, was du ihr da beibringen willst, das muß sie anderswo und von anderen lernen, und am eigenen Leib muß sie es lernen, mit eigenem Geld. Ursel hörte sowieso nicht auf das, was ich sagte.

Sie nickte nur immer. Es war aber schon ein Ekel an dieser Gier, die ich an meiner Ursel nicht verstand und sofort auslöschen wollte. Sah ich sie denn nicht schon mit fleischiger gewordenen Armen in den Waren wühlen, in besinnungsloser Hast, hektische rote Flecken auf dem Gesicht, wie sie Stoffballen wütend beiseite warf, sich durch verschlungene Berge von Pullis wühlte und sich Röcke vor den Körper hielt; die anprobierten und verworfenen Schuhe flogen durch Spraywolken, wie ich es bei Erika erlebt hatte. Wurde sie langsam und unweigerlich zu Erika?

Woran denkst du, fragte Linda, und ich schüttelte nur den Kopf. Ich dachte daran, wie komisch es wäre, wegen Linda aus dem Verhältnis mit Maria auszubrechen, endlich wieder ein Mensch zu werden an Lindas Seite. Oder aus einem anderen Verhältnis auszubrechen wegen Maria. Aus gewissen betäubenden Gewohnheiten auszubrechen, um langsam neue betäubende Gewohnheiten heranzubilden. Ein Reißverschluß an Lindas Stiefel klemmte. Kannst du mir mal helfen, sagte sie, und ich blickte sie eine Weile stumm an, bevor ich aufstand und ihr half.

Ich ging in die Küche und setzte Teewasser auf. Komm bitte nicht mehr einfach her, sagte ich zu Linda, ruf mich an oder mach überhaupt ganz etwas anderes. Keine Bange, sagte Linda, ich weiß schon, was du an mir hast. Und du solltest mich nicht immer so rätselhaft ansehen, wenn Maria dabei ist; sie hat mich ein paarmal nach dir gefragt. Sie bückte sich tief hinab und beobachtete mich durch die Beine. Du hast einen schiefen Kopf, sagte sie, und dein Gesicht besteht aus lauter Wülsten, die nach oben hängen. Immer wenn Linda wieder ging, war ich sicher, nie mehr eine Wiederholung zu wollen, obwohl ich jedesmal die Wiederholung, die schon alle Zeichen meines Widerwillens trug, deutlich vor mir sah. Kein aufregendes Leben konnte das sein, aber ein aufgeregtes. Und jedesmal zupfte ich ihre Haare aus dem Bett und spülte sie sogleich aus der Kloschüssel heraus. Ich hatte öfter versucht, mir Maria und Linda als Schwestern vorzustellen. Ihr Vater lebte noch. Maria war die ältere und hatte Linda immer alles weggenommen. Maria beantwortete mir keine Frage nach Linda, aber Linda erzählte manchmal von Marias Jähzorn früher. Sie sei auch oft sehr sanft gewesen. Sie habe die Erwachsenen bezaubert und sich dann von ihnen abgewandt. Wie ein Detektiv pfiff ich durch die Zähne und lächelte Linda an. Manchmal kam Maria heulend aus der Schule gerannt und schloß sich in ihrem Zimmer ein. Es war nichts aus ihr herauszukriegen. Maria habe sie ein paarmal im Bett heftig umarmt. Aber als Linda, die es sehr schön gefunden hatte, das auch mal machte, stieß Maria sie von sich. Maria hatte, als sie fünfzehn war, mit dem Bruder ihres Vaters geschlafen. Es gab ein Verfahren. Weil Maria sich weigerte, gegen ihn auszusagen, kam nichts heraus dabei. Der Bruder des Vaters hatte ihr erzählt, er sei nur der Halbbruder ihres Vaters. Er hatte ihr immer teurere Geschenke gemacht, Plattenspieler, Kleider, und sie auch ein paarmal auf Reisen mitgenommen. Maria erzählte mir, zuerst habe er vor ihren Augen onaniert. Ich war etwas empört darüber, aber Maria machte nur eine wegwerfende Handbewegung.

Linda war angezogen und stand schon, als ich aus der Küche kam, im Mantel da und blickte sich um, ob sie irgendwo etwas vergessen hatte. Alles klar, sagte sie. Sie hatte sich so langsam angezogen, als wolle sie mir zeigen, wie sehr jeder Fetzen, den sie anzog, ein Schritt von mir weg war. Das hatte alles eine Bedeutung, jede Schicht, mit der sie sich mehr vor mir verhüllte. Und natürlich hatte sie mich nervös machen wollen. Sie meinte, ich sähe sie nie richtig an, ich sähe sie überhaupt falsch, und sie wollte doch wenigstens richtig gesehen werden. Sie wollte mir bedenkenlos gefallen, wenn auch nichts davon abhängen sollte außer unseren paar seltenen Gelegenheiten. Ich wollte ihr ja auch ziemlich undeutlich bleiben, was hätte sie denn sonst von mir gehabt? Aber sie gab um so bedenkenloser ihre Zeichen und Offenbarungen über sich selbst preis, je unverblümter und uninteressierter ich mich zeigte. An ihren Ohrläppchen hingen wieder große klare Plexiglaswürfel. Einmal war ich über Nacht bei ihr geblieben. Beim Frühstück durfte ich ihr nicht helfen, auch beim Abwaschen nicht. Den ganzen Frühstückskram trug sie auf einem großen, mit Popblumen bemalten Tablett herein. Die Servietten waren bunte, zu Knospen zusammengefaltete Papierlappen. Sie klagte über den Dreck in der Küche und wollte erhoben werden über die anderen Köpfe der Wohngemeinschaft und ihren Gemeinschaftsdreck. Sie trug einen roten Morgenmantel, der eine Handbreit hinabreichte über die Knie. So sah sie auf einmal o-beinig aus, und ich schien ganz dankbar zu sein über diesen Anblick, obwohl auch ärgerlich, daß ihr das entgangen war. Aus einem Mundwinkel führte ein Zahnpastastrich heraus, von dem sie auch keine Ahnung hatte. Das war es, was man zu allererst an ihr entdecken mußte. Ihr Geheimnis. Mein Widerwille war so stark geworden, daß ich nur noch mit Mühe bleiben konnte. Ich wollte nicht so empfindlich sein, nicht unter dem eigenen Ekel zu leiden haben. Manchmal veranlaßte mich ein leerer, schräggestellter Sessel, aus dem Zimmer zu laufen. Eine rosige Hand mit Ehering, die mir Briefmarken zuschob. Ich konnte kaum das Ei schnell auslöffeln, es mußte hinein in mich wie eine Scheibe Brot, bestrichen mit o-beiniger Zahnpastabutter, der Orangensaft mit den Fetzen des Fruchtfleischs am Rand des Glases, der Käse, abgeschabt von den Rändern der Körperöffnungen. Der leere U-Bahnsteig, über den ein lauer Wind wehte. Damals hatte Linda gesagt, sie hätte nichts dagegen, es Maria zu sagen.

Aber sie gefiel mir auch wieder, wenn sie eine ganz andere war, verlogen von sich selber absah, wenn sie bloß noch als Biest, das absolut kein Bedürfnis hat nach einem festen männlichen Schutz, in ihrer Lederjacke auf dem Sozius saß, sich an mir festhielt und in den Fahrtwind hinausschrie, wie sie sich fühlte. Sie war dann auch für sich selbst verdreht und falsch, aber besser als in ihrer gewöhnlichen Gestalt und Verfassung. Eine Linda, die sich über einen umgekippten Baum bücken konnte mit gespreizten Beinen und dabei sprach in normaler Lautstärke und sich anschließend sofort wieder alles mit dem Gürtel zusammenzog, schon beim Motorrad war und wieder startete. Nur stand sie auch wieder in ihrem Morgenmantel am Fenster und träumte verzweifelt in die wacklige Spiegelung hinein. Immer falsch, dachte ich, auf ganz falsche Weise richtig ist sie. Sie wird berührt und ausgezogen, aber es will ihr nie etwas geschehen. Wie Maria wollte sie sich genau und eindeutig haben, aus Angst, verwechselt zu werden, aber das konnte sie nicht halten, dieses eine feste Bild von sich selber, das zerfloß und riß überall ein. In meinen aufmerksamsten Momenten, die auch meine argwöhnischsten waren, wenn sie ihr Gesicht nur etwas wegdrehte, saß sie in der Gestalt von Maria da. Sie hätten eine einzige werden können, für mich, in einem bestimmten Zwielicht. Zusammen könnten sie einen Grad an Unverträglichkeit erreichen, der mich mein Leben lang beschäftigen könnte. Aber wir waren alle nicht füreinander da.

Maria erzeugte in mir ein solches Gleichgewicht von Flucht und Zuneigung, daß ich mich oft nicht mehr rühren konnte; sie war in mir anwesend wie ein schrecklicher Herr, selbst wenn sie um alles betrogen dalag und immer weiter starb. Maria war in letzter Zeit etwas ruhiger geworden, vielleicht weil Ursel da war, von deren Zuneigung und Abneigung sie auf jeden Fall am Trinken gehindert wurde. Maria beobachtete mich aber mit einer gehässigen Aufmerksamkeit. Ihre Beobachtungen waren früher immer großzügig und flüchtig gewesen, so daß sie manche Einzelheiten gar nicht wahrnahm. Jetzt sah sie mich in ungewohnter Schärfe; sie hielt mir oft vor, ich verriete mich mit meinem Ton, wenn ich mich schon nicht mit Worten verriete. Meine Vorsicht beim Sprechen warf sie mir sogar vor, aber wenn ich unvorsichtig war, trank sie sofort alles aus und verletzte sich, um sich mir rücksichtslos als mein Opfer vorzuführen. Und wenn es Phasen der Erschlaffung, der Müdigkeit und Gleichgültigkeit gab und ich schon wieder beinahe sorglos, beinahe zufrieden mit ihr zusammen war, sammelte sie doch schon wieder insgeheim in aller Niedergeschlagenheit Zeichen und Beweise für mein erbärmliches Handeln an ihr. Es gab kein wirkliches Nachgeben und Ausruhen für Maria. Hinter ihren gleichgültigen, müden, auswischenden, das von gestern auswischenden Handbewegungen, die mich auch erlösten, lauerten schon wieder die Augen. Ich sagte zu Linda, ich könne sie nicht mit dem Motorrad nach Hause fahren. Sie hatte aber kein Geld bei sich, und ich gab ihr eine Streifenkarte für die U-Bahn. Sie hatte das Bett nachlässig zurechtgezupft, so als habe sie bei mir nichts zu verbergen. Ich wollte aber schon wieder alles verbergen. Als sie gegangen war, spannte ich das Laken neu und richtete alles so, wie nur ich es gerichtet haben konnte.

Maria, Ursel und ich gingen eingemummt wie müde, bärenhafte Gestalten an den Schaufenstern vorbei. In einem Café am Kurfürstendamm tranken wir alle heißen Tee mit Zitrone. Was ist nur mit mir los, hörte ich Ursel sagen, ich scheine immer größer und vernünftiger zu werden, das geht blitzschnell; wenn ich an Schaufenstern vorbeigehe, kann ich mich vorbeigehen sehen, und ich sehe meine boshaften Augen und wie meine Lippen immer dünner werden und wie ich dann immer weiß, was ich will. Maria lachte, sie ist gut, ist sie nicht gut? Dann wollte Ursel ein Würstchen essen, obwohl wir erst vor zwei Stunden zu Mittag gegessen hatten. Maria verbot es ihr, und Ursel hörte nicht mehr mit dem Nörgeln auf. Sie blieb aufreizend lange vor einem Schaufenster stehen, so daß wir in einiger Entfernung auf sie warten mußten. Dann schimpfte sie, die rothaarige Hexe solle verschwinden, Maria sei nicht ihre Mutter und so weiter. Ursel hatte Maria einmal nach ihrem Alter gefragt, und Maria hatte lachend und mit einem Zögern gesagt, sie wäre sechsundzwanzig. Dann hatte Ursel Marias Paß aufgestöbert und ihn ihr wütend vor die Nase gehalten. Du bist ja dreißig, warum hat sie mich angelogen, sie ist ja alt, alt ist sie, die Grauenhafte.

Ich wollte auch besser und haltbarer und sicherer gekleidet sein, aber zugleich wollte ich diese Schaufenster verheeren. Gleichzeitig wollte ich ein paar Sachen für Ursel kaufen. Die Auslagen in den Fenstern sollten nie mehr ausgewechselt werden, dreißig Jahre lang. Ich hatte überhaupt kein Geld mehr. Etwas Regen und Wind müßte in die Schaufenster gelenkt werden. So könnte das Älterwerden der Dinge auch über kürzere Zeiträume eine Attraktion sein. Wir gingen durch eine lange Geschäftspassage aus Glas und dunkel gestrichenem Stahl. Viele Leute trugen Einkaufstüten aus Plastik und erweckten mit ihren beleidigten Gesichtern selbst den Eindruck, gerade betrogen worden zu sein. Ich sah einer Frau zu, die weit nach vorn gebeugt eine Wurst verzehrte; am Armgelenk hing ihr die Tasche, und den Pappteller mit dem Senf hielt sie weit vor sich hingestreckt. Aus den Lautsprechern um eine Kunsteisfläche herum kam dünn schäumende Musik. Ein Schlittschuhläufer unterbrach seine Pirouette und grapschte nach einem Dackel, der übers Eis lief, und ließ ihn mit einer großzügigen Armbewegung über die Bande hopsen. Ältere Paare vollführten halbvergessene Figuren. Es sah so aus, als wollten sie mit jedem Schritt den Zuschauern etwas sagen: na, erinnert ihr euch? Ursel betrachtete mit offener Bewunderung die kleinen Eisprinzessinnen. Man sah ein gewobenes Linienwerk von Schlittschuhspuren, eine kreiselnde und Spiralen zeichnende Lust in den aufreizend gespannten Körpern, Bewegungen, die die Bedeutungslosigkeit der Natur imitierten, nur zu dem einen Zweck, die einzige wahre, die tödliche Bewegung zu vermeiden. So übermütig und übertrieben die Bewegungen waren, so eckig und kindlich die ungerundeten Körper die Figuren auch «hinlegten», sie schienen doch schon Anspielungen auf die Lebensgeilheit der Erwachsenen zu sein. Ursel sah ganz unglücklich und verzagt zu, aber wir konnten noch lange nicht weitergehen. Es war ein Schaufensterbummel, auf dem lauter kleine abgeschiedene Welten zu besichtigen waren. Es war das Schöne, die Freizeit, die knalligen Farben, die knappen, schillernden Kostüme. Ursel mußte jetzt viele Kindheiten in sich absterben fühlen. Ich hatte ihr nie so ein Tanzkleidchen geschenkt, auch immer noch keine Schlittschuhe. Ich hätte es getan. Vielleicht würde ich von Maria Geld ausleihen. Jeden Tag nahm ich Ursel das, was ich ihr nicht gab. Ihr Gesicht sagte das alles. Und jeden Tag trat sie mir unverhüllter geldgierig entgegen. Sie lehnte, das Gesicht in eine Hand gestützt, über der Bande, während Maria ihr zusah. Sie lockte endlich Ursel da weg, indem sie ihr etwas versprach. Wir gingen in einen Laden, und Maria kaufte ihr einen Rock aus blauem Stoff, mit einer kleinen Tasche, auf die eine Biene im Flug gestickt war. Ursel freute sich sehr. Draußen vor dem Schaufenster sahen wir eine Gruppe Inder; die Frauen trugen lange gelbe Übergewänder und auf den Stirnen die roten Kastenzeichen, die ich nicht erklären konnte. Ursel trug selbst die Tüte mit dem Rock.

Am Abend aßen wir bei Maria, und ich fragte sie, was aus der Einbruchsgeschichte geworden war. Sie hatte selbst nie wieder darüber gesprochen, war aber doch nach einigem Zögern zur Polizei gegangen. Sie winkte ab und sagte, es wäre ein komisches Verhör daraus geworden. Von ihr hatten sie wissen wollen, was der oder die Einbrecher gesucht haben. Sie fanden es merkwürdig, daß nichts gestohlen wurde. Einer hat immer «mysteriös» gesagt. Er wollte wissen, ob ich das nicht auch reichlich mysteriös fände. Ob ich mir vorstellen könne, daß irgend jemand ein Interesse an meiner Korrespondenz hätte, eine Instanz vielleicht. Was ich denn überhaupt für Kontakte hätte mit Leuten aus dem anderen Teil. Ob es ausschließlich beruflich-geschäftliche Kontakte wären. Über den «anderen Teil» redeten sie wie über ein unbekanntes Geschlechtsorgan. Dann fragte mich einer, wie ich über die Mauer denke. Ich habe ihm gesagt, ich denke nicht über die Mauer. Ob ich denn hier bei der politischen Polizei wäre, habe ich gefragt, und der mit der Mauer hat zurückgefragt, wie ich denn darauf käme. Und dann hat einer den anderen einen Wink gegeben, mich nicht weiter zu vernehmen (es war nämlich schon eine Vernehmung geworden). Dann haben sie mich freundlich verabschiedet, nachdem sie meine Anzeige gegen Unbekannt (ich hatte den Eindruck, daß sie inzwischen wußten, wer Unbekannt war) aufgenommen hatten. Wahrscheinlich käme nichts dabei heraus, sagten sie, aber so wäre die Sache wenigstens aktenkundig, und bei irgendeinem neuen Vorfall könne man schon auf etwas zurückgreifen. Das war eine Hinterhältigkeit, mit der sie mich befragten, so als warteten sie auf einen Versprecher von mir. Manchmal schwiegen sie eine Weile, nur um zu sehen, ob ich nervös wurde. Und immer wieder hielten sie mir den Einbruch vor. Ich sollte ihnen beweisen, daß bei mir zu Unrecht eingebrochen worden war. Ich führe wohl oft nach drüben. Ob ich dort gewohnheitsmäßig das Taxi nähme und wenn ja, mit welchem Geld. Ob ich immer *mehr* Geld umtausche, als ich umtauschen muß. Ob ich schon Aufenthaltsgenehmigungen über 24 Stunden hinaus beantragt hätte. Auch Gebrauch davon gemacht? Ob drüben gewisse Herren mit gewissen Ansinnen an mich herangetreten wären. Ich habe gesagt, wenn Sie mich politisch überprüfen wollen ... Sie wehrten ganz übertrieben ab, als ob das ein Wunsch von mir wäre, den sie leider nicht erfüllen könnten. Ursel fragte, warst du bei der Kriminalpolizei? Sie geben dir sofort das Gefühl, sagte Maria, daß dein Verhalten unverständlich ist und verdächtig, daß sie dir aber gern mit ihrem Verständnis da heraushelfen wollen. Als ich ging, kam ich mir schon selber verstockt vor. Und unter dem Tisch sah ich meine dreckigen Stiefel zwischen ihren hochglanzpolierten spitzen Schuhen stehen. Mindestens einer war von der politischen Polizei, da bin ich ganz sicher. Sie wollten Einzelheiten von mir wissen, aber da mir im Augenblick nicht die geringste Einzelheit einfiel und ich auch gar nicht wußte, an welche Art Einzelheiten sie dachten, sagte ich nichts, und da haben sich alle drei nur groß und erstaunt angesehen. Ich sagte, sie können sich bei unserer Lizenzabteilung über meine Kontakte nach drüben informieren. Bei mir ist eingebrochen worden, habe ich gesagt, und Sie verhören mich wegen meiner geschäftlichen Kontakte, anstatt die Einbrecher zu verhören. Vielleicht wissen Sie längst, habe ich gesagt, wer die Einbrecher sind. Oder vielleicht habe ich selbst bei mir eingebrochen, nur um mit Ihnen in Kontakt zu kommen. Das ist ja unerhört, hat einer gesagt, und ein anderer, der die ganze Zeit seinen Mantel nicht ausgezogen hatte, was wollen Sie damit sagen. Ich habe gesagt, gar nichts hätte ich damit sagen wollen, und bin aufgestanden. Dann hatten sie wie im Kriminalroman einen Sanften dabei, der nur dazu da war, mich zu besänftigen, falls ich mich erregen sollte. Der hat wie ein guter Freund meinen Arm angefaßt, als wolle er mich davon zurückhalten, gegen die beiden anderen tätlich zu werden. Zum Schluß haben sie mir geraten, ein neues Schloß einbauen zu lassen, was ich übrigens sogar tun werde, sagte Maria und schloß wieder ihren Mund.

Die nächsten paar Tage versuchte ich zäh, mit den hundert Mark, die ich mir von Maria geliehen hatte, auszukommen. Ich kochte Suppen und verbrauchte so auch endlich ein paar alte Konserven. Einen ganzen Tag war Maria in Ostberlin gewesen, aber wir meldeten uns am Tage darauf auch nicht bei ihr. Wir lagen wie zwei müde Pelztiere unter der Decke und ließen die Fernschprogramme an uns vorbeiziehen. Ursel hatte eine leichte Erkältung, und ich rührte ihr Honig in heiße Milch und gab ihr Lutschtabletten.

Ich dachte daran, wieder einmal meine Brüder zu fragen, ob wir nicht unser Trümmergrundstück verkaufen sollten oder ob sie mir nicht wenigstens mein Drittel Trümmergrundstück ausbezahlen könnten. Sie waren überzeugt davon, daß Grundstücke prinzipiell im Preis steigen. Am nächsten Tag war ich schon wieder einverstanden damit, das ganze Trümmergrundstück (die Trümmer waren seit Jahren heruntergebaggert, aber es hieß zwischen uns noch immer Trümmergrundstück) als Baulücke liegenzulassen, damit es leer wie es war für uns arbeitete. Meinetwegen sollte es unverkauft und unbebaut bleiben. Ursel würde eines Tages die Baulücke schließen. Dann sollte in den Zimmern wieder auf- und abgegangen werden. Ein neues Geschrei sollte folgen, ein Türenzuschlagen. Ursel zog ihre große Puppe aus und an. Dann wollte sie mein Baby sein und strampelte. Ich fütterte sie mit einem kleinen blauen Plastiklöffel.

Maria sollte nicht so dastehen und daliegen und ohne Halt im Sessel sitzen und mit leerem Gesicht kauen. Sie sollte nicht schmerzverzerrt die Zähne zusammenbeißen, daß die Wangen- und Kiefernknochen verletzlich hervortraten. Liebe Maria. Es fiel ihr immer schwerer, mich zu hassen oder auch nur zu verachten, und schon deshalb mußte sie immer mehr haben von ihrem Wahnsinn, um es auszuhalten, immer weniger bei sich selber sein, ohne woanders sein zu können. Manchmal, wenn sie mir ganz wehrlos vorkam, wurde ich noch kälter, und ihr Vergleich stimmte dann fast, daß ich ihr die Würde weggenommen und sie an den Füßen wie mit einer Axt gefällt hatte. Solche Reden hätte sie früher nicht gewagt, und sie verachtete sich auch jetzt dafür, wenn sie gegen die Wand starrte, nachdem sie es gesagt hatte. Sie kam auch wieder begütigend auf mich zu und nahm mich in die Arme, aber ein paar weitere Gedanken, die in ihr hart aufkamen wie lange ausprobierte Sätze, genügten, mich wieder von sich zu stoßen. War es denn meine Bosheit gewesen, alle Konkurrenten um den ersten Platz zu schlagen, nur um ihnen die Eroberung wieder achtlos zufallen zu lassen? Daß ich plötzlich nicht mehr mit menschlicher Zuneigung für sie da war, das war meine Bosheit. Ich sollte doch nur anders sein als ich war. Meine Grausamkeit konnte ich mir nur erklären, wenn ich mir den Druck erklärte, den sie auf mich ausübte. Sie wollte mich ganz auf mich selbst zurückwerfen, auf meine Liebe zu ihr und auf eine heroische Zuverlässigkeit. Ihre Kraft war die Kraft von einem starken, aber um so schwächeren Tier. Da stand sie in ihrer anspruchsvollen Enttäuschung. Ich wäre gern unauffindbar im Dunkeln gewesen. Sie wurde immer mehr zu einer Kreatur, die besinnungslos heulte, bis ich auch besinnungslos heulte, obwohl ich die Ungewißheit und Verlorenheit, in die ich sie stieß, gar nicht wahrnehmen konnte. Wörter wie «Würde» und «Achtung» und «Menschlichkeit» quollen immer dicker und fladenhafter auf, und ihre Bedeutung wurde immer unfaßlicher. Wir gingen stundenlang im Grunewald, um etwas zwischen uns zu erklären. Wir saßen in Gaststätten, um Erklärungen abzugeben. Maria setzte das Cognacglas so hart auf den Tisch, daß es durchbrach und kehrte in einer großen abwesenden Ruhe die Scherben zusammen. Sie stellte mich zur Rede wegen einer dunklen Bemerkung, die ich Lasski gegenüber gemacht hätte. Nein, sie wüßte schon, wie das gemeint war, ja, sie wüßte es besser als ich. Sie hängte sich über die Kloschüssel, um sich zu übergeben. Ich half ihr und wusch ihr das schwitzende Gesicht. Ich war schuld an ihrem Ekel. Ich verteidigte mich nur schwach, weil ich mich gar nicht verteidigen wollte. Für sie war das ein Geständnis. Sie strich Butter auf eine Scheibe Toast, und ein unterdrückter Jammerton entfuhr ihr wie ein Fiepen. Ich hatte Lust zu lachen, weil ich meinte, schon zu lange im Jammer gesteckt zu haben. Ich stellte mir mein Lachen vor als ein ganz und gar unbeteiligtes Lachen, das nur das Gesicht und das Zwerchfell berührte, ein lustloses, aber grölendes Lachen. Am liebsten hätte ich ihr noch die Reste ihres Glaubens an mich herausgeprügelt. Allein mit ihrer Stimme konnte sie mich an sich reißen. Ihre Krallen gingen mir durch den Kragen in den Hals, und ich rührte mich nicht. Das war schon ein ganz politisches Spiel, das sie mit mir trieb. Ich hatte das Gefühl, leer zu sein, und leer wollte sie mich ja nicht. Nachts erschien sie mir schon als eine gespenstische äußere Gewalt, die sich im Zustand eines Naturrechts befand, mit dem sie etwas von mir forderte, was ich nicht kannte und nicht hatte. Es war nicht mehr wirklich, eher historisch; es kam mir wie etwas ganz Altes, Ausgestandenes vor, eine Gewalt, an die ich nie geglaubt hatte und die sich doch in allernächster Nähe erhob. Ich gehe unter, sagte sie, und du rührst keinen Finger. Du Faschist, sagte sie, vor deiner Nase könnten KZ betrieben werden, und du würdest den Kopf in den Sand stecken. Faschist, fragte ich. Ja, du hast richtig gehört: Faschist. Ich wäre jetzt gern in etwas Wirklichem gewesen, Im Kino, egal wo. Meine Wohnung erschien mir wie eine ferne, vertraute, aber unerreichbare Heimat, so lieblich, so kühl und klein. Ich stellte da eine Blechbüchse unter den tropfenden Heizkörper. Aber ich blieb drin in der Geschichte. Nur nach den Gesetzen dieser Geschichte konnte ich mich bewegen. Bei jedem Fluchtversuch wurde ich gestellt. Jedes freie Gefühl, das in mir aufkommen mochte, wurde erstickt von Marias übergreifenden Forderungen.

Es waren Forderungen nach mehr Freiwilligkeit von mir. Demnach hatte sie sogar recht, wenn sie sagte, daß ich alles Schlimme und Falsche in sie hineingesteckt hätte, all meine kleinlichen Verlogenheiten und Gezwungenheiten, so daß ich sie nur noch als ein Ungeheuer sähe, womit ich sie zugrunde richte. Sie schlug um sich wie eine Ertrinkende, das war auch eine Wahrheit, und daß sie fähig war, ein Messer in mir herumzudrehen, das war auch eine Wahrheit. Vielleicht hätte ich restlos und spurlos verschwinden müssen, damit es sie wieder geben konnte. Hätte ich denn einen 100seitigen Brief an sie schreiben können voller Erklärungen? Meinen Eigenschaften war sie immer schon böse gewesen. Sie glaubte, anders als ich, daß alles zu erklären sei, aber meine Erklärungen glaubte sie nie. Meine Gefühle waren nicht deshalb durcheinander, damit sie endlich von mir ablassen sollte, vielmehr waren sie es. So etwas ereignete sich grundsätzlich bei trübem Wetter. An den Butter- und Fischständen auf dem Markt vertraten sich Frauen unter Regenschirmen die Füße; es waren Trauerprozessionen. Und wir gingen wieder um, klatschnaß, mit schweren, tropfenden Strähnen in den Gesichtern, um Gespräche zu führen, unfähig aber, diese Gespräche zu führen, trotzdem hellhörig und wachsam. Wenn ich doch etwas sagte, blieb Maria stehen in abwehrender Haltung und sagte, ach so, und ich wußte nicht, warum ich ihr in die Falle gegangen war, noch wußte ich, ob da überhaupt eine Falle gewesen war. Als ich eifersüchtig auf sie war, da hatte sie recht, war ich nicht vornehm, sondern gemein und hinterhältig gewesen. Das war es mit mir, ich wurde gemein und hinterhältig, aber wie hätte sie dann durch mich ihre Würde verlieren sollen? Ich hatte sie ein paarmal gesehen, als sie mit einem anderen zusammen war, eine auf die Spitze getriebene Erscheinung, der nichts mehr anzusehen war, mit gut überschminktem Abgrund. Gut, das war ein anderes Leben von ihr, der lärmende, stilisierte Versuch eines anderen Lebens wenigstens; sie trank und hörte ihm sehr interessiert zu. Nach einer solchen anstrengenden Nacht fiel sie in ihr Grab zurück. Dann gingen wir wieder um in möglichen, aber nicht stattfindenden Gesprächen, in Erklärungen, die sich wie ein Zerstörungswerk überstürzten. Zwei traurig-wütende, zerfledderte Vogel, naß und verschlissen. In Toreinfahrten schimpften wir kurz aufeinander ein, bis jemand auftauchte, ein Zeuge, und ich aufhörte und sie weitermachte. Und sie ging bei Rot über die Kreuzung, wieder, um mir etwas zu beweisen, und blieb aufreizend lange vor einem Auto stehen, das hatte bremsen müssen, und schaute den Fahrer herausfordernd an. Fahr doch, fahr doch zu, habe ich gedacht. Vielleicht war sie auch in Gesellschaft anderer darauf aus, ihre Würde zu verlieren, weil eine Stimme ihr sagte, daß man so eine Würde nur verlieren kann. Ich hatte oft versucht, das Verhältnis (Verhältnis?) in einem Gespräch zu beenden, nur war es falsch und unmöglich, wenn ich es rücksichtsvoll beenden wollte, so wie es auch falsch und unmöglich war, wenn ich es rücksichtslos beenden wollte. Es war immer falsch, weil sich herausstellte, daß es unmöglich war. Aber trotzdem, wie sollte ich mir vorstellen, daß man diese Maria ins Verderben stoßen konnte und daß ich (ich?) ein Schuft sein sollte, ein Schuft sein konnte, der eine wie Maria verstieß? Ich wollte endlich keine Angst mehr haben um Maria. Auch wollte ich nicht mehr die Angst haben, in die sie mit dem Messer hineinstechen könnte. Sie sollte nicht mehr wie ein schwarzer Bote aus ihrer eigenen Zukunft vor mir erscheinen. Draußen gab es einen Knall, und die Fensterscheiben vibrierten. Ich hatte auch Angst, daß die letzten Stücke Kitt herausbröckeln und die fallende Scheibe mich glatt entzweischneiden könnte. Ich wünschte, ich hätte ihr sagen können, wie sehr ich noch von ihr träumte. Es wäre weder eine Forderung noch ein Geschenk gewesen. Manchmal glaubte ich ihr ja in meinem sentimentalen Hochmut: daß sie verschwindend klein und armselig sein müsse ohne mich.

Erschlaffte und in dem schwachen Luftzug nur leicht hin und her pendelnde Fahnen hingen an den Masten. Über die Finstersimse waren ebenfalls Fahnen hinabgelassen worden. Im Eingang einer Eckkneipe stand ein schwankender Mann, das Hemd aus der Hose gerissen, und schien sich belustigt für die vorbeieilenden Gruppen zu interessieren. Er streckte den Arm mit der flachen Hand schräg hinauf zu einem Gruß, den er irgendwie mit dem Betrieb in Zusammenhang brachte. Mir fiel der Satz ein ICH ALS ALTER GEWERKSCHAFTLER. Auf einem Transparent, das sich im Laufschritt verdreht und verwickelt hatte, stand FÜR HÖHERE LÖHNE. Ich wußte nicht, wo Maria geparkt hatte, Sie kam mit Lasski gerannt und winkte mir zu.

Maria hatte die Zeit angehalten. Es gab keine Situation mehr, von der man hinterher hatte sagen können, sie wäre ausgestanden. So wie es Vorfälle zwischen uns gab, gab es auch Rückfälle in längst durchgemachte Auseinandersetzungen. So behielt ich wenigstens das Gefühl, nichts endgültig zu verlieren. Wenn ich mich am stärksten fühlte, war meine Bereitschaft auch am größten, Maria vor mir in Schutz zu nehmen. Die ganze Stadt schien mir die Zeichen von Marias Untergang zu tragen, und ich konnte mir nicht vorstellen, dies alles bei vollem Bewußtsein zu erleben. Wir hatten uns ein paar Tage lang nicht gesehen, uns aber Briefe geschrieben, in denen einige der jüngsten Mißverständnisse aufgeklärt wurden. Als ich dann wieder, nachdem wir telefoniert hatten, zu ihr ging, etwas sicherer, weil ich meinte, nun gäbe es in einigen Punkten einen Überfluß an Klarheit, so daß wir ungehindert in diesem Spielraum miteinander umgehen könnten, hatte das in den Briefen Gesagte keine Gültigkeit mehr. Ich wollte darauf verweisen, aber Maria wischte alles mit einer Handbewegung aus. Ich wagte kaum zu atmen, weil ich in ihren Augen kein Recht haue, auch nur die geringste Änderung an diesem festgeklemmten Bild in ihrem Wohnzimmer, wo wir uns starr gegenüberstanden, vorzunehmen. Sie sollte die Zeit wieder in Gang setzen. Das hing allein von ihrer Willkür ab. Dann würden wir uns endlich verlieren und als Geschädigte weiterleben können. Vielleicht hatte sie Angst davor, eine Bedeutung zu verlieren. Wir hatten uns dadurch eine Bedeutung gegeben, daß wir uns kannten, daß wir uns, wenn wir zusammensteckten, immer schon gekannt hatten. Ich hatte auch Maria aus der Ferne bewundert für ihr rigoroses Handeln unter Einsatz des Lebens. Sie hatte mir gezeigt, wie unbedingt einer einen anderen Heben kann, so lange, bis er sich ergibt. So schlimm konnte eine Liebe sein, wenn einer darin die Kraft verlor, wieder herauszufinden. Sie wurde dann zu einem Staat mit vielen kleinen Beamten. Nach Jahren kannte das Organ der Liebsten kein

Erbarmen mehr. Und von so hohem Stand, daß wir uns hätten auszahlen können, waren wir nicht.

Der erste Mai brütete in den geparkten Autos. Bierkästen wurden auf Balkone geschleift. Jenen wurde ein Kampf angesagt, die da mit roten Fahnen eine andere Geschichte im Auge hatten. Wir hatten uns mit Lasski verabredet und waren von einer Kundgebung zur anderen gefahren. Überall wurden wir aufgefordert, uns einzureihen. Ich war entsetzt von meiner Gleichgültigkeit. Alle hätten sie fallen dürfen. Aber ich hoffte, es würde doch etwas passieren mit mir, wenn sie wirklich fielen. Diese Aufmärsche unter Transparenten kamen mir wie eine Öffentlichkeit vor, der wir, durch besondere Umstände entschuldigt, fernblieben. Ich hatte keine Antworten auf bestimmte Fragen der Geschichte, konnte alle Antworten, je selbstgewisser und gerechter sie klangen, nur noch verachten. Die Antworten waren Sache junger Vikare und organisierter Sozialarbeiter. Lasski ließ sich in einen Streit ein mit Zuschauern, die deutsches Gesindel mit dem ausländischen zusammen vergasen würden. Lasski redete von einem Mut und von einem Bekenntnis zur Geschichte der Arbeiter, auch von einem Fortschritt. Er war wie ich, falsch und zerrieben wie ich, ohne ruhigen Blick wie ich, ohne Glauben und Hoffnung wie ich, aber er wollte immer noch überzeugen, aufklären. Trotz seines Zustandes sollte alles weitergehen, der Aufbau, die Veränderung, das Soziale, Gerechte und das Menschliche. Und ich hatte Bauchschmerzen. Ich hatte immer etwas. Zwischendurch sogar auch den Wunsch, in der Menge mitzugehen und aufzugehen, gesundgemacht zu werden von einer Gemeinschaft in heimlichen Mansardenzimmern mit Reden und Schweigen und Tee.

Im Wedding waren auch die schwarzen neben den roten Fahnen geduldet. Es war eine Art redseliger Verschlossenheit in den Gesichtern, die mir gut gefiel. Diese Leute kamen mir wie ehemalige Freunde vor. Ich dachte für einen Augenblick, daß ich schon dabei wäre, wenn sie mich nur haben wollten. Mit diesen Schuhen und diesem Hemd und diesem Haarschnitt und diesem ordentlichen Paß in der Klarsichthülle? Sie gefielen mir, und ich meinte, ihnen wären große Pläne anzusehen. Es gefiel mir auch, daß sie als einzige Gruppe nicht die Zuschauer in Erklärungen verwickelten. Sie waren stolz und finster. Ich war hell und schwach und hatte überhaupt keinen Stolz. Wir gingen in eine Gaststätte, und an uns zeigte sich deutlich, daß wir mit denen draußen nichts zu tun hatten. Wir bestellten Kaffee und Weinbrand, von dem Maria dann sichtbar gelockert war. Wir gingen wieder hinaus, Andersgläubige, nein, Nichtsgläubige am Straßenrand. Ich war feige und alt, und das gefiel mir auch noch. Maria sah schön aus, als ob etwas Neues in ihr lebte, mit dem verglichen das hier draußen eine alte Theatergarderobe war. Aber sie konnte ja auch lügen mit ihrem ganzen Körper, und ich war schon auf der Hut, wenn ich sie nur ansah. Eine Frau mit einem Kind an der Hand verteilte Flugblätter, auf denen «der dritte Weg», der komfortablere mit «mehr» Gerechtigkeit, in den Untergang verurteilt wurde. Wir sahen diese Frau später wieder im Gespräch mit einem jungen Polizisten, der alle anderen Passanten, als könnten sie unliebsame Zeugen des Gesprächs werden, zu größerer Eile ansporne. Sie sagte gerade, Sie sehen so sicher aus, und ich rede immerzu. So gerieten die angetriebenen Leute, Demonstranten und Zuschauer vermischt, ins Rennen, in eine unverständliche zwecklose Eile, denn ihren Gesichtern sah man an, daß sie hier keine Eile kannten und gar nicht wußten, warum sie immer schneller wurden. Sie sollten ja auch nur «von oben» schneller vorbei sein; sie sollten schneller in ihre eigene Auflösung hineinrennen, das war die Absicht, wenn es eine Absicht war. Leute auf Balkonen fuchtelten erregt mit den Armen wie Redner, denen der Ton abgedreht ist, auch wie aufgeregte Tiere, die den Vorbereitungen ihres Abtransports zusehen. Maria lachte ein paarmal auf. Und Lasski gab mit einer Überzeugungskraft, die ihn Mühe kostete, den Balkonleuten recht. Leuten, sage Lasski, die sich krummlegen müssen, jeden Tag und denen nun fünfundzwanzig Jahre lang eingeredet worden ist, dieses Krummliegen sei der Normalzustand. Als wir vom Gehsteig herunter und mit den Demonstranten in eine Engführung gedrängt wurden, weil der Gehsteig doppelt von Barrieren und Polizisten abgesperrt war, schlang Maria die Arme um mich, um nicht von mir fortgerissen zu werden. Lasski war schon ein paar Schritte weiter, und ich sah seinen Kopf auf und nieder wippen, während er vergeblich versuchte, stehenzubleiben und nach uns zu suchen. Seelenruhig, aber mit dem Ausdruck einer peniblen Wut, zerstampfte ein Mann leere Flaschen in einer Mülltonne. Chandler, Rimbaud, Celine, Cowper Powys' ›Wolf Solent‹, das ich immer wieder bloß anlas (die Kapitelanfänge); ›Stern der Ungeborenen‹ von Franz Werfel legte ich ausgelesen beiseite; ich war überrascht und froh, es ganz ausgelesen zu haben, es nun ganz in mir herumzutragen; noch immer breitete es sich wie ein Serum in meinem Körper aus. Ich hatte beim Lesen in den letzten Tagen einen ganzen Block vollgeschrieben. Ich wollte ins Kino gehen, weil ich meinte, Maria wäre noch nicht aus Frankfurt zurück, keinen bestimmten Film. Ich band mir den Schal um den Hals, den Mantel ließ ich an der Garderobe. Im Treppenhaus begegnete ich einem Mann, der nachdenklich die Türschilder zu studieren schien. Er erinnerte mich an einen Mann, den ich einmal gesehen hatte, an den Mann mit dem Strohhut, der nach seinem Hund gepfiffen hatte. Er drehte mir den Rücken zu und hielt seine Brille eine Handbreit von den Augen ab. Über dem linken Arm hing ihm ein Stapel irgendwelcher Reklamezettel. Als ich an ihm vorbei wollte, ging das Licht aus, und ich sah trotz der Dunkelheit seine Hand mit der Brille neben meiner Hand nach dem Lichtknopf greifen. Vielen Dank, sagte er und trat einen Schritt zurück. Ich war nicht sicher, ob es derselbe Mann war. Im Haus wohnten zwei Senatsangestellte, zwei Pensionärinnen, ein selbständiger Buchbinder und ein junges Ehepaar mit zwei Kindern, das erst vor kurzem eingezogen war. Die Leute im Hinterhaus kannte ich nur vom Sehen. Ich konnte mir nichts vorstellen und wollte es auch nicht. Als ich die Straße überquerte, sah ich den Hund. Er hockte auf dem Beifahrersitz eines Volkswagens. Ich mußte grinsen, weil ich den Eindruck hatte, der Hund benähme sich betont unauffällig; er sah zwar hinaus, sah mich aber auch dann nicht an, als ich dicht an das Auto herantrat. Ich zog mein Notizbuch aus der Tasche, ging hinten um das Auto herum und schrieb mir die Nummer auf. Den Mann hatte ich nicht näher kommen hören. Ist dieser Wagen gestohlen, fragte er. Er sah mich freundlich an, als ob ihn meine Antwort eigentlich kaum interessiere. Seine Hand hielt die Brille an einem Bügel und ließ sie hin und her pendeln. Wieso, sagte ich, gehört der Wagen Ihnen? Er trat einen Schritt zurück. Passen Sie auf, sagte er und berührte leicht meinen Arm. Ein Auto fuhr dicht an uns vorbei. Ich habe keinen Wagen, sagte er! Ich nickte ihm zu und ging weiter.

Nach dem Kino sah ich in Marias Wohnung Licht. Ich rief sie aus der Telefonzelle an. Ich habe schon bei dir angerufen, sagte sie; komm rauf. Ich erzählte ihr von dem Mann und von dem Hund. Sie wollte die Autonummer haben, und ich riß den Zettel aus meinem Notizbuch und gab ihn ihr. Mein Telefon wird abgehört, sagte sie, im Ernst, immer. Ich erzählte ihr dann den Film. Es war eine schwache Erzählung, und ich unterbrach mich immer wieder, um zu beteuern, wie schwach auch der Film gewesen war. Wir tranken eine Flasche Rotwein, und sie erzählte ganz ruhig von ihrem Aufenthalt in Frankfurt. Ich blieb bei ihr. Sie war allem Anschein nach ganz vernünftig, etwas traurig und sehr ruhig. Die Aufbruchstimmung des Frühlings, dieses Gefühl allgemeineren Auflebens war mir noch nie so gut illustriert vorgekommen. Auf dem Balkon gegenüber war eine Frau damit beschäftigt, Torf in die Blumenkästen zu füllen. Unten auf der Straße galoppierten die Männer von der Müllabfuhr mit ihren Karren. Bierkästen ratterten die Rutsche in den Keller des Krämerladens hinunter. Ein Regenschauer fegte durch die Straße, und in einer Toreinfahrt zogen sich Schüler die Jacken über die Köpfe. Ich dachte, unsere Geschichte müsse sich schon deshalb auf ein Ende hin verjüngen, abnehmen immer mehr, weil sie so lange angedauert hatte. Es wird immer weniger, dachte ich, es gibt doch noch so etwas wie einen natürlichen Ausgang; es flacht ab und nimmt immer mehr ab, auch bei ihr. Sie will nur noch weniger und immer weniger, sie läßt nach, und sie gibt nach. Wir atmen schon wieder etwas freier, beide, es wird alles berechenbarer, sichtbarer; wir werden besser fertig mit uns; wenn es ganz schlecht geht, kann es nur noch besser werden und so weiter. Ich dachte an lange Arbeitstage, daran, mich schön und konzentriert auszuschreiben, mich wieder auszudrücken, auch mündlich wieder lange, unvorsichtige Sätze zu bilden, allein zu sein in einer breiten und doch übersichtlichen Flut von Bewegungen, dann wieder mit Leuten zusammenzusein, die etwas wußten und kleine genaue Geschichten erzählten. Vieles, was mich auf einmal interessierte. Ich fühlte mich zu vielem in der Lage. Maria wusch mir in der Wanne den Rücken. Sie sah erholt aus, ganz froh, und ich traute mich, sie offen anzulachen. Wir ließen oft heißes Wasser nachlaufen. Hinterher, wir hatten uns ausgelassen gegenseitig abgetrocknet, zog sie mich mit auf das Bett. Warm und glänzend lag sie da, die Beine leicht gespreizt. Sie schob sich eine Hand dazwischen. Sie war jetzt von einer so unkomplizierten raschen Gier, als wolle sie mich in kürzester Zeit aufbrauchen. Sie war, wie sie mich anlächelte und zu sich herabzog, so eindeutig und stark, als ob sie sich gegenüber der Neugier entsetzter Zuschauer zu behaupten hätte. Jetzt war ich es, der nicht einfach alles gelten lassen wollte, der sich hinterrücks Gedanken zulegte. Ich würde ihr wieder einen langen Brief schreiben und durch den Türschlitz schieben müssen. Über Wasserdampf würde sie ihn öffnen, lesen und wieder zukleben, um ihn mir zurückzuschicken. Den Brief durfte sie gar nicht gelesen haben; so eine Schufterei durfte sie noch nicht kennen. Mit einer Lust, die ich als ein heißes und gespanntes Gefühl empfand, sah ich auf sie hinunter. Dann ging ich wie ein Soldat auf sie; über Nacken und Schultern schlug die Wirklichkeit dieses Vormittags mit der Uhrzeit, den verpaßten Terminen, dem Rumoren, das aus unseren Kehlen drang, über mir zusammen. Als würde mir die Haut abgezogen mit einem zarten Instrument. Als fiele die ganze Baumblüte in Trümmer. Als würden wir von einem Erdrutsch mitgerissen in eine andere Geschichte. Als käme der Wind gleichzeitig aus allen Richtungen. Als wären wir mit Federn bedeckt. Als lägen wir auf einmal wieder wie unsere ruhigen, klaren Körper in dem verschwitzten Bettzeug, weit weg von uns selbst, weil wir auf einem langen Weg hatten aufgeben müssen. Zuerst war unser Atmen wieder im Raum. Es war hier im Zimmer. Ich sah uns verstreut liegen. Dann tauchten Gegenstände langsam und immer aufdringlicher aus dem Unsichtbaren auf. Bösartige Kanten und Konturen, der Aschenbecher auf dem Boden neben dem Bett, der Jadestein, der sich auf der Fensterbank gegen das Licht abzeichnete. Ein Lichtstreifen an der Zimmerdecke. Die Bücher, die als Bücher wieder in den Blick rückten, als eine Anordnung, eine bedächtige Formation, die näher kam. Die Beine des Toilettentischs, die wasserhafte Helligkeit des Spiegels. Marias Holzsandalen, von denen ein Riemen abgerissen war. Waren das Marias Holzsandalen? War das einfach so? Der Zipfel des Kopfkissens, der in die Tür hineinragte. Viele vorstehende, ausladende, ins Innere des Zimmers, in den Blick hineinragende Formen, die sich gegen jedes Erstaunen behaupteten. Auf dem Toilettentisch ein verrutschter Stapel Papier. Maria stand auf und ging ins Badezimmer. Sie wusch mich mit einem warmen Waschlappen. Sah sie mich so an, als hätte ich von jetzt an wieder aufzupassen und für alles geradezustehen. Soll ich dir einen Toast machen, fragte sie. Nein, mir fehlt nichts. Das war gut gesagt. Sie zog den Vorhang zurück und machte das Fenster auf. Sie stand am offenen Fenster und trank aus einer Tasse. Nach jedem Schluck japste sie ein wenig wie ein Kind. Sie setzte sich auf das Bett, wo ich mit aufgestütztem Kopf rauchte. Mußt du gehen, fragte sie, wenn du arbeiten willst, brauchst du es nur zu sagen. Es hängt nichts davon ab, sagte ich. War es gut, fragte sie, als wäre alles nur meinetwegen geschehen. Ja, sagte ich. Aber es war schon besser, sagte sie und lachte vor sich hin. Ihre Stimme war trostlos heiter, und ich war wieder vorsichtig. Ich mache dir keine Vorwürfe, sagte sie; im Ernst mache ich dir nicht den geringsten Vorwurf. Du kannst jede Lösung haben. Ich will nicht jede Lösung, sagte ich.

Auf Lindas Geburtstagsfest erinnerte ich mich an einen Satz, von dem ich nicht mehr wußte, wo ich ihn gelesen oder gehört hatte: IHR WOLLT MICH UMBRINGEN, ABER IHR KÖNNT MICH NICHT MEHR UMBRINGEN, DENN ICH BIN VOR JAHREN SCHON GESTORBEN, IN EUREN GEFÄNGNISSEN.

Tatsächlich kam ich mir wie eine Art ausgebrannter Lebensprofi vor; ich schwamm nur so an den Leuten vorbei, es war bequem. Ein empfindungsloser Körper, der wie ein Eiswürfel wegrutschte, sobald man ihn anfassen wollte, das heißt, ich habe mich wohl gefühlt, leicht und unverletzbar, taub und heiter, und mein Glas war immer schnell leer. Da war auch nichts, über das man sich hätte lustig machen können. Es waren fade Gespräche, von denen ich den Eindruck hatte, sie würden nur «abgewickelt»; die Stimmung, die Geräusche, die Musik wirkten wie eine mutwillige Veranstaltung: wenn jemand anrufen würde, fände im Hintergrund unverkennbar ein Fest statt. Wie nach einer gelungenen Arbeit war mir zumute; es schien alles der wohlverdiente Ausgleich für etwas anderes zu sein. Das Fest hätte von mir aus noch langweiliger sein können; ich brachte es gar nicht fertig, mich zu langweilen. Ich fand es auch sehr schön, zwischendurch auf Rundgängen durch die Zimmer, die heute alle von der Wohngemeinschaft zur Verfügung gestellt worden waren, ein paar Worte mit Maria zu wechseln. Alles, was die anderen um uns herum sagten, fand ich nicht übel; alle fand ich so erträglich wie mich selber. Was hast du gegen Promiskuität, hörte ich einen der Tanzenden sagen, na, wenn das kein Vorurteil ist, dann weiß ich nicht... Eine Zeitlang saß ich steif aufgerichtet in einem Sessel und starrte geradeaus. Alles was ich empfinden konnte, waren meine glasigen Augen, ein angeblödetes gleichgültiges Gesicht. Es machte mir Kopfschmerzen, immer wieder auf den Gedanken zurückzukommen, nur keinem Menschen mehr die Hand zu geben. Es klingelte noch immer alle paar Minuten; neue Leute gingen zuerst durch die ganze Wohnung, bevor sie irgendwo Stand bezogen.

Ich kannte sie nicht und wollte sie nicht kennen. Maria sah ich tanzen, und ich wollte keinem die Hand geben. Es kam eine Fotografin, die ich kannte, auf mich zu, aber ich winkte sie wie ein Verkehrspolizist an mir vorbei. Sie warf den Kopf in den Nacken. Linda rannte zwischen den Neuankömmlingen hin und her, um ihnen zu sagen, wo Getränke und Gläser waren. Ich spürte, daß ich blödsinnig in das Fest hineinlächelte, sanft wie ein Kaninchen, aber schroff, wenn jemand sich näherte. Lasski trat von hinten an mich heran und haute mir auf die Schulter. Ich freute mich wirklich, ihn zu sehen. Lisa hielt sich hinter ihm versteckt und trat erst hervor, nachdem wir schon eine Weile geredet hatten. Lasski redete hier auch in einem saloppen Pöbelton. Ehrlich, sagte Lisa, ich würde gern mal mit dir tanzen. Ich sagte nein. Es blieb mir noch lange im Ohr, daß ein Mädchen gesagt hatte, aber nur, wenn du wirklich willst. Es ging mir richtig im Kopf herum, so daß eine Weile nichts anderes da zu sein schien als dieser Satz. Jemand erzählte der Fotografin, an was er gerade arbeitete. Sie blickte geradeaus an ihm vorbei und sagte nur manchmal «toll», wobei sie mit offenem Mund das doppelte L nachklingen ließ.

Linda und die Fotografin hatten die Kleider getauscht. Sie waren schnell mal eben verschwunden, und ich fand schön, wie sie sich äußerlich vertauscht hatten. Ein paarmal wollte ich aufmerksam alles verfolgen, aber dann doch die Anstrengung auf später verlegen. Als drei junge Männer Linda in die Luft warfen, genau dreimal, schlug Lasski mit dem Griff des Taschenmessers an sein Glas. Jemand drehte die Musik leise, aber sofort wurden die Stimmen lauter. Sie überschrieen sich, um eine Stille herbeizuführen. Lasski gab auf, und kaum hatte er sich umgedreht, wurde die Musik wieder laut gedreht. Linda umarmte Lasski und gab ihm einen Kuß auf die Stirn. Ein blondes Mädchen mit tiefausgeschnittenem Kleid lächelte mir nachsichtig zu. Ich bin gespannt, sagte sie, wann es bei dir klingelt. Linda trug mit einem ihrer Freunde Platten herein, Käse, Salami und Buletten. Ich griff zu, als sie vorbeikamen.

Ich freute mich auch, daß Maria so schön gelöst herumging, so daß ich sie manchmal, wenn ich wieder hinschaute, nicht mehr sah, aber gleich darauf wieder woanders. In fast allen Zimmern waren die gebraucht gekauften Möbel farbig gestrichen. Eine Journalistin, die Anna hieß, kam in Begleitung eines Arbeiters. Lisa sagte, er stehe bei Siemens im Akkord. Die Journalistin löste sich von ihm und ließ ihn sich ganz frei bewegen.

Später hörte ich ihn ein paarmal erregt ausrufen: Aber das interessiert doch den Arbeiter nicht. Eure ganzen linken Kopfprobleme landen auch auf dem Kehrichthaufen. Dabei zwinkerte er mir zu. Maria hatte mir ein Zeichen gegeben, und ich war ihr auf den Balkon hinaus gefolgt. Sie griff hinter die Bierkästen und holte eine Flasche Cognac hervor. Während sie trank, sah sie mich ernst an. Dann trank ich, und sie lehnte sich auf die Brüstung und blickte in die blühenden Baumkronen hinein. Es war eine liebliche ruhige Straße. Als ich vor ein paar Tagen hiergewesen war, hatte ich geglaubt, durch eine Leichenhalle zu gehen. Das Grün war schon so dunkel und dicht, daß nur noch kleine Partien der Fassaden zu sehen waren, wie Zierleisten an Särgen. In der nächsten Woche wollte ich das Motorrad wieder anmelden. Ich bin auch Linda gefolgt, nachdem sie mich in der Küche angestoßen hatte. Wir gingen in die kleine Abstellkammer neben der Wohnungstür. Sie schob den Riegel vor. Ich war auf einmal aufgeregt, es machte mir so einen aufgeregten Spaß, weil sie das Kleid der Fotografin anhatte. Es war ein großgeblümtes Kleid mit langem Rock. Gegen die Wand gelehnt, an der die gestapelten Briketts ein Muster hinterlassen hatten, ging es sehr unbequem und schnell. Ich konnte keinen sicheren Stand mehr finden, und beinahe *stürzte* ich in sie hinein. Ich war froh, daß es schnell ging. Mein Kinn hing auf ihrer Schulter. Dann sahen uns ein paar Leute herauskommen. Linda wusch sich nicht, sondern behielt das von mir in sich unter dem Kleid der Fotografin. Nur ihr Gesicht war etwas gerötet. Sie kümmerte sich sofort mit Eifer um die Gäste.

In der Küche half ich der Fotografin beim Auffüllen der Bowlengläser. Ich nahm ihr das Tablett ab und trug es hinein. Ich fühlte in mir eine übertriebene Lust, aktiv zu werden, überall mitanzufassen. Maria trat mir in den Weg und schlug mir links und rechts die Hände ins Gesicht. Mein erster Gedanke war, das Tablett fallen zu lassen, aber das lehnte ich ab. Statt dessen blieb ich da stehen, als ob ich mich nicht mehr rühren könne, und lächelte duldsam auf das Tablett hinab. Ein paar Tropfen Blut fielen in ein Glas und breiteten sich darin in kleinen rosa Wölkchen aus. Die Journalistin reichte mir aus ihrer Handtasche ein Hygieneschwämmchen. Lisa nahm es ihr ab und drückte es mir unter die Nase. Was war denn, fragte sie, und da endlich stellte ich das Tablett ab und hielt mir die Nase mit einem Taschentuch zu. Maria sah ich tief ins Sofa eingesunken. Lisa und ein anderes Mädchen hatten die Arme um sie gelegt und redeten auf sie ein. Maria nickte mit feuchten Augen. Ich kam mir jetzt auch zu Recht bestraft vor.

Wir kümmerten uns dann nicht mehr umeinander, wichen uns sogar mit den Blicken aus. Aber wir tranken beide noch eine Menge und unterhielten uns, ich auf einmal sehr heftig und angriffslustig. Vielleicht würde sie auch heimlich verschwinden, nach Hause gehen oder sich von jemand nach Hause fahren lassen. Um Mitternacht ging Maria nicht zu Linda, um zu gratulieren. Viele hatten auch schon gratuliert, weil sie nicht wußten, ob der Geburtstag gestern oder heute war. Ich gratulierte ihr. Ich umarmte und küßte sie viel zu lange und übertrieben, so daß sie sich schließlich von mir losmachte. Andere umarmten und küßten sie dann. Auf dem Balkon unterhielt sich Maria mit einem Rechtsanwalt. In der einen Hand das Glas, in der anderen die Cognacflasche, trank sie immer sofort aus. Ihre Bewegungen hatten das Ruckhafte und Hektische verloren. Der Rechtsanwalt hatte unter der Bluse einen Arm um ihre Taille gelegt. Ich drehte mich nicht noch einmal nach ihnen um. Ein paar Mädchen, die auf dem Sofa saßen, beschimpften mich, als ich näher kam. Sie wußten nur, daß Maria geweint hatte. Das genügte ihnen. Ich habe vor ihnen gestanden und sie angesehen. Eine von ihnen sagte, da mußt du uns gar nicht so ansehen. Da habe ich sie nicht weiter angesehen und bin weitergegangen, bis ich einen mir flüchtig bekannten Bildhauer sah, der einem am Boden liegenden Mann in den Bauch trat. Der Mann hatte versucht, am Garderobenbrett Halt zu finden und es dabei von der Wand gerissen. Die ganze Garderobe war mit Mützen, Capes und Mänteln auf ihn gefallen und alles war ineinander verschlungen. Linda sah ich in der Küche in den Armen eines Studenten. Lasski tanzte mit Lisa. Der Arbeiter hatte die Arme auf die Schultern der Journalistin gelegt und sah ihr in die Augen. Lisa beugte sich beim Tanzen weit nach hinten, und ihr Köpfchen schwang dabei seitlich aus. Ich habe gehört, du brauchst Pflege, rief sie. Ich preßte mir den Handrücken gegen die Nase; es hatte aufgehört zu bluten. Lasski löste sich unendlich verlangsamt von Lisa. Komm, sagte er, laß uns zusammen einen Schnaps trinken. Tanz doch weiter, sagte ich, aber wir gingen doch zu dritt in die Küche und tranken einen Schnaps. Maria kam vom Balkon herein, gefolgt von dem Rechtsanwalt, der zu Boden blickte und die Tür vorsichtig anlehnte. Maria drehte sich um und zog an seiner Zigarette. Dann schlug sie eine so undeutliche Richtung ein, daß der Rechtsanwalt ihr nicht mehr folgen konnte. Er ging an die Balkontür zurück und lehnte sich mit dem Rücken dagegen. Die Journalistin blieb bei ihm stehen, und sofort war sein Gesicht wieder von einer friedlichen Glätte; er lächelte und wiegte den Kopf. Die Journalistin ging trotzdem weiter. Sofort fing er wieder an, sein Gesicht nervös zu recken. Er tastete mit der Hand nach einem Halt und sah so verlassen aus, daß ich mich sofort mit ihm verlassen fühlte und wünschte, Maria käme zu ihm zurück.

Lisa war ein tüchtiges Mädchen. Sie lachte nur. Ich hatte mit ihr getanzt und dabei nicht gewußt, wohin ich schauen sollte. Sieh mich einfach an, sagte sie. Sie selbst beobachtete mich in einem fort, als ob ich ihr Spaß mache. Als ich anfing zu schwitzen und meine Beine immer falscher herumtraten, hörten wir auf und gingen hinüber in die Küche, wo Lasski mit Maria und der Journalistin zusammenstand. Sie unterhielten sich über den Armreif der Journalistin, der aufgefallen war. Dann blieb auch der Rechtsanwalt bei uns stehen. Lasski fragte ihn sofort, was machst du eigentlich. Ich fragte mich, ob von all diesen Leuten hier jemand auf der Heimfahrt verunglücken würde. Maria ging außen um den Kreis herum, und als sie hinter mir war, drehte ich mich unwillkürlich um. Sie hätte mich jetzt gern gefoltert, um allen Anwesenden vorzuführen, wie sehr ich, anstatt zu lächeln, auch schreien konnte und wie sie, während ich schwächer und schwächer wurde, dauernd im Recht blieb. Sie lehnte sich wieder an den Rechtsanwalt und redete mit Lasski und Lisa so, als solle ich es mal wagen, sie zu unterbrechen. Ihr Lächeln war etwas schief geworden. Das hatte Maria gar nicht verdient, sich so aufzuführen. Hast du dich gewaschen, du verdammtes Schwein, fragte sie plötzlich. Ich sagte ja. Da lachte sie los, und Lisa lachte mit. Das war grausam und auch wirklich heiter. Ich lachte. Es kratzte so, dieses Lachen. Es hörte auch gar nicht mehr auf. Die Blusen zitterten, und ich stellte mir vor, wie dieses Lachen damit endete, daß uns Blutsäulen aus den Mündern stürzten. Linda schrie entsetzt ins Telefon. Lasski hatte sich umgedreht. Er sagte, Europa wird sozialistisch; das Ganze wird von Süden her aufgerollt, nicht etwa von Osten. Das hörte sich so einfach und überzeugend an, daß ich nichts dagegen hatte. Sollte Europa ruhig von Süden her aufgerollt werden; es würde am besten sein so, kurz und schmerzlos. Wenn du es genau wissen willst, sagte Lasski zu dem Arbeiter, ich gehe nicht in die Partei, weil ich gemein bin und feige; und die Partei soll wissen, daß es solche wie mich noch gibt, damit sie nicht unvorsichtig wird. Ich hoffe nicht, daß sie mich für diesen Dienst an die Wand stellen wird. Der Arbeiter schaute verlegen von Lasski weg; vielleicht schämte er sich, daß es solche Raffinessen gab, solche Fotzigkeiten, solche winzigen Ausflüchte und Ironien. Linda kam, und Lisa sagte ihr, wie schön das Fest sei. Es ist toll, sagte Lisa, ich habe lange kein so schönes Fest mehr erlebt. Lasski sagte, dann sieh es dir genau an; in zwanzig Jahren wird so etwas eine unerlaubte Verschwendung von Energie sein; Feste nur noch für Film und Fernsehen, kein Fest mehr an und für sich; so ein Fest bloß für die Anwesenden ist ein Witz; irgendwie uneffektiv, findet ihr nicht, wenn die Millionen draußen bleiben. Du bist ein Spinner, sagte Linda. Maria suchte, bis sie eine Flasche fand, in der noch ein Rest Weinbrand war. Sie sprach jetzt nachlässig, betonte nichts mehr, lutschte die Laute weg, als wolle sie überhaupt nicht verstanden werden. Sie stand verdreht da und mußte immer wieder Fangschritte machen oder sich an dem Rechtsanwalt oder an Lasski festhalten. Einmal hielt sie sich an mir fest. Ich stützte mit einer Hand ihren Rücken, aber die Hand schlug sie ärgerlich weg.

Ich versuchte mich zu erinnern, ob ich zu Fuß oder mit Marias Auto hierhergekommen war. Ich konnte mich an nichts vorher mehr erinnern. Ich sah, daß ich offenbar eine extra Hose für Lindas Geburtstag angezogen hatte. Wann aber, und wie? Zu Hause, was? Heh, wo war denn die andere geblieben? War ich schon betrunken eigentlich? Wieso *eigentlich?* Ich breitete mich wie eine Flüssigkeit in der Wohnung aus. Maria drehte ihr Glas zwischen den Fingern. Es roch doch nach Haschisch, oder roch es etwa nicht nach Haschisch? Was hatte denn Maria, die Maria des heutigen Abends, für ein Kleid an? Was drunter? Sie war wieder angestiftet worden. Wie war ich denn um Gottes willen in diese Hose gekommen? Ich war ja in der Hose. Da saßen sie im Schneidersitz auf dem Teppich und saugten sich was aus den hohlen Händen. Die Politischen sahen nur ein paarmal verdattert hinüber und diskutierten weiter. Ich mußte Maria hier herausholen. Maria, du bist trotz deiner elend gekreuzten Knochen zu schade. Sie hing immer wankender und zerfetzter zwischen den Unterhaltungen, wie auf einem schiefen Kleiderbügel. Als ich ihr den dünnen

Mantel aufhielt, ließ sie sich sofort einfangen und klammerte sich, als wir hinausgingen, an mir fest.

Auf der Treppe gaben ihre Beine nach, so daß ich sie fast tragen mußte. An den ganzen Weg zu ihr konnte ich mich hinterher nicht erinnern. Erst an ihrer Haustür wußte ich wieder Bescheid, das heißt, ich habe da auf den Klingelknopf gedrückt, und sie kicherte, sie sei nicht zu Hause, das dürfe niemand wissen, weil sie nämlich tatsächlich doch zu Hause sei.

Zusammen schlossen wir die Tür auf. Auf dem ersten Treppenabsatz ging ihr Kichern in ein Wimmern über. Sie trat mir gegen das Schienbein und sagte, laß mal, ich bin nur besoffen. Sie schlug mir, ohne mich anzusehen, ins Gesicht. Ich will nackt ins Grab, sagte sie, putz mich weg, wenn du meinst, kannst du das überhaupt, mich wegputzen, putz mich doch weg. Sie bekam einen Schluckauf, und während sie planlos um sich schlug, ging ihr Mund wie zum Sprechen auf, und ihr Kopf flog hinter jedem Schlag her. Wenn sie an mir vorbeischlug, mußte ich sie auffangen, sonst wäre sie über das Geländer verschwunden.

In der Wohnung machte ich überall das Licht an, aber sie taumelte an allen Schaltern vorbei und knipste das Licht wieder aus. Durch die dunkle Wohnung sind wir getappt, und am Ende trafen wir aufeinander und umklammerten uns gegenseitig. Ich ließ sie vorsichtig in einen Sessel gleiten, aus dem sie sofort wieder herauskippte. Ich knipste die Stehlampe an, auch die Deckenlampe in der Küche. Sie hockte auf den Knien. In dicken Blasen kam ihr Schleim aus der Nase. Sie wischte mit dem Ärmel daran vorbei. Glänzende Spuren liefen ihr quer übers Gesicht.

Ich wollte von ihr weggehen, sie nicht verlassen, sie vor allem nicht mit sich allein lassen; davor hatte ich Angst. Aber es war auch immer der falsche Moment, von ihr wegzugehen. Jedesmal sah ich wieder etwas an ihr, von dem ich nicht wegkam, solange ich es sah. Ich konnte zusehen, wie sie weniger wurde, aber weggehen, um nicht mehr zuzusehen, dafür war es immer der falsche Moment. Sie ließ mich auch nicht weg. Das durfte ich nicht. Ich durfte nicht weggehen. Einmal, als wir im Schlachtensee schwammen, hat sie mir einen Traum erzählt, in dem sie mit Lasski geschlafen hatte. In einer Hütte, während ich danebenlag und schlief.

Sie nahm die Obstschale vom Vertiko, die ihr im Orient geschenkt worden war. Mit beiden Händen hob sie sie hoch, um sie mir auf den Kopf zu schlagen. Oder geh, rief sie mir zu und ließ mir zum Schein einen

Ausweg. Ich trat einen Schritt zurück, und da schlug sie zu und brach sich die Schale übers Knie. Sie heulte vor Schmerz auf, bückte sich aber sofort und sammelte die Scherben auf. Sie legte sie auf das Vertiko und ließ sich auf den Boden fallen. Sie saß auf dem Teppich, den Rücken gegen die Wand gelehnt, mit gerade weggestreckten Beinen und weinte, so als wolle sie später in dieser guten Haltung gefunden werden. Sie kroch von der Wand weg. Du willst nicht reden, du willst mir nicht erklären warum, das ist der schrecklichste Geiz, das macht mich so klein, so klein, zu so einem Dreck; nur über nichts reden, es könnte sich ja was herausstellen dabei. Was denn, fragte ich. Die Wahrheit zum Beispiel, sagte sie. Sie kroch in die Küche und zwängte sich in die Lücke zwischen Herd und Kühlschrank. An der Emaille des Kühlschranks rieb sie sich das Gesicht ab. Tusche und Schminke waren über das ganze Gesicht verschmiert. Ich stand nur da, und ich mußte mich bewegen. Ihr aufstehen helfen. Ich konnte mich aber nicht bewegen. Meine Arme waren fremd und taub. In mir kreisten lauter unterdrückte dramatische Ausdrücke, festgehaltene Erklärungen, die ich auch gar nicht hätte abgeben können. Der Körper fühlte sich leer an und glaubte sich selber nicht mehr. Große Worte wie *Hunger* und *Tod* gingen um wie Gespenster. Ich sah mich tätig werden, arbeiten, schwitzen, sah mich an Ursels Stelle die Baulücke schließen. Mein Drittel Trümmergrundstück – was machte es jetzt, wo Maria mich in ihrem Bann hatte? Der hier so festgebunden war, das war ich. Der da draußen arbeitete, um etwas zu überbrücken, das war ich nicht; um etwas in mir zu überbrücken, etwas Totes, das war ich nicht. Ich war nicht vernünftig, ich war keine Vernunft, ich machte nichts, sondern hielt nur still.

Maria schien mich vergessen zu haben. Sie saß eingeklemmt in der Lücke, als habe sie ihre endgültige Haltung gefunden. Ich durfte nur ungerecht sein gegen sie, ohne Liebe, und ich durfte sie nicht verstanden haben. Ich rührte mich endlich und setzte mich auf den Boden. Was hier passierte, war unweigerlich, es war *das Unweigerliche*. Ich hatte das Gefühl, dieses Wort allein nähme mir die Luft. Ich dachte an bestimmte Kleinanzeigen mit sexuellen Züchtigungsangeboten in Zeitschriften: *Unerbittliche Herrin* ... So erschien mir Maria als unerbittlich und als Herrin, die meinen Eigensinn, mit dem ich mich gegen die endgültige Erklärung meines Lebens sträubte, als nichtig verwarf. Meinen Eigensinn, mit dem ich auch unsere Geschichte zu Ende bringen wollte, erst recht. Ich wagte nicht, mich im Sessel zu rühren, da ich das Geräusch der Federn fürchtete. Sie fing an, Kartoffeln und Zwiebeln nach mir zu werfen. Ich blieb sitzen und wich nur mit dem Kopf aus. Auf ihrem Gesicht lag ein böses Vergnügen, der Mund drückte einen raffinierten Genuß aus. Ich hatte den Stolz, mich auch treffen zu lassen, hätte mir am liebsten, wenn ich nicht versteckt hätte kichern müssen, das Hemd aufgerissen, um Maria eine bessere Zielscheibe zu sein. Ob ich meine Geschicklichkeit dazu benutzte, mich treffen zu lassen oder allen Würfen auszuweichen, war für Maria gleichgültig. Es war auf jeden Fall eine Aufsässigkeit von mir, so daß sie immer wütender warf, auch gar nicht mehr zielte, weil es ihr auch gleichgültig wurde, ob sie mich noch traf oder nicht.

Sie schluckte so laut. O du Schwein, rief sie, und ich hörte mich nun auch Dinge sagen, die wahnsinnig klangen. Geh doch In den Keller, habe ich ihr zugeschrien, verdunkle dich da unten im Keller ganz oder teilweise, oder bleib auf dem Klo für ein paar Jahre. Sie schien das, was ich gesagt hatte, nicht ungewöhnlich zu finden. Du Feigling, schimpfte sie, hier, willst du mal mein Messer sehen? Als sie in ihrer Handtasche kramte, fiel ihr Speichel aus dem Mund, und sie ging mit einem Schuh hindurch. Sie zeigte mir ein Taschenmesser, das sie sofort zurück in die Tasche steckte. Ja, rief sie, da staunst du, ich habe nämlich ein Messer, du Feigling; ich habe auch noch was anderes, aber das geht dich gar nichts an, nein, das geht dich gar nichts an, gar nichts. Sie kam auf mich zugekrochen, um die verstreuten Kartoffeln und Zwiebeln herum. Vor mir kniete sie und legte den Kopf auf meine Beine. Ich bin so besoffen, sagte sie, entschuldige, was hab ich gesagt, entschuldige, entschuldige. Sie machte meine Hose auf und versuchte, sie mir herunterzuziehen. Sie griff hinein und schob sich das Glied in den Mund. Ich hatte Angst und war deshalb schneller erregt. Dann zogen wir uns aus, und ich stieß ihn ihr, die sich mit nassen, geröteten Augen umdrehte, ins Loch, so heftig, daß sie über ihre aufgestützten Arme nach vorn kippte und der Kopf auf den Boden schlug. Mach, schimpfte sie, mach, geh ganz durch mich. Als ob ein Messer in sie hineingetrieben würde, an dessen Klinge entlang sie schon in ihr Jenseits blicken könnte, während ich ihr, auf ihr kniend, langsam das Leben herauspreßte. Ich weinte auch und streichelte sie. Sie wurde ganz weich. Sie ist dann lachend mit neuen Tränen und piepsend wie ein kleines Pelztier weggekrochen, und ich rutschte auf den Knien hinter ihr her. Sie nahm eine angebrochene Weinflasche aus dem Kühlschrank. Aus den Mundwinkeln schoß ihr der Wein, als würde er vom Herzschlag hinausgepumpt. Ich fühlte mich ganz herausgeflutscht aus meinem Körper und sah mir von weitem zu wie einem Gegenstand der Verehrung.

Wir haben die Weinflasche leergetrunken und sind in ihrem Bett eingeschlafen. Ich träumte davon, einen ganz zerfransten Mund zu haben, Risse, getrocknetes Blut an den Lippen. Ich war bei dem Gedanken eingeschlafen, jetzt lieber noch nach Hause zu gehen, wußte aber auch schon, daß es zu spät war und hatte mich ergeben.

Maria hatte ein neues Schloß einbauen lassen. Der Hausbesitzer wollte genau wissen warum und rief sogar bei der Polizei an. Die Genehmigung gab er zögernd. Er hatte ein paarmal mit Maria im Korridor verhandelt. Seine Andeutungen waren weit verzweigt und ungefähr, mehr zu wissen über gewisse Vorgänge, als er hier, bei offener Tür, erörtern konnte. Marias Auskünfte gingen nur bis zu dem Einbruch. Was haben die Herren Einbrecher denn nun mitgehen lassen, fragte er.

Maria hatte bei der Polizei schriftlich um Auskunft gebeten, wer der Besitzer des Volkswagens mit der Nummer soundso sei. In der Auskunft stand nur, der Besitzer sei überprüft worden, und es habe sich eindeutig ergeben, daß er mit dem Einbruch nicht in Verbindung zu bringen sei. Maria hatte auch ein Fenster zerschlagen. Es wäre durch einen Windstoß passiert, sagte sie. Beide Glasscheiben eines Fensterflügels waren herausgeflogen. Ich sammelte im Vorgarten die Scherben auf und brachte den Rahmen in ein Glasergeschäft.

Meine größere Stärke wurde, wenn Maria sie maß, zu meiner größeren Schwäche. Die Schwäche hielt auch an und lähmte mich, wenn ich nicht bei ihr war. Eine Geschichte, deren Hauptfigur eine Abwandlung von Lasski war, seine Lethargie, seine Liebesunfähigkeit, kam nur stockend und satzweise voran. Es war eigentlich ein umgeleiteter, ein, je nach dem, vorangetriebener und zurückgenommener Lasski. Eine adlige Studentin hatte sich in ihn verliebt. Er ging hinhaltend und zynisch mit dieser Liebe um. Er wohnte bei ihr und ließ sich aushalten. Er verbreitete auch überall, daß er sich von ihr aushalten ließ, bloß weil er Angst hatte, es könne ein anderer Eindruck entstehen. Als Ausgleich probierte er mit ihr eine Art Proletarisierung. Er gab ihr Bücher, die er selbst nie gelesen hatte, und stellte ihr hinterher lange und beleidigend Prüfungsfragen. Sie hatte das alles zu leisten, um ihm ein paar lächerliche Schritte näherzukommen ... Ich wußte noch nicht, wohin das führen sollte. Ich habe auch einmal die Idee gehabt, alle meine künftigen Geschichten irgendwo, willkürlich-unwillkürlich, abbrechen zu lassen, so daß sich nichts mehr auflöste und der jeweilige Stand der Geschichte in die Form zurückflösse. Ursel hatte mir einen Brief geschrieben, auch ein paar Zeichnungen mitgeschickt; auf einer war sie selbst als eine Zirkusreiterin zu sehen, auf einer anderen stand eine Frau in langem Kleid vor einem Haus. Es sollte Maria sein. Manchmal, so schrieb sie, kann ich nicht glauben, daß ich Ursel bin. Ursel war mit grünem Filzstift unterstrichen. Ich hatte ihr zum zehnten Geburtstag einen grünen Mantel geschenkt, und sie schrieb, er gefalle ihr gut, und sie zählte die Gelegenheiten auf, bei denen sie ihn schon getragen hatte. Sie schrieb, mein Kopf juckt, weil mir nichts mehr einfällt, was ich Dir schreiben könnte. Nun will ich schließen.

Lasski war am Nachmittag vorbeigekommen mit seiner Übersetzung von *le bateau ivre,* die erste Fassung. Es ist ein Versuch, sagte er. Ich sagte, ich kann es nicht mit dem Original vergleichen, aber es gefällt mir gut. Vor ein paar Tagen war ich in der U-Bahn umgefallen. Leute hoben mich auf und legten mich auf eine Sitzbank. Ich kam sofort wieder zu mir und stieg an der nächsten Station aus. Mit beiden Händen den Kopf tragend, kam ich aus dem Schacht heraus. Ich bin in ein Café gegangen und habe mir eine Flasche Bier bestellt. Mir war schon öfter schwindlig geworden in letzter Zeit. Die Serviererin sah mich ein paarmal länger an, und da bin ich auf die Toilette gegangen. Ich sah nur, daß ich bleich war. Ich war auch schon mit der Schulter gegen einen Laternenpfahl gerannt und mit dem Knie gegen die Sitzfläche eines Stuhls. Dabei hatte ich mir die Unterlippe durchgebissen.

Ich hatte nach Hannover fahren müssen. Maria war auch verreist. Als ich wieder auf dem Bahnhof war, entschloß ich mich schnell, ins Ruhrgebiet zu fahren, um Ursel zu besuchen. Ich dachte auch daran, im Ruhrgebiet für ein paar Wochen eine Arbeit anzunehmen. Aber konnte ich das überhaupt noch? Ich dachte daran, mich in Düsseldorf oder Essen untersuchen zu lassen, weil ich meinte, es könne ein Tumor sein, ein innerer Feind, der sich im Kopf festsetzte. Diese Selbstfürsorge erstaunte mich, dieser rätselhafte Eifer, mich in Ordnung bringen zu lassen, in eine Ordnung.

Als mir in der Badewanne schwarz vor den Augen wurde und ich einen sehr angenehmen Schwindel spürte, benutzte ich schnell die letzten Momente meiner Anwesenheit dazu, aus der Wanne herauszusteigen und mich flach auf die Matte zu legen.

Ich traf mich mit Ursel in einem Café in der Innenstadt. Wir setzten uns an einen Tisch und konnten einen großen freien Ausschnitt des Platzes überblicken. Mit stumpfen, wie gelähmten Kiefern kaute ich den Kuchen und schaute blöde nach draußen. Nur, als sie auf mich zugekommen war, hatte ich mich gefreut, und die Freude war sofort nach dem Betreten des Cafés in sich zusammengebrochen. Die Stimmen um uns herum waren nur ein ältliches Wispern und Säuseln; selbstbewußt und beinahe peinlich laut die Schritte der Serviererin. Ursel und ich rissen uns gegenseitig aus dem hartnäckigen Brüten mit der Aufforderung heraus, etwas zu erzählen. Ich setzte immerhin ein paarmal dazu an, während Ursel nur immer fragte, was soll ich denn erzählen, ich weiß doch nichts. Ich dachte, jetzt hast du sie mit deinem Auftauchen und den Aufforderungen zu sprechen verstopft. Ich sagte etwas, unterbrach mich aber sofort wieder, um mit dem Kauen fortzufahren. Es fühlte sich an, als kaue ein größerer Kopf, ein Kuhkopf. Ursel aß Kuchen und trank Schokolade und behielt die geknüllte Papierserviette, mit der sie sich ab und zu über die Lippen wischte, in der Hand. Ein älteres Paar ging an den Nebentisch. Der Mann trug einen Schirm am Arm, in der Hand den Hut. Es sah eklig gewöhnlich aus, unweigerlich auch wieder, wie er dastand und darauf wartete, daß die Frau endlich ihren Mantel aufknöpfte. Er nahm ihr schließlich doch den Mantel von den Schultern und ging hinüber zur Garderobe, unsicher und auffällig in dem Bemühen, nicht aufzufallen.

Wir hatten es beide nicht lange ausgehalten. Es war noch nicht ganz drei, aber die Autos hatten schon die Scheinwerfer eingeschaltet. Ich brachte Ursel an die Straßenbahn. Ich würde sie noch anrufen, sagte ich, sie auch gern noch mal treffen. Entschuldige meine grauenhafte Laune, sagte ich, du merkst ja, ich kann nicht reden jetzt. Ich hatte einfach *Laune* gesagt, wieder der Versuch einer Erklärung. Jetzt mußte ich mich auch Ursel schon in einem fort erklären. Jedes Wort, was ich sagte, kam mir sofort haltlos und verschroben vor. Und grüß Erika, sagte ich. Und das war wieder verrückt, wie abgelesen von einem Zettel. Ich habe noch zu tun hier, sagte ich. Ich melde mich morgen bei dir, sagte ich. Sei vorsichtig, sagte ich, und dann, als sei mir plötzlich eine Idee ganz anderer Art gekommen, sagte ich, morgen wird alles besser, du wirst sehen.

Ich fuhr nach Düsseldorf und ließ mich von einem Arzt ins Krankenhaus einweisen. Er machte keine Schwierigkeiten, weil er extrem niedrigen Blutdruck feststellte. Auf ein paar Tage müssen Sie sich gefaßt machen, sagte er. Er verordnete mir auch eine Taxifahrt ins Krankenhaus und hielt mir dann selbst die Tür auf. Seine Hand fühlte sich wie Seide an.

Ich nahm mir draußen nicht sofort ein Taxi. Ich ging einfach auf dem Gehsteig der Geschäftsstraße in die Richtung, aus der ich vorhin gekommen war. In einem Schreibwarengeschäft kaufte ich Schreibpapier und ein paar Umschläge und setzte mich in eine fensterlose, von kleinen Wandlampen beleuchtete Bierkneipe. Ich bestellte etwas zu trinken und schrieb Maria einen schwachen und faden Brief. Ich wolle jetzt vor allem ganz allein sein, wäre mit mir selber beschäftigt und sähe das als notwendig an. Fast jedem Satz fügte ich eine Klammer bei, in der ich ihre Reaktion auf den vorangegangenen Satz beschrieb. Und ich verschwieg ihr den Namen des Krankenhauses und daß ich nur zur Beobachtung aufgenommen würde. So vielsagend wie möglich schrieb ich, es bestehe kein Grund zur Besorgnis, sie solle nur an sich denken, nicht an mich, so wäre es mir am liebsten, nur so könne ich ruhig bleiben. Sei auch Du ganz ruhig, schrieb ich, mein Zimmer ist ruhig und hell; ich soll hier während der ersten Tage nicht lesen, und das fällt mir furchtbar schwer. Es ist mir lieber, wenn Du nicht genau weißt, wo ich bin. Den Brief gebe ich einem Krankenpfleger mit, wenn er in die Stadt fährt.

Ursel hatte ich auch schreiben wollen, aber dann sah ich, daß es schon spät war, fast sechs, und rief sie an. Ich sagte ihr, ich hoffe, bald wieder freigelassen zu werden und irgendwo ein Wochenende mit ihr zu verbringen. Ja, auch einmal für länger als ein Wochenende, sagte ich, so bald wie möglich, dann geht's Irgendwohin, wohin, das überlegen wir noch. Nein, du brauchst mich nicht zu besuchen, es wird schon nicht lange dauern. Ich dachte oft nicht einfach über ein besseres Leben nach, sondern über ein gesteuerteres, einen Lebensplan anzufertigen, aufzustellen, eine Aufstellung meines künftigen Lebens zu Papier zu bringen. Zu jedem Programmpunkt wollte ich auch kurze Erklärungen oder besser,

Erläuterungen, abgeben. Jetzt fühlte ich eigentlich nur den Wunsch, einen entscheidenden, einen vielleicht alles entscheidenden ersten Schritt zu tun, und der war, mich hemmungslos der Medizin anzuvertrauen, zu unterwerfen, mich sogar den Kunstfehlern zu unterwerfen. Unter Aufsicht des Pflegers nahm ich ein Bad. Ein weißes leinenes Nachthemd wurde mir ausgehändigt. Ist das ein anstaltseigenes Nachthemd, fragte ich. Der Pfleger schüttelte zuerst den Kopf, dann nickte er doch. Die Aufnahmeuntersuchung dauerte eine halbe Stunde. Eine Schwester führte mich hinauf in das Krankenzimmer. Ich trug über dem Nachthemd meinen Mantel, an den Füßen Sandalen. Meinen kleinen Koffer hatte der Pfleger schon hinaufgebracht. Dann wollen wir mal, sagte sie, schloß die Tür des Aufzuges und drückte auf den Knopf. In ihrem Gesicht, dessen Profil sie mir zugewandt hatte, regte sich nichts mehr; das Profil war nur da wie etwas, das ich ansehen sollte. Mir fiel ein, daß ich dem untersuchenden Arzt gegenüber auf eine schwammige Art redselig gewesen war; weich und widerstandslos war aus mir ein Wortschwall herausgekommen. Ich wäre auf Reisen, und es sei eine dumme Sache, so spontan und von einer Besorgnis getrieben eine Klinik aufzusuchen. Ich hatte ihm von meinen Schwindelanfällen berichtet, fast mit denselben Worten, mit denen ich dem Praxisarzt davon berichtet hatte.

Wir müssen einen Augenblick warten, sagte die Schwester. Die Türen des Zimmers standen offen, die innere nach innen, die äußere nach außen. Ein Bett, in dem ein alter Mann mit weitaufgerissenen Augen auf dem Rücken lag, wurde hinausgeschoben auf den Gang. Fürs erste, sagte die Schwester, haben Sie das Zimmer allein; seien Sie froh. Es waren nun noch zwei Betten in dem Zimmer. Das zweite blieb unbelegt. Sie öffnete die Fenster und schloß die Türen. Ich nahm mein Buch von Cowper Powys aus dem Seitenfach des Koffers und legte es auf den Nachttisch. Sie stemmte die Arme in die Seiten. Sie scheinen mir eine nette Leseratte zu sein, sagte sie, aber Sie haben doch gehört, was der Aufnahmearzt gesagt hat.

Am nächsten Morgen war Visite des Chefarztes und fünf weiterer Ärzte. Der Chefarzt ließ sich vom Stationsarzt, der mich noch gar nicht gesehen hatte, den Befund vorlesen, den Teilbefund, sagte er. Der Chefarzt nickte. Es war mir recht, daß sie über mich sprachen, als wäre ich gar nicht da. Ich sagte das. Ich sagte, es sei wohltuend, sie so über mich sprechen zu hören, wie Lebende über Tote. Sie horchten erstaunt auf und sahen sich an. Hatte der da nicht etwas gesagt? Was sind Sie von Beruf, fragte der Chefarzt. Er sagte, ich hoffe, Sie fühlen sich hier wohl. Er faßte mir ins Haar und rüttelte andeutungsweise meinen Kopf. Es wirkte freundschaftlich und gut. Gegen Mittag kamen der Stationsarzt und ein Assistent zurück an mein Bett. Ich las gerade und legte das Buch weg. Der Stationsarzt nahm das Buch und blätterte darin. Es ist sicher interessant, sagte er. Ich glaubte dann, von meinem Körperbefinden in der letzten Zeit zu sprechen, während ich von ihnen den Eindruck hatte, sie hätten mir etwas mitzuteilen. Der Assistent fühlte mir den Puls. Immer gleich, sagte er. Sie zogen Stühle heran und setzten sich. Sie haben Beschwerden, sagte der Stationsarzt, Sie sind krank, soviel können wir schon sagen, aber wie wäre es, wenn Sie uns einen subjektiven Zustandsbericht über sich selber gäben? Sie sollen das nicht tun, verstehen Sie, es ist nur ein Vorschlag; Sie können es durchaus auch aufschreiben. Ich schüttelte den Kopf. Ich wollte ja nichts weiter, als eine routinemäßige Untersuchung, eine Beobachtung meiner Körperfunktionen; sie aber wollten meine Konflikte in die Hand kriegen, etwas sozial Exemplarisches. Ich lehnte das ab, weil es mir allzu bekannt vorkam. Zum Reden bringen wollten sie mich.

Nachdem ein langes Schweigen eingetreten war, in dem sie meinen Unmut körperlich fühlen konnten, streifte einer der beiden rasch das Nachthemd hoch und tastete flüchtig meinen Bauch ab. Vermutlich wollte er mir beweisen, daß auch die praktische Arbeit an mir bei alldem nicht zu kurz zu kommen brauchte. Er beendete abrupt das Abtasten, als solle es möglichst schnell vergessen werden, möglichst gar nicht stattgefunden haben. Als sie gegangen waren, ohne ein unerträgliches Interesse an mir, ja gerade an mir, zu verbergen, fing ich leise für mich an zu reden, mich durchzusetzen gegen ein Ruhebedürfnis, gegen einen todgleichen Zustand, gegen eine Angst, stumm zu werden. Die Angst blieb; sie war jetzt das Reden, ein Gerede; wie ein Wortkreislauf breitete sich die Angst im ganzen Körper aus, das Gerede im Zimmer, das sich selbst nur an den gefährlichsten Stellen vermied, dann wieder den Riesenwuchs einer Landschaft annahm, die untergegangen war. Es war eine Welt, die keinen Platz hatte in der Welt. Meine Geschichte mit Maria, aber in Worten. Diese Geschichte war von uns doch so gedacht gewesen, daß sie sich mit der Zeit (mit der Zeit?) in ihr Gegenteil verkehrte, in eine Güte und in ruhige, nachsichtige Gedanken, in heute noch unglaubliche intensive und dichte Empfindungen, die imstande sein sollten, alle äußeren Erfahrungen im Innern zu verschmelzen zu einem unaufhörlichen, sich selbst weiterwirkenden Faden der Erkenntnis. Ich zitierte auch Novalis, was ein gefährliches Unterfangen war, wie Lasski Novalis mißbilligend zitiert hatte, nein, er hatte Novalis vorgelesen, in der Stimme, die Novalis vorlas, die ganze Mißbilligung eines Aufsehers, der mich mit Novalis erwischt hatte. Die Natur, sagte ich, ist noch nicht ganz verschwunden; noch könnten wir sie uns gegenseitig Stück für Stück aus den Geldbörsen reißen. Ist sie es nicht, die Natur, die sich unseren menschlich-wissenschaftlichen Formeln angepaßt hat, so daß sie sich auch noch im Unzerteilbarsten zerteilt, in industriellen Verliesen ihre geheime Macht erst zu entfalten, und das alles nur zu dem Zweck, rasch eine Geschichte zu beenden, rasch über uns zusammenzuschlagen, damit dieses Menschliche ein Ende erfährt, dieses Bewußtlose und Körperlose, dieses Köpfige, Kopfhafte, dieses bewußtlos Bewußte ein Ende erfährt. Ich will nichts mitnehmen, nein, ich will allein sein, wenn ich unweigerlich verschwinde. Schwach und fallengelassen und beiseite geschoben wollte ich sein als Beweis für den Rest einer Wahrheit, vergessen und nichts bedeutend. Eine kalte weiße Bahre zu nichts anderem als zu einem organisatorischen Zweck, mich wegzuschaffen nämlich, ein kaltes weißes Bett in einem weißen kalten Zimmer, das wie eine abgerissene Gondel im Raum trudelte. Fieberphantasien, Fieberphantasien, umgestürzte Kartons, hellgelbe Lichtstürze. Mühevoll, liebevoll bis zuletzt. War ich zuletzt? War ich schon zuletzt? Mein Gesicht war ganz kalt, ein kollabiertes Fieber. Ich fühlte mich wie ausgeschüttet, umgestülpt. Ich murmelte, mit Interesse an mir, mit immer größer werdendem Interesse an dem, was ich in Worten war. Sie sind schon krank, soviel können wir sagen. Auf technisch hochinteressanten, künstlerisch wertvollen Umwegen waren wir zwischen zwei Punkten unterwegs. Am Ende von allem paßt alles ineinander, eine große Einigkeit aller geahnten und ungeahnten Kräfte, aller Dinge und Wesen kommt zustande, die uns endlich, uns, die Fragmente von Geschichten, in uns selbst zurückfallen läßt. So, sagte ich, ich kann ohne weiteres aufstehen und aufs Klo gehen. Wie alle anderen, sagte ich, lebe ich possierlich meinen Linien nach. Wir sind uns alle nicht einig in unserem tiefen Vernichtungswunsch. Elektronische Programme werden uns aber vereinigen; wir passen dann alle absolut ineinander. Noch werden wir aufgehalten von unserer Mannigfaltigkeit, von diesen lächerlichen Abweichungen, Ungleichheiten, die nichts weiter sind als Fehler oder Korrekturen früherer Fehler. Ich sah mich mit offenem Hemdkragen, die Ärmel aufgekrempelt, selber ganz hell über einen hellen Platz gehen; es war im fauligen Süden, im hochjauchzenden aufgeräumten Süden. Unaufhörlich, täglich besamten wir die Erde. Novalis hatte geschrieben. Ich bat Lasski, es vorzulesen. Lasski las vor: Im höchsten Schmerz tritt zuweilen eine Paralysis der Empfindsamkeit ein. Die Seele zersetzt sich. Daher der tödliche Frost, die freie Denkkraft, der schmetternde unaufhörliche Witz dieser Art von Verzweiflung. Keine Neigung ist mehr vorhanden; der Mensch steht wie eine verderbliche Macht allein. Unverbunden mit der übrigen Welt verzehrt er sich allmählich selbst...

Ich hätte mich gern selbst für den wenigstens einzigen gewissen Gegenstand gehalten, hielt mich aber wie alle anderen für einen ungewissen. Ich hätte gern eine Gegend besamt und lauter kleine vergeßliche Wesen gezeugt. Aber zu lange schon war ich meiner Zeit böse gewesen, auf die freundlichste Weise, und darüber ein Krüppel geworden. Dabei hatte ich mich dauernd für normal halten lassen, für vernünftig, ja hatte mich halten lassen, war gehalten worden wie ein Normaler, Vernünftiger. Meine Organe waren schon verkrüppelt, mein hoffnungsloses Herz, meine hoffnungslose Leber, meine Ohren, die ich schon nicht mehr spitzte, meine Nase, deren Flügel schon gar nicht mehr bebten bei einem fremden, beizenden Geruch. Meine Augen, hoffnungslos bei den Anblikken, die wie Halden meiner ehemaligen, von mir abgeschnittenen Körperteile erschienen.

Das Interesse von mir an mir selbst blieb erhalten. Am Nachmittag mußte ich hinunter, wo sie ein EKG von mir machten. Ich erinnerte mich kaum daran, ein Kind gewesen zu sein, aber an gewisse Empfindungen und Gedanken erinnerte ich mich. Ich hatte gestaunt über das, was alles in mir passierte, und wußte doch, daß ich davon nur einen winzigen Teil erfaßte. Dann war ich durch Schule und Lehre für eine lange Weile abgeschafft worden. Die äußere Fülle der Erscheinungen, das Tages- und Jahrespensum, der unbewältigte Wissensstoff vertrugen mich nicht als etwas Besonderes. ICH hatte keine Geltung, und als ich mich später zurückforderte, waren mein Interesse, Anspruch und Gefühl ganz krank vor lauter Bedeutung, ganz peinlich und ganz verachtenswert. Eine Stunde nachdem ich vom EKG zurück war, kamen die beiden Ärzte wieder. Sie fragten, ob ich es mir nicht doch überlegt hätte; sie könnten mir alles, was ich brauche, ins Zimmer schaffen, sogar eine Schreibmaschine. Der Assistent legte mir eine Hand auf die Schulter und bat um Vertrauen; sie wollten mir helfen, sagte er. Ich solle mich von der Vorstellung frei machen, sie seien öde Experimentatoren. Sie hätten es schwer genug hier in der Klinik, neue Methoden einzuführen. Sie können sich, sagte er, das Reaktionäre in diesem Hause gar nicht vorstellen. Ich sah die Hand auf meiner Schulter an, befremdet, wie ein Höhergestellter, da zog er sie schnell zurück. Ich schüttelte den Kopf. Ich versuchte, mir das innere Funktionieren ihrer Körper unter den weißen Kitteln vorzustellen. Ich konnte mir das gar nicht vorstellen. Es konnte da gar nichts bemerkenswert sein. Wahrscheinlich hatten sie über die Körper hier und in der Pathologie und in dem Wissen über den Körper die eigenen Körper vergessen, immer unter dem Zwang, die eigenen Körper einem Krankheitszustand wie auch der Pathologie möglichst weit zu entrücken. Sie trugen beide Schnurrbärte und halblanges, gepflegtes, beim Gehen auf und nieder wallendes Haar. Ich wollte einen Witz mit ihnen machen; ich warnte sie davor, mich in die Psychiatrische gesteckt zu haben unter dem Vorwand, es sei nicht die Psychiatrische oder unter dem Vorwand, ich hätte Kreislaufstörungen. Da lächelten sie ganz kummervoll. In Wahrheit hatte Maria mich hierhergebracht. Allem Anschein nach war sie von uns beiden die Schwächere, aber tatsächlich war ich der Schwächere und der ganz schwache, vernichtete Anschein Marias hatte mich krank gemacht. Mir kam die Vorstellung, diese beiden hoffnungsvollen Ärzte zu erschießen, durch die Brust und durch den Kopf.

Diese Ruhe hier, diese knöcherne Ruhe. Die Sohlen quietschten auf dem Kunststoffboden, als sie von den Stühlen aufstanden. Die Kittel raschelten. Die Bewegungen erinnerten an eine große Ausgeglichenheit, die unmöglich in ihnen sein konnte, die abgeschaut war. Ich mußte mir dieses Zimmer ohne mich vorstellen, wie es einfach weiter da sein würde, wie jetzt meine Wohnung in Berlin. Ich dachte an Ursel, die sich in das Bett und in den Spiegel hinein ausplauderte. Ich konnte mir nichts außerhalb dieses Zimmers als etwas Tatsächliches vorstellen. Ich konnte mir die Wohnung in Berlin vorstellen, aber nur als etwas, was es nicht mehr gab. Ich dachte an meine Verantwortung für Ursel; diese Verantwortung, dieses Wort und ein Bild, das dazu paßte, fühlte ich nur wie eine Sonde in meinem Körper. Auch hier, einfach in diesem Zimmer liegend, gab es keine Überraschungen. Etwas wurde erst richtig und tatsächlich, wenn es durch diese Tür hereinkam. Ich sah alles schon kommen. Die Ärzte verließen das Zimmer, wobei sie sich über die Schultern nach mir umdrehten, als müßten sie mein Aussehen scharf in der Erinnerung behalten für eine andere Gelegenheit, wenn wir uns wiedersprächen. Ich versuchte, an ihnen vorbei auf den Flur hinauszublicken. Aber sie machten die Türen dicht hinter sich zu. Ich stand auf, sah durchs Fenster und ließ viele ungeordnete Eindrücke von draußen hereinprasseln, Bäume, Kies, an fahrbaren Gestellen aufgehängte Müllcontainer, eine schüttere, schwachgrüne Dornenhecke, dahinter die Mauer, eine dunkelhäutige Frau im Morgenmantel, die auf dem Kiesweg ging und einen Apfel aß, weit hinten ein Baukran, der die Dächer von Mietshäusern überragte. Jede Bewegung erschien mir als etwas Bedrückendes, nicht Notwendiges, Störendes, aber zugleich fand das alles statt, unweigerlich, alles gegen mich gerichtet, ein Aufrechterhalten, Weitermachen, auch nach dem Tode, immer weiter, weil es nicht aufhören kann, auch wenn es längst schon tote Bewegungen sind, immer weiter betäubende Wiederholungen, immer wieder Aufschichtungen, geschichtete Wiederholungen, ein sichtbares, immer sichtbarer werdendes Verschwinden. Es war so, als passiere alles nur noch in einem Traum, als wäre jede Bewegung nur eine Erinnerung an eine Bewegung, die einmal wirklich stattgefunden hatte, als könne man auf eine erträgliche Weise nur tot sein, indem man einfach weitermachte, als wäre nichts geschehen. Ich stellte mich ja auch immer lebend, schnelles Gehen, wache Augen, fester Händedruck, ich lachte auf, dröhnte herum, oder war ein andermal tief betroffen, abweisend, enttäuscht, oder überraschte andere mit meinem Gedächtnis, alles nur, um meine Anwesenheit zu beweisen. Maria holte zum Schlag auf meinen Kopf aus, in der Hand so etwas unmögliches wie eine Tischantenne. Eine weite Wiese war von Stacheldrahtzäunen zerteilt, damit sich der Blick nicht verlor. Anwesend war ich in solchen, sich wie Ereignisse überstürzenden Bildern, aber ich war hier, und nur mein ärgerlicher Körper wollte sich alles aneignen, das Entfernte, das Unsichtbare, das Anderswo und Anderntags zurückholen. Ich hatte einmal den Vorsatz gefaßt, Ursel vor Unglücken zu bewahren.

So stark wollte ich sein, wie ihr Glaube an mich stark war. Katastrophen gab es, aber da war ich noch davor, der alles kannte, der Vater, der jetzt aber langsam brieflich und mündlich in ihren Augen zerfiel. Beim Radfahren geriet ihr ein Fuß in die Speichen; ich schnitt mit dem Taschenmesser den Schnürriemen auf und zog den Fuß vorsichtig aus dem eingeklemmten Schuh heraus. Sie weinte nur noch leise, und wir setzten uns auf die Böschung des Straßengrabens. Das war das größte Unglück, was diesem Fuß geschehen war, ein gemeines Unrecht. Noch wochenlang, als die Schwellung längst weg war, kümmerte ich mich besonders um den Fuß. Ich schrumpfte zusammen auf einen gewöhnlichen Vater. Sie kannte Väter. Ich wollte mit ihr aufs Land fahren, wo ich sie wieder richtig sehen konnte und wo sie mich wieder sehen lernte, nicht zu genau, wo Marias Name für eine Weile im Dunkel der Geschichte bliebe, gar nicht ausgesprochen würde. Ich fürchtete, sie würde sich in freier Wahl immer deutlicher dafür entscheiden, wie Erika zu sein, also später ihr Leben zu einer faden, auf das leichteste durchschaubaren Verhaltenskomödie machen, in der nichts erstaunlich ist, sondern alles unweigerlich richtig. Dagegen kam keiner an mit seinem inneren Fernsehen auf Versunkenes und damit Mögliches. Da gab es kein anderes Leben mehr als das auf dem Tisch, keine andere Wahrheit als die man mit ja beantworten konnte. Da galt nichts außer dem, was galt, da pochte man selbstgewiß auf den Moment, auf dieses Machtwort, auf die gute Nacht, die neue Frisur. Das ganze Innen war da die Wohnung, das ganze Außen Kaufhaus und Arbeitsplatz. Wo keine Gefahr mehr gesehen wurde, da war auch keine mehr. So konnte man leicht vergessen, daß unter den eigenen Mühen, Leben vorzutäuschen, unter den eigenen Reproduktionen von Lebensäußerungen noch eine Natur lag, versteckt und zum Schweigen gebracht. Da sollte Ursel nicht hingehören. Davor wollte ich sie noch bewahren, vor solchen Tagesläufen der Ernährung und Bekleidung, der schäbigen Gefühle, der verklebten Gedanken, vor einer allgemeinen Widerspruchslosigkeit, den langen Totensonntagen, Wochentagen, Alltagen, Werktagen. «Die Rettung» könnte eine Geschichte sein, in der ein Vater sein Kind herausholt, es rettet aus einer fröhlich-normalen Krankheit zum Tode. Die Gedanken zusammenhalten, flüsterte ich. Eine Woche würde genügen, mich hier in eine stille Einfältigkeit zu bringen. Und was sollte dann noch im Alter mit mir passieren. Ich war ja schon wieder ruhig, wenn auch unzufrieden mit meiner inneren Sprache, der ich sonst eine präzise Ungenauigkeit zutraute. Ich hatte geschimpft und verachtet, das war ein falsches Fließen, in dem ich selber abgetrieben war. Nur selten konnte ich Maria sagen, was ich meinte, nie Ursel sagen, was ich fühlte. Wenn ich nichts mehr für Ursel gefühlt hätte, wären die Zahlungen sofort eingestellt worden. Sie hätte dann verhungern können, was meine Zahlungen anbetraf. Ursel bestellte mir in einem Restaurant eine Wurst und ein Bier und bezahlte beides von ihrem Geld. Sie sah mir wohlgefällig, den Kopf in die Hände gestützt, zu. Um den Moment noch deutlicher zu machen, aß und trank sie selber nichts. Langsam aß ich die Wurst und nahm zwischendurch kleine Schlucke Bier. Das kam alles von ihr, es war für mich, jeder Schluck Bier, und wir mußten uns immer ansehen und schmunzeln. Alle Hintergedanken waren weit hinter uns zurückgeblieben.

Da war das Motorrad in der Garage. Verstopfte Benzinleitung. Ich baute sie aus und reinigte sie, wischte auch die Zündkerze mit einem Lappen ab. Es war jetzt dunkel in der Garage. Hier lag ich. Der Schwester hatte ich die Adresse meines Hausarztes in Berlin angegeben. An ihn sollte der Befund geschickt werden. Die Schwester brachte abends und morgens auf einem kleinen Tablett die Pillen. Dann hörte ich auf, alles durcheinanderzubringen. Das Abendessen wurde hereingebracht. Die Pillen waren farbig, damit die Farben schon im voraus die Wirkung in den Körper einließen. Kaltes Huhn, Toast, ein Salat. Bis sie hinausgegangen waren, las ich noch in dem Buch. Dann war ich allein mit dem Essen. Ich setzte mich gerade gegen die Bettwand und aß. Ich war im Bett geblieben, obwohl ich ohne weiteres am Tisch hätte essen können. Das Zimmer strahlte jetzt eine Ordnung aus, der ich mich gern unterwerfen wollte; ich bekam ein Bedürfnis danach, die Fluchtlinien des Zimmers über das Zimmer hinaus zu verlängern, so daß auch alle Ordnung draußen von diesem Zimmer ausginge. Manchmal, erinnerte ich mich, hatte ich das gegenteilige Bedürfnis gehabt, nämlich eine Symmetrie zu verbiegen, bis sie weit genug entfernt war von jeder Symmetrie. Jetzt war es aber die Ordnung, die beruhigend war. Sogar Marias Bild wurde übersichtlich und berechenbar. Ich selbst würde mich in Berlin Schritt für Schritt kurieren lassen, um danach meine Arbeiten, das Schreiben, wiederaufzunehmen und ruhig voranzutreiben. Jeden Tag würden mir ein paar Blicke zum Fenster hinaus genügend Sicherheit verschaffen. In der Schrift, im Schreiben, würde der »Wahnsinn wieder auf einen Sinn zurückgeführt, und unsere Fortsetzungsgeschichten würden auf Papier stehen, als ob sie niemals anders stattgefunden hätten.

Hier wendete sich meine ganze Aufmerksamkeit von Maria ab. Ich bebte schon, wenn ich nur an sie dachte. Vor Nervosität stand ich auf und wusch mir die Hände. Ich öffnete den Schrank und nahm mir eine Zigarette aus der Manteltasche. Ich rauchte sie am offenen Fenster und legte mich wieder ins Bett. Ich stellte mir vor, wie meine Ursel Jahre später auch in Trümmer ging, an einem allgemeinen Frauenleiden, dachte ich, an ihrer historisch befestigten Unselbständigkeit. Im Laufe der Jahre wurden all ihre Möglichkeiten zu Unmöglichkeiten, all ihre Vorteile zu Nachteilen. Sie gaben sich dann zu erkennen, elend und schwach, und entwickelten die Schwäche zu einer tückischen Macht. Klar wirkte dagegen die symmetrische Kälte des Zimmers. Wie hatte sich Maria jetzt verkrochen vor Anrufern und Besuchern? Wie öffnete sie sich, nachdem sie meinen Brief erhalten hatte, wieder dem Leben auf Empfängen, in Restaurants und Betten. Das konnte sie ja, da sie mich weit weg wußte und es ihr immer besser ging, wenn ich nicht da war. Oder trieb sie sich an, mich zu finden? Konnte es dann noch lange dauern, bis sie mich hier aufstöberte, um mich unter ihren Gesetzen wimmern zu lassen oder mich zu zwingen, das Messer in ihr zu drehen, bis mir dabei die Liebe zu ihr wieder in die Augen stiege und sie mir sterbend danken konnte? Wieder und wieder kehrte ich ihr den Rücken, ohne für eine längere Zeit ruhig und frei zu werden. Die Schwester kam herein und räumte das Geschirr auf dem Tablett zusammen. Jetzt schlucken wir aber brav unsere Pillen, sagte sie zu mir altem Mann. Ich schluckte alles weg und wurde nicht mal geil angesichts ihrer mütterlichen Strenge.

Ursel fragte mich am Telefon, ob sie mich am Wochenende besuchen könne. Ich sagte nein, am Wochenende wäre ich wieder draußen. Ich nannte ihr die Adresse, und am nächsten Morgen bekam ich einen Brief von ihr mit gepreßten Anemonen. Ich hatte auch Maria anrufen wollen, mich aber wieder anders besonnen. Wenn ich über den Flur zur Toilette ging, wobei ich jedesmal soviel wie möglich an Zeit verlieren wollte, erwartete ich in innerer Panik und äußerer vollkommener Ruhe, Maria leicht abgedreht und schwankend hinten auf dem Gang zu sehen. Als ob sie mich nicht sehen, nur von mir gesehen werden wollte. Viel lieber wäre ich von ihr abhängig gewesen, abgewiesen worden. Statt dessen war ich unfreiwillig der, der sie nicht erkannte, und sie war die von mir gedemütigte Menschheit. Wie hatte sie die von mir gedemütigte Menschheit werden können? Ich hatte erwartet, spätestens hier im Krankenhaus würde ich ein scharfer, aufgestachelter Beobachter sein, der Angst hat, die Zeit könne nicht mehr ausreichen, alles noch einmal wörtlich zu streicheln. In meinem Fortschritt die Kindheit einzuholen, das hatte ich erwartet, die durch den Krieg geteilten und später wieder zusammengefügten Elternteile einzuholen, die ein für allemal ihre Kriegsgeheimnisse in sich begraben hatten. Nach dem Ende des Krieges, dessen Bedeutungen wir ja in geteilten Meinungen gelernt hatten, sind wir uns, Maria und ich, einmal sehr nahe gekommen. Wir waren beide im Jahre achtundvierzig in dasselbe Erholungsheim im Taunus verschickt worden. Maria kam die Straße hinuntergeheult, die fettigen Zöpfe trommelten auf ihrem Rücken. Eine solche Suse war sie gewesen, mit ganz verstoßenem Gesicht wie meine Cousine Alma. Ich saß auf einem Baum und schnitzte an einer Flöte und schnitzte mir die Kuppe des linken Zeigefingers weg. Meiner Cousine Alma flossen die Tränen, weil sie sich mit dem Schälmesser die Pulsadern geöffnet hatte, aber nicht richtig. Marias Vater schlug Maria, als sie in der Zinkbadewanne saß. Er war Spätheimkehrer und immer sofort betrunken. In ihrer Not ging Maria unter Wasser. Im Heim wußten wir, wo die Zuckersäcke standen. Ein Kinderfräulein, Traudl, wurde von Besatzungssoldaten abgeholt und kam nicht wieder. Ich kam nach Hause zurück und bedauerte meine Mutter, weil sie zusehen mußte, wie ich geschlagen wurde. Ich weinte um sie. Auf unserer Kellertreppe lag wochenlang ein Vogelnest; im Garten stand ein Güterwaggon. Beim Tedeum hatte ich meine ersten Erektionen. Alma faßte sie an. Später mied ich Alma, weil ich gehört hatte, wie Verwandtschaften sich auswirken. Maria hatte ich später nicht gemieden, obwohl sie viel Ähnlichkeit hatte mit Alma.

Ich sah komisch aus in meinem blauen Mantel; die Füße steckten in schwarzen Halbschuhen. Im Spiegel war mein Gesicht mir sehr groß vorgekommen. Es war von einer ganz hübschen hellgrauen Gleichmäßigkeit und lächelte lustig, nein, höhnisch vor lauter unterdrückter Angst. Aber es sah auch wieder sorgenfrei aus, ganz zuversichtlich gespannt, unerwartet versöhnlich und schmeichelhaft. Ich hing vom Licht ab. Die Tür ging auf, und jemand schaute herein. Es war wieder nicht Maria. Mein Zustand war nicht halb so schlimm, wie ich angenommen hatte. Marias Zustand war schlimm. Ich wartete auf schlimme Nachrichten von ihr, damit ich endgültig zusammenbrechen konnte. Ein halbes Jahr lang hatte ich fast täglich Morddrohungen erhalten. Ich kam auf die abstrusesten Ideen, zum Beispiel wollte ich mir ein privates Sprungtuch beschaffen, eine kugelsichere Weste. Nie passierte das, was zu verhindern ich herbeigeeilt war. Und es wurde jedesmal alles gut dann, denn ich war ja da; wenn wir erst wieder sprachen zueinander, war alles gut. Klüger werden konnte ich dabei nicht, weil ich immer nur dasselbe lernte. Meine Natur konnte in der beinahe überlaufenden Wanne liegen und sozusagen auf jede Entfernung Todesurteile vollstrecken, mir selber ein Opfer darbringen, und im Fieber dieser Lust glühte ich auf, und meine Bewegungen konnte ich in den Schwaden erscheinen und wieder zerfließen sehen. Meine Mutter hatte mir warmes Wasser über den Kopf geschüttet, wie Maria es dann auch tat, bis das Haar ein nasser, glatter Filz war, wie eine gepreßte, dem Schädel genau angepaßte Haube.

Nur Ursel sollte sich noch frei bedienen können von mir. Ich hatte schon zuviel verloren und nun den Rest aufzusparen für die Zukunft. Ich hatte mich nicht zu verschenken im Tausch gegen eine unverschämte Liebe. Wenn die Tür aufging und es wieder nicht Maria war, war es doch für mich jedesmal Maria gewesen. Ich spürte eine klamme Kälte auf meinem Rücken und mußte von der Tür wegschauen.

Am Sonnabend, meinem vierten Tag, wurde das zweite Bett belegt. Es war ein etwa fünfzigjähriger Mann mit einer heiseren, den Raum füllenden Stimme. In ein paar Tagen sollte seine Leber punktiert werden. Im Laufe der Unterhaltungen zählte er mir immer wieder die Großbaustellen auf, an denen er als Kranführer gearbeitet hatte. Er ging in seinem blau und rot gestreiften Frotteebademantel im Zimmer auf und ab, glatt und penibel frisiert und rasiert. Auf dem Nachttisch lag ein Heft mit Kreuzworträtseln, darauf ein Plastiketui mit Füller und Drehbleistift. In der Schublade lag sein Portemonnaie mit der umgeschnallten Armbanduhr. Ich hatte versucht, noch an demselben Tag entlassen zu werden, aber der Stationsarzt überredete mich, noch bis Montag zu bleiben. Man würde alle Untersuchungen einschließlich der Blut- und Urinuntersuchungen am Montagmorgen wiederholen. Erst dann hätte sich der Aufwand gelohnt, und man würde alle Untersuchungsergebnisse meinem Hausarzt schicken, der erst dann imstande wäre, die richtige Behandlung einzuleiten. Zuerst war ich aufgebracht gegen diesen Kranführer, dessen stehende Redensart in fast jedem Zusammenhang war, «wenn man vom Bau her kommt ...», und der endlos die Vorzüge einer aufgeräumten Baustelle pries, sei sie klein, eine gewöhnliche Baustelle, sei sie groß, eine Großbaustelle. Eine aufgeräumte Baustelle, sagte er, ist der halbe Bau. In einem wilden Durcheinander, in einer Schlamperei, wie sie von Ausländern, wenn man ihnen nicht gehörig in den Arsch träte, angerichtet würde, von Deutschen übrigens auch, o ja, von Deutschen auch, könne man nicht nur nichts finden, sondern auch nicht richtig vorankommen, und wenn man vorankäme, so könne man den Fortschritt nicht sehen. Wenn die Pläne stimmen, sagte er, muß auch die Ausführung der Pläne stimmen. In der Statik, sagte er, darf es auch kein Durcheinander geben; die Statik ist das wichtigste. Er machte eine Pause, als ob er sich selbst verblüfft hätte. Wissen Sie, was die Statik ist, fragte er mich. Ich nickte. Wissen Sie es? Wenn Sie nicht sicher sind, sollten Sie lieber ruhig sein. Mit Statistik hat das nämlich nicht das geringste zu tun. Mir fiel auf, daß er, wenn er von zu Hause sprach, auch wie von einer Baustelle sprach. Ob Küche, Garage oder Garten, in allem sah er die Ordnungsprinzipien einer aufgeräumten Baustelle. Sogar hier gebrauchte er nie das Wort Krankenhaus, sondern immer das Wort Bau. Meine Frau hat auch schon in diesem Bau gelegen, ich werde wohl Wochen in diesem Bau bleiben müssen. Er brachte mehrmals am Tage sein Bett in Ordnung. Auf alles, was er machte, ließ er eine Erklärung folgen, warum er das getan hatte und so getan hatte, warum andere es nicht täten und was alles passieren könne, wenn er es nicht täte.

Eine andere wichtige Grundvorstellung neben der einer aufgeräumten Baustelle war der «Schwenkbereich». Ich muß, sagte er, meinen Schwenkbereich jederzeit voll einsehen können. Jede Veränderung in meinem Schwenkbereich muß ich augenblicklich bemerken, ich muß alles sehen, alles, nicht nur am Boden meines Schwenkbereichs, sondern auch in der Luft. Ich muß. jeden Kubikmeter Luftraum kennen in meinem Schwenkbereich, die Perspektiven in meinem Schwenkbereich muß ich berechnen können, die Entfernungen, die Größenverhältnisse; das ist mir alles in

Fleisch und Blut übergegangen. Ich hörte ihm immer interessierter zu. Wenn mich auch diese Akkuratesse, mit der er alles Leben in prinzipielle Engkammern sperrte, anekelte, so ging trotzdem, während er sprach, etwas von seiner Lebenssicherheit auf mich über, und ich dachte, solange er hier ist, kann nichts Unerwartetes geschehen, kein Schrecken außer dem Schrecken der Ordnung, aber der konnte mich im Augenblick kaum erfassen. Ich dachte, dieser Mann kann mir als Zimmergenosse so lieb sein wie irgendeiner. Ich konnte mir nicht vorstellen, daß er je in einen krisenhaften oder auch nur irritierenden Gedanken geriet. Er beherrschte auch schon das Zimmer, so als wäre er lange vor mir dagewesen. Dieses Zimmer war nur eine weitere Bestätigung seiner Lebensübersicht, und daran war nichts Erstaunliches.

Am Sonntag kam der unweigerliche Besuch. Seine Frau und seine verheiratete Tochter. Sie versuchten alle drei, mich an den Gesprächen teilnehmen zu lassen, das heißt an den Gesprächsstummeln, mit denen sie, weil sie sich bis zum Überdruß kannten, auskamen. Jeder Hinwendung, jedem Lächeln, das dem Kranführer galt, folgte eine Hinwendung, ein Lächeln zu mir herüber. Wenn die Frau des Kranführers den Kranführer fragte, ob er sich besser fühle als zu Hause, fragte sie gleich darauf auch mich, wie es mir ginge. Der Kranführer selber saß vollständig angezogen wie ein Besucher auf einem Stuhl. Die Tochter redete ihm ein, was er noch alles brauche, zum Beispiel ein Kofferradio. Sie verhielt sich eigentlich nicht zu ihrem Vater, sondern zu mir, obwohl sie mir meist den Rücken zudrehte. Mir erklärte sie, über was alles sie sich Gedanken machte. Auch die Frau des Kranführers gab zwischendurch immer wieder Erklärungen für mich ab; sie erklärte mir ihren Mann, so als käme es darauf an, daß ich rasch für alles Verständnis hätte. Er ist immer so ordentlich, sagte sie in beiläufigem Ton, so als wüßte das außer mir längst jeder. Und die Tochter sagte, ordentlich ist gar kein Ausdruck. Dabei lachte sie auf und hielt sich schnell die Hand vor den Mund. Der Kranführer fragte, ob die Garage abgeschlossen sei und ob sie das Formular an die Krankenkasse geschickt habe. Ich fragte mich, ob sie sich je verloren fühlten in ihren strengen Anordnungen, ob sie sich je auf ein Minimum heraborganisiert fühlten. Es war auch von einem Gregor die Rede. Das Besondere an Gregor war, daß er neulich eine Fliege getragen hatte. Beide Frauen kamen immer wieder belustigt, aber auch unsicher, auf diesen Umstand zurück. Die Frau des Kranführers besann sich einmal und drehte sich zu mir um und erklärte, Gregor ist unser Junge, er hat technischer Zeichner gelernt, ist aber jetzt bei der Stadt. Während dann die Tochter von ihrem Mann und ihrem Kind erzählte, wobei die Winzigkeiten das Ausschlaggebende waren, daß das Kind zwar einen Fuß auf den Roller stellte, aber dann nicht losfuhr, daß der Chef ihres Mannes ihren Mann «mit Sinn und Verstand» angesehen hatte, schaute die Mutter ihr aufgeregt zu und bekräftigte bestimmte Sätze mit heftig zustimmendem Nicken, während sie bei anderen Sätzen das Gesicht enttäuscht abwandte. Der Kranführer unterbrach die Tochter ein paarmal, das sei gar nicht erstaunlich, vielmehr selbstverständlich.

Die beiden Frauen standen auf und verteilten die Stühle wieder auf das Zimmer. Sie verabschiedeten sich zuerst von mir. Der Kranführer gab ein paar Anweisungen, was zu Hause geschehen und was unterbleiben sollte. Als seine Frau ihn an der offenen Tür geküßt hatte, klopfte er ihr, während er sich wieder dem Zimmer zuwandte, auf die Schulter.

Er schälte mit dem Taschenmesser eine Apfelsine. Dabei schoß ihm ein feiner Saftstrahl ins Gesicht. Er breitete die zerteilte Apfelsine auf einer Papierserviette aus, warf die Schale in den Papierkorb, reinigte unter fließendem Wasser das Messer, wusch sich selbst Hände und Gesicht, trocknete sich und das Messer ab und bot mir Apfelsinenstücke an, indem er die Serviette auf beiden Händen um die Betten herumtrug. Wenn ich kein Fleisch mehr essen darf, keine Wurst und keine Kartoffeln, sagte er, dann esse ich eben Obst und Schichtkäse. Ich muß mich danach richten, sagte er, also richte ich mich danach. Ich war beruhigt, daß es solche Leben auch noch gab, in denen vielfältige Nöte Sicherheiten erzeugten, Notsicherheiten. Die Einschränkungen und die damit verbundenen Beschränkungen wurden langsam zu Maßstäben für ein normales Leben. Alle meine Einwände kamen mir jetzt zweitrangig vor, hämisch und überheblich. Ich meinte, das alles solle es geben. Das war beabsichtigte Zucht und Symmetrie, ein Leben der Notverordnungen, das ich mir beinahe schon wie eine andauernde friedliche Entspannung vorstellte. Lasski hatte einmal gesagt, er würde am liebsten normal und schlicht sein, am liebsten ganz klein werden in der Menge, mit einem Durchschnittseinkommen, Ansichten, die nicht auffallen, das Leben aus zweiter Hand annehmen, als wäre es noch immer aus erster Hand, schließlich wäre das nur die sanftere Mogelei, während alles höhere Reflektieren ins Kriminelle gehe. Der Überdruß käme ja daher, daß man sich das gemogelte Leben, da es schon einmal ein gemogeltes Leben sei, auch noch bewußt mit dem Gehirn wiederhole und damit der Unerträglichkeit des gemogelten Lebens die allerunerträglichste Dimension hinzufüge, das Bewußtsein davon. Es gibt Leute, hatte Lasski gesagt, die von ihrem Überdruß leben. Sie benutzen das Gehirn nicht zum einfachen Erkennen, sondern wollen mit ihm sich selbst in den Dingen finden und sich selbst für das Wesen der Dinge halten. Das macht sie schmierig und brav und sogar unmöglich, ja, sie selbst werden unmöglich.

Ich wurde am Montagmittag entlassen, und zum Zeichen dessen, daß ich das Krankenhaus in besserem Zustand verließ als ich hereingekommen war, benutzte ich nicht den Lift, sondern hüpfte die Treppen hinunter. In mir klangen noch all die krampfartigen Sätze nach, die mir der Kranführer sozusagen mit auf den Weg gegeben hatte, und so empfand ich das Hindurchtreten durch das Portal wie einen Krampf der Sinne, so als ob in mir ein Sinnzentrum entstanden wäre und der weiche Körper darum herum sich im übrigen unberührt vom Verkehrslärm schlucken ließ. Es war eine aktive Lust in mir, wie man sie spürt, wenn man aus einem öffentlichen Bad kommt. Ich ging und ging, ohne zu wissen in welche Richtung und was ich als Nächstes tun wollte. Ich rannte bei Rot über den Zebrastreifen und wischte gerade noch knapp an einem Kotflügel vorbei. Ein Windstoß fuhr in die Baumkronen und blähte das Gefieder eines Vogels auf, der zuletzt dem Druck nachgab und aufflog. Vor einer Haustür blieb ich stehen und las die Namen neben den Klingelknöpfen. Ich bog nach rechts ein in eine kleine Grünanlage mit Bänken, schritt aber nur das Karree ab und kehrte sofort auf die Straße zurück. Es kam mir so vor, als hätte ich den Leuten gegenüber, denen ich begegnete, einen Vorsprung herausgeholt. Über dem Eingang eines kleinen miesen Restaurants drehte sich der Ventilator, und ich bemerkte, wie mich so ein kleiner Moment der Beobachtung nervös machte. Vor dem Propeller hingen blecherne Lamellen herab, die viel zu schnell, daß es sich schon wie ein Rieseln anhörte, aufeinanderschlugen. Langsam verlor das übermütige Vorwärtsgehen seinen Sinn, und ich konzentrierte mich auf ein paar Dinge, die ich erledigen wollte, weil ich meinte, ich müsse jetzt etwas zu erledigen haben, um nicht von der bloßen Luft aufgelöst zu werden. Ich stellte mir eine Liste vor, auf der ich ruhig einen Punkt nach dem anderen als erledigt abhakte, fürchtete aber sofort auch wieder, in meine alte Hektik überzuspringen. Ein paar Anrufe wären zu machen, herumzufragen nach Maria, da ich angab, sie zu Hause nicht erreicht zu haben. Ich wollte auch Ursel anrufen, um sie auf den Juni oder Juli zu vertrösten. Ich würde sie kaum vertrösten müssen. Keiner hatte etwas von Maria gehört, das war erst einmal ein gutes Zeichen. Am dringendsten wurde es doch, Maria selbst anzurufen, um sie endlich angerufen zu haben. Aber gerade, weil mein Bedürfnis danach so stark war, als wäre dieser Anruf in mir und ich müsse mich schnell davon befreien, verschob ich es. Ich glaubte, ihrer Stimme dann nicht standhalten zu können, zu zerspringen davon. Das Gefühl aber von etwas Unerledigtem bedrückte mich noch, als ich in einer dunklen alten Gaststätte saß und mich frei zu fühlen versuchte. Es ging nicht mehr darum, mich in eine Sicherheit zu bringen oder mich in eine Sicherheit zu versetzen; es ging nur um eine Fristverlängerung oder Überbrückungszeit, die zwar nur den Sinn hatte, mich länger von Maria fernzuhalten, in der ich aber doch Gelegenheit hatte, vielfältige Möglichkeiten von früher her weiterzuführen oder wenigstens anzudeuten.

Ich bestellte mir ein Glas Bier und war froh, daß kein Gedanke, keine Befürchtung für sich allein blieb, sondern schnell von Neben- und Hintergedanken durchwoben und verdrängt wurde. Mir fielen auch wieder Sätze ein, die ich ihr schreiben könnte, ohne daß sie selbst als Empfänger mir deutlich gewesen wäre. Ich selbst kam mir jetzt ganz bedürfnislos vor, gereinigt, wie ein unter großem Druck klar und durchsichtig gewordenes Wesen, in dem nur noch wie auf einem Röntgenbild eine kaum erkennbare Schattenstelle die Betrachter stutzig macht. Ich erschrak, als ich neben mir einen Mann stehen sah. Meine erste Reaktion war es, ihn anzulächeln. Ein Kneipengespenst, das mit den Händen einladende Bewegungen machte und sich neben mich setzte. Erst einmal schloß er alle anderen Gäste von dem, was er zu erzählen hatte, aus, indem er nur flüsterte. Manchmal wurde das Flüstern aber doch von Stimme gestützt, und dabei drehte er sich jedesmal nach den anderen Gästen um. Das, worüber er sprach, war mehr oder weniger alles. Mit allem aber waren seine Taten im Kaukasus verbunden. Meine Abwehr war zunächst schwach. Alles was richtig war, sagte er, ist heute falsch, und alles was falsch war, ist heute richtig. Ich ärgerte mich und fingerte nervös an Bierdeckeln. So als hätte ich keine Zeit zu verlieren, ließ ich ihn meine Ungeduld spüren, indem ich immer ja, ja sagte und ein Stück von ihm wegrückte. Bitte, sagte ich, gehen Sie an Ihren Platz zurück; ich möchte allein sein. So einen penetranten Ton glaubte ich im Mund führen zu müssen, um verstanden zu werden. Er stand halb auf und blieb, die Arme auf den Tisch gestützt, stehen und entschuldigte sich. Ich verstehe, sagte er und ging in seiner halb aufrechten Haltung weg.

Nun bin ich aus allen Beziehungen heraus, dachte ich, jedenfalls spüre ich keine solche Beziehung in mir. Maria war beängstigend und blieb es, aber eben deshalb, weil ich mich so von ihr entfernt hatte. Lasski hatte ich auch schon halb verstoßen, halb nur deswegen, weil er keinen Widerstand leistete. Sogar Ursel wurde mir gleichgültig, bis ich wieder erschrak und sie von mir selbst zurückforderte. Wirklich war es so, als hätte ich sie vor mir selber versteckt. Zum Schreiben konnte ich keinen Grund mehr entdecken; ich fragte mich schon, was soll ich eigentlich schreiben; gibt es denn überhaupt etwas, das geschrieben werden muß? Wenn ich früher von meiner Mutter Briefe bekommen hatte, enthielten sie nur Informationen über die Familie und Verhaltensmaßregeln für mich, die schon nicht mehr gemeint sein konnten. Die Sätze waren nur dazu da, zu verbergen, um was sie sich wirklich sorgte. So fühlte ich mich selber auch abgewiesen von meinen Sätzen. Sie vertrösteten mich; es waren Sätze, mit denen ich mich hinhielt, mich selber abspeiste, lauter Äußerungen, in denen nichts mehr dahinter war. Und dabei kam sogar eine Zufriedenheit auf darüber, daß alles besiegelt schien, nichts mehr anzutasten oder zu verändern war. Ich verbarg ja gar nichts mehr, da war auch gar nichts mehr hinter solchen Sätzen, nur noch die Täuschung darüber hinweg. Von mir selbst unerkannt konnte ich unterwegs bleiben, nicht einmal auf der Flucht, wie ich mir eingebildet hatte. Ich hinterließ nur noch einen fingierten Fluchtweg. Niemand hielt mich an, keiner wollte mehr etwas von mir noch wurden mir Bedingungen gestellt. Wenn ich mich selbst noch beobachtete, so war das meine Sache, die außen nicht im geringsten etwas anrichtete. Ich konnte mich auch als ein Versuchstier sehen, das in die Welt gesetzt worden war, damit man sehen kann, wie es sich verhält. Nach einiger Zeit hören die künstlich hergestellten Impulse auf zu wirken, weil die Täuschung sich erschöpft, vom Organismus erkannt wird. Es kam keine Antwort mehr. Nur Alte, hatte ich gelesen, würden der

Täuschung auf Dauer zum Opfer fallen, indem sie Vorkommnisse und Ereignisse auf dem Fernsehschirm heftig anerkannten oder bestritten.

Neben mir hatte der Raum eine erkerhafte Erweiterung mit einem schräg versetzten Fenster. Durch den Vorhang war der Hof zu sehen, ein hellgraues flirrendes Viereck, in dem die Gegenstände sich gegenseitig zu überstrahlen schienen. Ich zog den Vorhang ein Stück beiseite. Die Deckel der Mülltonnen wurden von herausragenden Flaschen, Plastikleisten und Kartons hochgehalten. Ein Fahrrad mit herabhängender Kette stand gegen den schmiedeeisernen Zaun gelehnt, der den gepflasterten Teil des Hofes vom ungepflasterten trennte. Rechts war der Hof von einer fensterlosen Hauswand begrenzt, an der bei stärkerem Wind die Äste einer Platane entlangwischten und bereits helle Schürfbahnen auf dem Putz hinterlassen hatten. Das könnte ein Ort zum Sterben sein, dachte ich, noch im letzten Augenblick würdest du hier in die richtige Stimmung kommen; hinterher könnte ein Platzregen herunterkommen und alles bis ins Lächerliche übertreiben. Auch das Krankenhauszimmer wäre ein Ort zum Sterben gewesen, zum Röcheln. Allerdings wäre dort alles festgelegt; das Personal zöge sich langsam von dir zurück. Kein Tablett würde hereingetragen. Kälte, die man nicht mehr auf der Haut fühlte. Ordnungen. Unscharfe weiße Gestalten, Rascheln. Eine Stimme, die sich schon verdrückt hätte. Andere Aufgaben in anderen Räumen. Fühlen, wie es weggeht, Erinnerung daran, wie alles aufgehört hat.

Das war es. Wenn ich meinte, keine Aussicht zu haben aus der Gegenwart heraus, setzte die Erinnerung ein wie eine Maschine, die für Ausgleich sorgt. Ich hatte schon die ganze Zeit, ohne es zu bemerken, den Wirt beobachtet. Er blickte in den Raum hinein wie in einen Spiegel. Eine Hand lag vergessen auf dem Zapfhahn. Der Mann von vorhin hatte bezahlt und war gegangen. Noch drei andere saßen allein und blickten auf die Tischplatten. Das Radio dudelte leise vor sich hin, ein ununterbrochenes auf und ab schwingendes Geräusch, dem niemand zuhörte. Ich versuchte immer wieder, etwas zu sehen in dem, was mich umgab. Wenn ich es mir aufzählte, war es aber nichts. Wenn ich mir sagte, der Wirt steht am Zapfhahn, die Gäste trinken aus, so kamen mir solche Wörter schon wie Übertreibungen vor; tatsächlich war alles weit schwächer da, als die Wörter es ausdrückten. Maria tobte oder hing gerade zusammengeklappt über der Sessellehne, obwohl ich mir schwer vorstellen konnte, gar nicht glauben konnte, daß sie jetzt immer nur an mich dachte; als an einen, der sich widersprüchlich anziehen und abstoßen läßt. Die stärkere Angst schien mir auch auf die Entfernung begründeter als die schwächere, auch die, und vor allem die, mein Leben nie verstehen zu können. Es gab keine Ausgeglichenheit und Ruhe, in der so ein Verständnis möglich wäre. Es gab kein Recht, nur Fähigkeiten. Ich hatte auch die Hoffnung aufgegeben, im Augenblick des Todes alles zu begreifen. Wie nahm Maria aus sich heraus eine so große Angst, nicht gerecht gesehen zu werden? Wie konnte sie sich so lange aushalten? Sie mußte gemeint haben, unser Heil wäre durch die fernere Entwicklung der Vernunft zu erreichen, während ich das nicht meinte. Ich wollte nur diesen Widerspruch, meine Unmöglichkeit, die vielleicht eine objektive Unmöglichkeit war, aushalten und darstellen, ja, ich wollte ein Elender sein, wenn ich dafür nur als Elender erkannt würde. Meine aufgeregte Anwesenheit sollte eine künstliche Ruhe, eine Kunstruhe herstellen. Fetzen Schaum hingen in dem leergetrunkenen Bierglas, und ich sah diesen Schaum an, als wolle ich eine Bedeutung darin finden oder ihn weitläufig beschreiben, damit er wichtig würde. Draußen wechselte das Licht; ein heller Schein wanderte langsam über den Hof und machte auch die Tischtücher und die Gestalten an den Tischen heller. Dann war es wieder wie vorher.

Ich zahlte beim Hinausgehen. Der Wirt zählte mir das Wechselgeld hin, und die Münzen schwammen auf dem Schanktisch beiseite. Draußen befiel mich ein Gefühl der Reue. Ich hatte leichtfertig den Zustand aufgegeben, in dem ich mich drinnen befunden hatte, ohne einen besseren oder wenigstens anderen dafür einzutauschen. Ich sehnte mich auf eine weinerliche Weise nach Ursel, es war allerdings eine Ursel, wie sie vor zwei oder drei Jahren gewesen war. Wie richtige Angehörige atmeten und rieben wir uns gegenseitig warm in einem kalten Zimmer unter einer Decke. Eine Lampe brannte, und draußen gingen Leute in dunklen Mänteln vorbei. Das, worüber diese Decke gespannt war, gehörte auch auf geradezu natürliche Weise zusammen. Am Morgen nach dem Frühstück gingen wir auf einem warm nibbelnden Kiesweg, überquerten die Landstraße und gingen am Postamt vorbei in den Wald. Da sangen wir.

An einem Kiosk kaufte ich eine Zeitung. Das war ein wichtiges Merkmal von mir, daß ich mir eine Zeitung kaufte. Ich schien ja wieder interessiert zu sein. Wenn das alle anging, ging es auch mich an. Ich steckte die Zeitung in die Manteltasche. Ein Mann stand vor einem Schaufenster, die Brust eingefallen, die Knie durchgedrückt. Er sah gar nicht in das Schaufenster hinein, sondern sah sich mit vorgerecktem Kopf immer nur zur Seite um, ob er beobachtet würde. Mich bedrückten Ursels Schwierigkeiten mit dem Rechnen und dem Rechenlehrer. Ich wollte sie ganz normal begabt und praktisch wissen. Ich versuchte, beschwingter zu gehen, also los, zum Bahnhof. Da war ich froh, daß mir wenigstens der Bahnhof eingefallen war, und aus dem gleichmäßigen Gehen geriet ich in ein Hüpfen. Wie führte ich mich denn auf? Ich mißbilligte meine Aufführung, als sei ich selber die Gesellschaft mit Regeln an der Hand. Geh endlich einmal frei geradeaus, sagte ich mir, und mach dir nicht immer was vor dabei; so schlecht ist doch nichts, daß du dir immer was vormachen müßtest. Oder leg dich hin, bleib liegen und laß dich aufgreifen als hilflose Person. Hinten in der Kurve tauchte eine Straßenbahn auf; sie hing schräg in dem Straßenbild. Der Nachmittagsverkehr wurde stärker – eine komische Feststellung, denn ich hatte ein Anschwellen des Verkehrs nicht bemerkt. Es waren lauter einzelne Autos, lauter einzelne Leute auf den Gehsteigen, die etwas Bestimmtes im Blick hatten, eine Zielsicherheit, die mich rührte, so als wären sie darauf aus, schnell diesem Zusammenhang zu entkommen, in den sie schuldlos hineingeraten waren. Sie machten gute Miene, aber nur für eine Weile. Es war so eine Szene, bei der man im Kino genau weiß, daß sich bald ein Zwischenfall ereignen muß. Ein Mann zweigte neben mir ab und überquerte auf dem Zebrastreifen die Straße. Ich sah ihn auf der anderen Seite parallel zu mir weitergehen, ich sah seinen Kopf auf- und untertauchen wie in einem Fadenkreuz und hatte auf einmal gute Nerven, bis sich das Führerhaus eines Lastwagens dazwischenschob und ich ihn ganz verlor. Was war das für ein Gefühl, so in sich selber eingeschlossen zu sein und doch auswendig mitzurennen? Die Hand einer Frau streifte meine Hand, und wir blickten uns sofort beide nacheinander um. Ich sah jetzt auf der anderen Seite den Mann wieder, aber inzwischen war er ungefährlich geworden. Es setzte wieder so eine verstohlene Erwartung ein, irgendwo Maria erscheinen zu sehen. Vielleicht hatte sie Ursel angerufen. Es war ein allerschlimmster Fall, aber ich hielt es nicht für undenkbar, daß sie alle meine Bewegungen genau kannte. Auf jeden Fall erschien mir diese Stadt auf einmal als Versteck idiotisch einfallslos. Jeder hätte darauf kommen können. Weil ich an diese Möglichkeit aber gedacht hatte, meinte ich, war es ausgestanden.

Die Städte hingen hier alle dicht zusammen. Ohne daß auch nur an einer Stelle die Straße abbrach, führte sie auch zu Ursel. Alles bezog sich aufeinander. Es gab keine zwei Punkte, die nicht miteinander verbunden waren. Ich freute mich über die Kindlichkeit dieser Vorstellung, auch wenn die allgemeine Verbundenheit so pauschal wahr erschien, daß sie allein dadurch wieder aufgehoben war. Denn andererseits war mir das Gefühl allgemeiner Paralyse schon zu einer lieben Krankheit geworden, mit der man auch alt werden konnte und die aus sich selbst heraus immer neue, immer detailliertere Auflösungsgefühle absonderte. Trotz aller Zeichen, die für eine solche Auflösung sprachen, hatte ich die Vorstellung aber nie zu einer Überzeugung werden lassen, vielmehr wollte ich ganz ausdrücklich, daß sie eine Vorstellung bliebe, ein Gefühl auch, dem die Wirklichkeit andauernd widersprechen konnte.

Es war ein vorbereiteter dramatischer Auftritt, als ich am Bahnhof in eine Telefonzelle stürzte und Ursel anrief. Hechelnd und stoßweise sprach ich in die Muschel hinein, es wäre etwas dazwischengekommen, ich könne es ihr jetzt nicht erklären, wir würden abends mal länger und ausführlicher telefonieren. Sie sagte zu allem ja. Sie spürte, daß ich nicht aufzuhalten war, daß es mir leid tat, sie nicht noch mal in Essen zu sehen, daß mir alles leid tat, ja, alles. Ich klang bestürzt, verstört, soviel konnte sie hören. Ob ich jetzt nach Berlin zurückführe.

Nein, noch woandershin, sagte ich. Ist es etwas Schlimmes, fragte sie. Nein, rief ich, meine Stimme überschlug sich dabei, wie kommst du darauf. Es geht mir wieder gut. Ich bin nur in schrecklicher Eile. Ich legte auf, warf wieder Münzen in den Kasten und wählte Marias Nummer. Sie war sofort am Apparat, und ich sagte nichts, öffnete nur ein wenig die Tür, daß das Rauschen des Verkehrs hereindrang. Hallo, wer ist da, fragte sie, hallo. Sie war einen Moment still und rief dann heftig meinen Namen, ein paarmal hintereinander. Ich hängte den Hörer ein. In einem der Hochhäuser gegenüber sah ich ganz oben eine Frau beim Fensterputzen. Ich erinnerte mich an die erste ruhige Zeit mit Maria, als ich nicht bei ihr bleiben, aber immer bei ihr sein wollte. Ich saß, den Rücken gegen die Wand gelehnt, auf dem Bett und rauchte. Es war fast dunkel im Zimmer, so daß wir uns gegenseitig nur sahen und erkannten, weil wir uns beieinander wußten. Ich sprach zu ihr, zärtlich, mit einer Stimme, die mir unerhört neu vorkam, ohne auf die Wörter zu achten. Es hätten beliebige Wörter sein können, bedeutungslose Sätze – es hätte nichts geändert. Sie lag auf dem Rücken und nahm das Sprechen in sich auf. Ich wollte den Nachtzug nach Berlin nehmen und eine Weile versteckt leben und selbstvergessen arbeiten. Eine Weile wollte ich mich nicht mehr auf mich selbst besinnen, sondern mich beim Schreiben langsam aus dem Blick verlieren.

Im Bahnhofsrestaurant, wo ich auch aß, schrieb ich einen kurzen Brief an Maria, den ich hier noch einwerfen wollte. Ich schrieb schnell, benutzte die Zeitung als Unterlage. Ich schrieb, ich bleibe noch weg für die nächsten Wochen. Alles, was ich habe, brauche ich für die Arbeit der nächsten Wochen. Ich rate Dir, mir nicht dazwischenzukommen.

Beim Schreiben der Geschichte versuchte ich der Person ähnlich zu werden, als die ich mich beschrieb. Zwei Wochen lang kam ich gut voran, drei bis fünf Seiten jeden Tag. Lasski veränderte sich; in ihm sollte vieles von seinen Nebenleuten erkennbar werden, und so mußte er zynischer dastehen und viel widersprüchlicher noch als er war. Die besondere Schwierigkeit war es, die Geschichte, in der doch Zeit verging wie in jeder anderen, sich mit der Zeit fortbewegen zu lassen, denn die Geschichte selbst hatte ihre eigene, sozusagen statische, fixierte Zeit. Solange nicht die Zeit selbst eingriff und einen Zustand zu einer Handlung machte, die Geschichte weiterbeförderte, rotierte sie nur in sich selbst, war sie eine Enklave wie ein Zuchthaus; es gab einige Bewegungen, die jedoch nur innen eine Rolle spielten, es gab keine Veränderungen im Verhältnis zur Außenwelt. Wenn ich als Kind die Ferien bei Verwandten in der Stadt verbracht hatte und dann wieder auf dem Dorfbahnhof stand, hatte sich nichts verändert, so als ob das Dorf während meiner Abwesenheit in einem Krampf gebannt gewesen wäre; und nun schleppte sich alles wieder weiter in langen und kurzen Bewegungen zwischen den Häusern und auf den Feldern. Das Getreide wuchs weiter, Gespräche wurden fortgesetzt und so weiter.

Ursel wurde tatsächlich zu einem fernen Widerpart meiner Geschichte mit Maria. Wenn sie in Berlin war, übernahm sie Botengänge zwischen Maria und mir, und manchmal wurde sie als Bote wichtiger als sie es je gewesen war. «Ich» hatte kein Telefon in der Geschichte und war schwierig anzutreffen.

Das Telefon hatte ich mit Schaumstoffresten und Kissen zugedeckt. Das Haus verließ ich nur bei völliger Dunkelheit, ohne im Flur das Licht anzumachen. Auf Umwegen ging ich zur S-Bahnstation und fuhr bis Bahnhof Charlottenburg. Ich aß in Gaststätten, in denen ich nie vorher gewesen war. Anschließend ging ich meist in die Spätvorstellung am Stuttgarter Platz.

Einmal versuchte ich ein Mädchen anzurufen, das ich vor etwa einem Jahr zum letztenmal gesehen hatte. Sie war aber schon vor längerer Zeit umgezogen, und ihre Nachfolgerin konnte die neue Adresse nicht finden. Manchmal auf dem Nachhauseweg sah ich bei Maria Licht brennen. Ich sah auch einmal eine Bewegung hinter dem Fenster und bin schnell weitergegangen. Nur wenn ich in der Dunkelheit durch Nebenstraßen ging und schon routiniert hin und wieder die Straßenseite wechselte und dem Schein der Laternen und entgegenkommenden Autos auswich, konnte ich mich mit dem Fortgang der Geschichte beschäftigen. Sie mochte sich noch so sehr aus dem allgemeinen Zeitlauf ausschalten, an irgendeinem Punkt mußte sie in die Zeit zurückkehren und fortgerissen werden zu ihrem Ende hin. Das Schreiben selbst sollte kein Thema werden. Daß Marias Telefon abgehört und daß sie selbst beobachtet wurde, sollte auch kein Thema werden. Ohne die Absicht, etwas zu finden und es zu einem Teil des eigenen Lebens zu machen, blieb es blind in sich selbst liegen. Die Absicht aber erschien als das eigentlich Unnatürliche. Ich hatte mich einmal an einem Wochenende mit Maria in eine holsteinische Landschaft versetzt. An einem Samstagmorgen im Dorf schien alles einfach zu geschehen, ohne überlegt worden zu sein. Wir waren in einem Zustand, zu dem jedes Bild und jedes Geräusch beitrug, ohne daß sich etwas als «Wahrnehmung» aufgedrängt hätte. Der im Hof zurücksetzende Traktor, der weiße Lattenzaun, die Wäsche auf der Leine hinter dem Gasthaus – sinnlos, etwas hervorzuheben. Alles gehörte zusammen. Es wurde zusammengehalten von unserem (unserem?) Körpergefühl. Ein paar Momente wurden wir den Eindruck los, von einem großen Realitätsschwindel getäuscht zu werden, der bloß deshalb immer weiterging, weil er wahrgenommen wurde. Das war vorbei. Ich schrieb nur noch, was mal gewesen war, vielleicht so gewesen war, denn es veränderte sich ja immerfort, kein Moment war freizuhalten von Wörtern, kein Moment war unausgesprochen geblieben; es waren lauter wörtlich, in Wörtern zusammengekratzte

Erlebnisse, abgezogene Bilder, auch Maria selber ein Wortschwall oder ein Schweigen, wenn es keine Wörter gab. Und das Gefühl, noch Gefühle zu haben, Wortgefühle, weil das meiste nur in Wörtern wiederholt werden konnte.

Aber hinter allen Gefühlen und auch hinter allen Wörtern fing das Schreiben erst an. Ich verstand das Schreiben nicht: ... ich konnte nur die Blicke, bevor sie, wie die Augen selbst, brachen, noch ein paarmal wenden. Ich mußte an die Innenflächen der Muscheln denken, an große Steine aus dem Flußgeröll, wenn man sie nach jahrelanger Ruhe anhebt und die Unterseite hell aufglänzt wie ein Fischbauch, der den Himmel nachahmt. Du gestattest meine Blicke aber nicht mehr, Maria. Wenn du auch wie ein Werkstück warst, an dem ich gearbeitet habe, so bist du doch Materie geblieben, Konjunktion der Moleküle, die ganze Stirb-und-werde-Maschine mit den Millionen Unterorganismen, die Verwandlungen und Maskierungen, die relativen Irrtümer, die wie relative Wahrheiten zusammenpassen, Wuchs, Auswuchs, Wildwuchs – wie soll ich dich da länger haben, wenn du mir so pauschal entgegentrittst und mir zwischen die Beine trittst, und wenn das alles in dir nur arbeitet, damit du an mir verzweifeln kannst? Das dürftest du gar nicht können, auftreten als so ein einziges einheitliches Begehren.

Viel zu sehr hattest du mich ja schon eingenommen, mir dein Sehen eingepflanzt, mir deine Gefühle zum Nachfühlen angeboten. Ein System hast du in dir getragen, in dem ich mitspielen sollte, eine gutorganisierte Liebeswelt, wie sie in vielen anderen längst versunken war. In deinen Augen hing für mich alles davon ab, ob ich noch fähig war, dich zu erkennen. Das geht jetzt alles unter in dir mit deiner ganzen Selbstverständlichkeit. Ich wollte nicht deine einsame Herrschaft über mich, egal ob sie Größe oder Mickrigkeit hatte, und deshalb bin ich wie spröde, sich gegen die Form sträubende Klumpung von Natur geblieben. So wollte *ich auch nie deine Kontrollen dulden* und dich nie auf beruflichen Reisen neben mir haben. Ich war zu knauserig, das hast du richtig bemerkt, meine Erlebnisse auch nur den Worten nach mit dir zu teilen, lieber dich heraushalten, um dich und mich vor deiner Mitwisserschaft zu bewahren. Bei bestimmten Erfahrungen wärest du mir im Weg gewesen, bei anderen würde mir dein Interesse daran jedes Interesse nehmen. Ich fühlte mich einfach immer wohl, wenn ich den Blick aus dem Zugfenster als meinen erkannte. Auch ohne Angst wollte ich nicht leben, wenn du das gemeint hast, vielmehr wollte ich mit Angst leben. Das war mir wirklich lieber.

Ich versuchte das so zu beschreiben, auch um es Maria klarzumachen. Es waren lauter widersprüchliche Erklärungsversuche, abgefeimte Manöver, Winkelzüge. Ich beschrieb, wie ich einen ganzen Tag haltlos durch Berlin gerannt war und wie ich mich von all den Fußgängern, Autofahrern, von der Menge, schrieb ich, bedroht fühlte, das heißt, nivelliert, demokratisch gebrochen. Das hätte allen anderen genauso gehen müssen; sie sahen ja fast das gleiche und mußten sich auch von jedem Nebenmann wie aufgehoben, wie ersetzt, wie ausgewechselt fühlen. Und ging es denn den anderen etwa nicht so? Hielten sie nicht den Amoklauf mühsam in sich versteckt für eine passendere Gelegenheit? Brach die kalte Wut nicht zu Hause gegen die Allernächsten aus, vorbereitet von langen, deprimierenden Menschenbeobachtungen aus größter Nähe?

O Maria, die Gesellschaft erschöpft einen so, die Gemeinschaft der vielen Menschen, auf die du deine Aufmerksamkeit verteilen mußt, die Teams und Gruppen höhlen dich aus, verdünnen dich. Keinen lernst du mehr genau sehen, kennen vor lauter Kooperationen, Parteiungen, und die unweigerlichen, immer neu benannten Gemeinsamkeiten, Übereinstimmungen, die eingeheizten Gemeinschaftsprogramme geben dir den Rest. Das Kollektivgespenst gegen das Individualgespenst. Die Erde wird letzten Endes der Vernunft geopfert. Wenn da, wo du jetzt stehst, Maria, in hundert Jahren kein Leben mehr ist, dann wird es das Werk der Vernunft gewesen sein. In den Berliner Freibädern krümmt sich schon heute eine ganze terroristische Generation im Feuer, obwohl die einzelnen Körper noch ahnungslos sind und sich vorzeigen als einmalige. Samtene Haut, unter der sich die Muskelregungen wie ein Beben ausbreiten. An den Hälsen hängen feine Silberketten mit gehämmerten Amuletten. Das soll aber alles verschwinden, denn in diesen Körpern soll eine Krankheit zu Hause sein, die bange macht, Herde sollen das sein, die den Staat um sein Lebensrecht und seine Erhöhung bringen. So werden sie zerschellen an den Schul- und Ämtertüren und an den Gerichtsbarrieren. Ursel wird einmal die Waffe aufnehmen, die ich aus Angst und Zerstreutheit habe fallen lassen. Ich bin so einer, dem man ansieht, daß er nichts mehr unternehmen wird.

Für Maria, Ursel und mich gibt es eine Extrageschichte, in der wir dann auch umkommen werden, verraten von unseren Bekannten und

Verwandten. Maria und Ursel können nicht abstreiten, Umgang mit mir gehabt zu haben. Vom Frühstückstisch weg werde ich verhaftet, ein Ausgebrannter, Appetitloser, längst endgültig Erniedrigter. Quark steht auf dem Tisch, Radieschen, Schnittlauch, eine angeschnittene Zwiebel, ein von Maria gebackenes Schwarzbrot. Sie töten uns alle drei, aber ohne uns zu berühren, einfach mit einem Codewort, unter dessen unerwarteter Wirkung wir uns krümmen. Sie sehen uns nicht einmal an dabei. Wir sterben im Stehen und, wenn es gutgeht, ohne es selbst zu bemerken. Nach unserem Tode machen wir weiter, als wäre nichts gewesen, und tatsächlich war auch nichts gewesen. Aber offenbar hatten wir nicht gewußt, wie gefährlich wir der schleichenden Gesellschaft gewesen waren. Ursel wird nicht mehr erkannt als die besondere, die sie ist, nicht einmal wird sie so erkannt, wie ich Maria eine Zeitlang erkannt habe. Das gibt es nicht mehr. Und sie wird ihrem Körper nicht verzeihen, daß sie mit ihm allein bleiben muß.

Das Telefon brummte unter dem Kissenberg, eine kleinlaute Erinnerung an etwas, und da rannte ich hinaus, um ein paar Konserven einzukaufen. Ich war sowieso immer unvorsichtiger geworden, nachdem der Anfang einmal da war. Manchmal gefiel mir der Anfang, manchmal nicht, es war eben der Anfang. Das Zimmer war immer kalt, und ich unternahm nichts. Abends, wenn ich die Lampe brauchte, arbeitete ich in der Küche, deren Fenster zum Hof hinausging. Manchmal vermißte ich Menschen, das Atmen und das Sprechen, aber beim Gedanken an den nächsten Kinobesuch, an die sich ausbreitende Wärme, wenn die Zuschauer nach und nach die Mäntel auszogen, fühlte ich mich wieder geborgen. Ich lebte heimlich als ein Fremder in der Wohnung, vermied alle lauteren Geräusche, hustete in die Decke, ging nur auf Strümpfen, ließ auch manchmal den Fernsehapparat laufen, aber ohne Ton. Ich spürte, daß ich es kaum mehr lange so aushalten konnte. Es fiel mir immer schwerer, still sitzen zu bleiben, wenn es geklingelt hatte, starr und mit angehaltenem Atem, damit ich mich selber auch nicht hören konnte. Maria ahnte hoffentlich nichts. Sie hatte aber immer etwas geahnt.

Als es einmal am Nachmittag heftig regnete und es immer noch dunkler wurde, bin ich hinausgestürzt auf die Straße, auf der schon das Wasser trieb. Über einem Gullydeckel stand ein Bauzelt, aus dem Stimmen drangen. Ich rannte zur Kreuzung, auf der die abbiegenden Autos nicht mehr vor noch zurück konnten, nur die Seitenblinker gingen weiter an und aus. Verkäuferinnen in weißen Kitteln trugen Gemüsekisten vom Gehsteig in den Laden hinein. Ein Mann in einem geparkten Auto hielt die Beifahrertür auf und rief der Frau in einem Ladeneingang Kommandos zu. Rennende Frauen mit schnell übergezogenen Plastikkapuzen, Schirme, die von den Regenböen zur Seite weggeschlagen wurden; die Schuhe mit hohen Absätzen auf dem überschwemmten Pflaster. Ein Ständer mit ganz durchweichten Zeitungen wurde durch den Eingang hereingezerrt; ich sah, wie sich drinnen eine Frau mit dem Taschentuch die Stirn abwischte. In meinen Schuhen war Wasser, die Hose klebte eng an der Haut. Es gefiel mir, so naß zu sein, und es gefiel mir, daß die Leute alle wie in einer Panik gescheucht waren, leicht gehetzt und alarmiert. Das geschieht euch recht, dachte ich, es müßte noch viel schlimmer kommen, überall Wasser, könnt ihr euch das überhaupt vorstellen? Ich meinte, sie warnen zu sollen, nicht um sie vor Gefahren zu bewahren, sondern um sie darauf aufmerksam zu machen. Es war lächerlich. Dieser Regen war schon das schlimmste, was ihnen zustoßen konnte. Sie hatten einfach keine Angst; sie konnten sich überhaupt nichts vorstellen. Der Stau auf der Kreuzung hatte sich aufgelöst, und durch den Regen war auch wieder der schweflige, drückende Himmel zu sehen.

Ich wollte gerade in einen Tabakladen gehen, um Zigaretten und eine Zeitung zu kaufen, da sah ich Maria den Laden verlassen. Sie trug ein Tuch um den Kopf, an der Hand ein volles Einkaufsnetz. Mein erster Impuls war es, unbeirrt auf sie zuzugehen, aber sie blickte zu Boden, um den Pfützen auszuweichen, und lief schnell, dicht an den Häuserwänden entlang. Da bin ich wieder zurückgetreten hinter eine Litfaßsäule. Maria war eine flehentliche Erscheinung. Aber ich dachte, wie geschickt sie doch trotz allem (trotz allem?) das vorspringende Gesims ausnutzt, wie umsichtig und schnell sie geht, um nicht naß zu werden; sie paßt auf, tut das, was getan werden muß. Ja, was hatte ich denn gemeint? Etwa, daß sie sanft würde, ergeben? Ich ging in entgegengesetzter Richtung weg, blieb noch ein paar Minuten im Regen, bis ich sicher sein konnte, daß sie sich warme, trockene Sachen angezogen hatte. Es regnete immer noch, aber man konnte wieder weiter sehen. Eine klare Nässe, ein beruhigtes, gereinigtes Bild. Es hatte mich auch erleichtert, daß ich Maria gesehen hatte. Der ganze Aufwand, mit dem ich mich verstecktgehalten hatte, erschien mir lächerlich übertrieben. Durch Marias Erscheinen waren meine guten Gründe zerstreut, und ich dachte schon daran, sie sofort anzurufen, doch dann, als ich mich umgezogen hatte, kamen mir wieder Bedenken. Ich hatte mich getäuscht. Sie hatte mich getäuscht. Der Gedanke an all das, was zwischen uns ausgestanden und doch immer wieder rückgängig gemacht worden war, knebelte mich schon wieder, und ich lag im dunklen Zimmer auf der Couch und hatte Gedanken, die weit wegführten, bis sie mich nichts mehr angingen.

Am nächsten Abend rief ich bei Lasski an. Wir verabredeten uns für elf Uhr in eine Bar. Ich sagte ihm noch schnell, ich sei eigentlich noch nicht wieder in Berlin, erst morgen, verstehst du, sagte ich, offiziell bin ich morgen wieder hier. Wie man eine Arbeit aufschiebt, dachte ich. Alles, was wir redeten, schien Maria indirekt zu betreffen, gerade deshalb, weil wir jeden Zusammenhang mit ihr vermeiden wollten. Wir saßen auf Hockern an der Theke. Lisa wollte einen Schnaps trinken und dann schnell wieder nach Hause gehen, weil ihre Mutter zu Besuch war. Sie erzählte schnell, wie Lasski sie öfter am Tage zur Rede stellte für alles, was ihre Mutter sagte, tat, nicht tat. Er ist ein Schwein, sagte sie, sieh ihn dir an. Lasski schmunzelte wie einer, dem ein Witz zum zweitenmal erzählt wird. Jetzt kann er mal wieder nicht arbeiten, sagte Lisa, weil meine Mutter in der Wohnung ist; in Wirklichkeit ist er eine taube Nuß, es kommt bei ihm nichts mehr, im Grunde ist bei ihm nie etwas gekommen. Sie lachte, und das sollte böse oder bitter klingen. Ihre Lippen waren dunkel geschminkt. Ihre Bosheit wirkte so, als hätte sie sie vorher mit Lasski verabredet. Ich sagte gar nichts, aber das war für Lasski nur das Zeichen, Lisa die Schuld ihrer Mutter vorzurechnen. Sie ließe ihm morgens das Badewasser einlaufen, mache einen scheußlich dünnen Kaffee, bürste und bügle den ganzen Tag an seinen Sachen herum. Stell dir vor, sagte Lisa, meine Mutter läßt ihm Badewasser einlaufen, und er läßt es wieder ablaufen und sich neues einlaufen. Sie quälten sich jetzt durch ihre Beschwerden. Es war ein Manöver, mit dem ich hingehalten wurde, damit ich keine Fragen stellte. Gleichzeitig war es das Bedürfnis, auch ein Problem zu haben oder wenigstens über etwas zu sprechen wie über ein Problem. Endlich ging Lisa nach Hause, und Lasski redete noch eine Weile weiter. Wenn ich frühstücke, setzt sie sich daneben und sieht mir zu mit so einer Verzichtsgeilheit, als ob es ihre größte Befriedigung wäre, wenn es mir schmeckt.

Wenn ich sie ansehe, sieht sie mich augenblicklich auch an, so aufmerksam, verstehst du, daß ich meine, sie will mich ausstopfen. Er gab dem Barfräulein ein Zeichen, und sie schenkte unsere Gläser wieder voll.

Also, kurz gesagt, er hätte Maria zwei- oder dreimal getroffen. Es ging ihr gut. Lisa hätte sie auch mal angerufen, um zu fragen, ob sie mit ins Kino käme, aber sie hätte abgelehnt. Die Kriminalpolizei wäre noch mal bei ihr gewesen wegen des Einbruchs damals. Aber es ginge ihr wirklich ganz gut. Einmal hätte sie ihn gefragt, ob er wüßte, wo ich mich aufhalte.

Maria hatte mir einmal erzählt, wie Lasski sie anhaute, wie er eigentlich noch immer darauf lauerte, daß ich verreiste. Sie tranken dann meist irgendwo und redeten wenigstens über das, was Maria nicht wollte, nicht mit ihm. Die paar wirklichen Gelegenheiten für uns beide, sagte Maria, sind seit Jahren vorbei; das hatte ja einen Grund, daß wir sie nie wahrgenommen haben. Es geht ihr so schlecht, sagte Lasski, aber sie nimmt sich zusammen. Soviel ich weiß, hat sie ununterbrochen gearbeitet. Und wo hast du eigentlich gesteckt? Vielleicht hättest du noch länger wegbleiben sollen. Es kränkt sie, aber es hilft ihr auch. Er machte eine Pause, in der wir die Gläser wieder austranken und noch mal vollschenken ließen. Sei ehrlich, sagte Lasski, du verstehst auch nichts von Frauen. Da geht es dir genau wie mir, sagte er rasch. Wir verstehen sie nicht. Sie sind immer da, ganz vorn und ganz flach, anwesend, geistesgegenwärtig, du kannst alles mit ihnen machen, du kannst sie zum Beispiel auf Geld ansetzen, dann verstehen sie in kürzester Zeit mehr vom Geld, vom Geschäft, als du, aber eigentlich sind sie ganz woanders. Wenn eine besonders tüchtig erscheint, kannst du sicher sein, daß sie sich nur besonders gut verstellt. Sie verstellen sich alle, sie sind darauf angewiesen. Es ist ihnen nur deshalb alles auf der Welt verständlich, wenn du sie darauf ansetzt, meine ich, nur deshalb alles selbstverständlich, weil ihnen im Grunde alles unverständlich ist. Sie leben doppelt, sagte Lasski, deshalb sind sie für jede Art von Verräterei besonders geeignet. Ach komm, Lasski, sagte ich, wir verstellen uns auch und sind auch darauf angewiesen. Vielleicht sind einige Frauen nur ein bißchen empfindlicher und zweifeln stärker an dem, was sie sind, wie sie gesehen werden, vielleicht können sie sich selber weniger festlegen, nämlich so und so zu sein, das und das, alles andere aber nicht. Hör doch auf, keiner versteht sich in letzter Konsequenz, und dann fängt er eben an, sich zu zerstreuen, sich bewußt widersprüchlich zu verhalten, er folgt zeitweilig mal ganz anderen Vorstellungen von sich selber ... Hören wir doch auf. Ich hab genug davon im Moment. Oder, verstehst du, man lebt eine Zeitlang als ein anderer. Lasski konnte ein Grinsen nicht unterdrücken. Es war klar, was er meinte. Ich sagte, ich habe in der Bahn einen Mann auf dem Gang stehen sehen. Er trug einen hellen Staubmantel, eine Brille mit abgetönten Gläsern und schaute zum Fenster hinaus. Nichts von dem, was ihn bewegte, sah man ihm an, und vielleicht bewegte ihn nichts. Aber ich hatte plötzlich den Wunsch, ihn auszuschalten und an seiner Stelle weiterzuleben, so auf dem Gang zu stehen als er, stumpf und verschlossen. Oder sieh dir die Leute an, wenn sie aus dem Kino kommen; sie haben verrückt gelebt im Kino, als andere. Ich erkläre schon wieder. Ich glaube, es ist alles richtig, aber auch genauso unsinnig. Ich wollte noch sagen, ich glaube, daß es einen zu Tode erschrecken kann, wenn sich jemand vollkommen öffnet, alles von sich vorzeigt, seine Verschlingungen und Verlorenheiten; das ist eine unerträgliche Aufrichtigkeit, das ist das nackte Leben, und das hältst du nicht aus.

Ziemlich weise klingt das, sagte Lasski. Ich hatte wirklich genug geredet und dabei auch schon zuviel durchblicken lassen.

Das Leben ist irgendwie billig, sagte Lasski, nicht viel wert, ich weiß, aber du meinst, man muß sich was vormachen über sich?

Weißt du eigentlich, Lasski, daß du einen Hut tragen müßtest? Im Ernst, ich habe lange überlegt, du mußt einen Hut tragen. Du würdest besser aussehen mit einem Hut. Jedenfalls meine ich immer, dir fehlt da was, da auf deinem Kopf. Man sieht bei dir immer sofort, daß auf deinem Kopf der Hut fehlt.

Lasski schaute zu der Bardame hinüber, die dem Kellner fertiggezapfte Biere aufs Tablett stellte und dann mit nassen Fingern den Kassenzettel aufspießte. Der Kellner sagte etwas zu ihr, und sie lächelte in eine andere Richtung und stülpte die leeren Gläser über die Bürsten im Wasserbekken.

Lasski fing an, mir Vorhaltungen wegen Maria zu machen, mit seiner Stimme, in Marias Sache, ein richtig guter Freund. Aber dabei ließ er durchblicken, daß er doch auf meiner Seite war, obwohl er sie verständlich machen wollte, daß er eigentlich nur mich verstand. Er blickte sich um, stumpf und trostlos, als suche er die Bar nach einer kleinen Freude ab, für mich. Wie konnte er mich aufheitern? Es ging nicht, also behielt er lieber seinen Ich-weiß-wie-dir-zu-Mute-ist-Blick. Lauter Hexen, sagte Lasski, aber was soll ich machen, wenn ich so verrückt bin auf ihren Schweißgeruch.

Er wußte nur wenig von unserer Geschichte, nur ein paar Andeutungen von mir, sicher auch ein paar von Maria, mit denen er für sich allein spekulieren konnte. Ich hatte jedenfalls keine Lust, noch etwas hinzuzufügen, wollte auch nicht mehr über Maria reden, nicht mal allgemein über Frauen. Seine besten Freunde konnte man sich schon gar nicht aussuchen, also hatte ich einen, der immer auf dem Sprung war, mir aus irgendeiner Lage herauszuhelfen, und der sich das deutlich ansehen ließ. In den Ecken und den kleinen, aus dem Raum herausgeschnittenen Nischen, die wie alte Eisenbahnabteile aussahen, saßen einige junge Paare, direkt hinter uns zwei schmale Jungen, die nicht aufhörten, sich zu küssen. Das war zweifellos die Zukunft, das war neu, von robuster Zartheit, auf ganz neue Art funktional, gedacht für die Zielsicherheit der Sinne, für Gefühle, die ohne Umwege genau den Punkt treffen. Ich bestellte zusätzlich zu dem Korn zwei Bier. Die Bardame sah dabei durch uns hindurch. Sie sah so aus, als ob sie immerfort Lieder vor sich hin summte, ohne jede Bewegung im Gesicht. Während sie das Bier zapfte, blickte sie unbeteiligt auf ihre Brüste hinunter und blies sich eingebildete Flusen vom Kleid. Lasski flüsterte mir zu, an diesen frigiden Typ dürfe man nie geraten, sonst würde sie einen aushungern in einer schweren Nacht. Aber sie war aufreizend und schwermütig zugleich angezogen, so daß sie etwas in uns herausforderte, wenn wir genauer hinsahen. Es war so ein tiefausgeschnittenes, locker herabfallendes Taftkleid. Und wir sollten ja wohl auch genauer hinsehen. Blicke galten nicht als Berührungen. Schwarzes, streng nach hinten gekämmtes, im Nacken von einem Knoten zusammengehaltenes Haar deutete auf Unnachgiebigkeit hin. Im Grunde war ihr einziger Reiz die Unnahbarkeit ihrer Schönheit, aber ganz nebenbei erreichte sie auch, was sie beabsichtigte, nämlich daß Interessenten von soviel schöner aufgedonnerter Kälte abgestoßen wurden. Man konnte sie ansehen, so lange und heftig man wollte. Sie verlangte von sich, es nicht zu bemerken. Da kam es mir empörend vor, überhaupt einen Samen zu haben, noch immer auf das Wunder zu warten wie eine Pflanze. Lasski aß mit dem Finger den Schaum vom Bier. Ich hatte mich auf die Zinnbehälter oben auf dem Flaschenregal konzentriert. Ich wollte zu Lasski etwas darüber sagen, aber darüber war gar nichts zu sagen. Lasski klagte wieder. Es sei so schwierig voranzukommen, ohne schwul zu sein. Manchmal meinte ich, sein ganzes Leben könne zu einem Klagelied noch unbekannter Ausmaße werden, wenn er nur mitschriebe. Jetzt bin ich fünfunddreißig, sagte er, und ich sehe immer weniger ein, warum ich der Welt auch noch meinen Senf dazugeben soll. Bevor mir auch nur irgendein Krämer das Zeilenhonorar heraufsetzt, setzt er es mir herunter. Ich kann meinen Preis nicht mal halten, und pleite gehen kann ich nur, indem ich verhungere. Also bleibe ich von Frauen abhängig, meist von einer einzigen, und muß mich selbst immer mehr verachten und die Frauen immer mehr verachten. Mit vierzig werde ich leer sein und nicht mal mehr soviel Kraft haben, mich aushalten zu lassen, denn auch das kostet viel Energie und Aufmerksamkeit. Wenn die Frauen wenigstens jung blieben oder einfach jünger wären. Das Fleisch wird flockiger, und man geht immer sparsamer damit um. Ich werde immer kritischer, immer böser und gleichzeitig immer unfähiger. Bald sehe ich nur noch die Löcher im Käse. Wenn ich endgültig scheitere, wird auch davon kein Mensch Notiz nehmen. Ich sitze über dem Papier und warte auf eine Erregung, aber ich bleibe so unbewegt wie die Luft im Zimmer; das Gedärm gluckst, die Schuhe ziehen Wasser, kalte Füße, Schulterziehen und was weiß ich.

Aber Lasski lebte ja schon irgendwie, arbeitete auch, hatte die Wohnung, nahm teil an Lisas geregeltem Einkommen, lief viel in der Stadt und in den Vororten herum und war überall scharf darauf, sich seine Verluste, den Lebensverlust, den Chancenverlust, den Wahrnehmungs- und Sprachverlust bestätigen zu lassen. Ich sagte mir auch, daß man nicht gern falsche Lebensjahre überblickt, wenn sie einen zu sehr an die eigenen erinnern. Aber Lasski war überhaupt nicht übel dran. Je besser es ihm ging (er leistete sich ja ein immer teureres Verhalten), um so mehr Jammer und Verbitterung täuschte er vor. Ich glaube ihm weder seine allgemeine Skepsis noch seinen Geldmangel. Da konnte ich mich schon für aufrichtiger halten. Lasski war nie wirklich in Wut geraten, solange ich ihn kannte, aber Szenen, quasi wütende Auftritte hatte ich schon erlebt. Er wohnte häufig für länger in Lisas größerer Wohnung und ging zu sich nach Hause, um dort zu arbeiten. Lisa arbeitete als Fremdsprachenkorrespondentin im Feinkostimport, wollte aber spätestens nächstes Jahr in die Sozialarbeit. Einige Parolen von Lasski hatte sie bitter ernst genommen und wollte sie weiterverfolgen. Lasski selbst aber hatte sie bei der Gelegenheit durchschaut. Sie schrieb kleine freiwillige Seminararbeiten, zum Beispiel über die kulturellen Bedürfnisse der Arbeiter. Sie hatte auch Arbeiter aus der Kneipe mit nach Hause genommen, einmal einen Lehrling für länger. Der steckte sich die Tomatenbrote in den Mund. Lasski kam mit ihm gut voran. Eine angefangene Politisierung durch Studenten wäre eher hinderlich gewesen. Aber frech werden durfte der Lehrling einmal nicht nach dem Eindübeln des Toilettenspiegels. Er weißte auch zwei Zimmer, aber Lasski wollte ihm nicht ein paar Mark geben von Lisas Geld. Lisa hat Lasski daraufhin getreten im Beisein des Lehrlings, und er sagte: Was ihr nur für Ehen habt. Pech gehabt, sagte Lisa, ist gar keine Ehe, ist nur so. Das ist doch egal, sagte darauf der Lehrling. In der Öffentlichkeit, sagte Lisa, kann so ein Lehrling gar keine Fehler machen, weil er nicht verantwortlich ist und weil die Gesellschaft ihn sich so gezüchtet hat, aber privat, intim möchte ich mal sagen, kann er noch viel lernen; er will instinktiv, weil er sich selbst verachtet, die Frau verächtlich machen, das ist so überall bei denen zu Hause. Aber dann hatte sie einmal, als Lasski kam, mit dem Lehrling im Bett gelegen. Der Lehrling war nackt unters Bett gekrochen, aber Lisa rief, er könne sich ruhig sehen lassen. Komm heraus, Franz, dich würde er nie anrühren, aber mich schlägt er, sobald du gegangen bist, bei mir ist er nämlich nie feige. Lasski hatte zu dem Lehrling gesagt, er gäbe ihm die Gelegenheit zu gehen. Als Franz angezogen war, gab Lasski ihm einen leichten Schlag auf die Schulter. Eine solche Situation habe er auch schon ein paarmal erlebt, allerdings mit anders verteilten Rollen, ja, mit anders verteilten Rollen, haha.

Wir tranken noch ein paar Schnäpse und auch Bier. Lasski wollte ein bißchen aggressiver werden, warum nicht gegen mich. Maria wird immer schöner, im Ernst, sagte er, schöner und dunkler. Sie wäre eine schöne Trauernde, obwohl sie eigentlich nicht trauern könne und nur deshalb so wütend auf mir bestehe. Aber du, sagte Lasski, bist ein bißchen ein Versicherungsschwindler, das weiß sie, und das weißt du auch. Das verstehe ich nicht ganz, sagte ich. Ach, du verstehst es schon, sagte er, obwohl ich mich etwas undeutlich ausgedrückt habe, mit Absicht, damit du mich nicht zur Rede stellst. Ist gut, Lasski, sagte ich.

Der Kellner kam mit zwei Steakplatten aus der Küche und bediente die beiden Jungen, die sich aufreizend langsam voneinander lösten. Der Wirt kam auch aus der Küche, mit kleinen zierlichen Schritten, die Hemdzipfel über dem nackten Bauch verknotet; sein Gesicht sah frisch gebadet und geölt aus und ein wenig beleidigt. Die Schwulen, sagte Lasski und drehte sich nach den beiden Jungen um, diese Randgruppe, ersticken an der gesetzlichen Toleranz, nachdem sie vorher am Gesetz erstickt sind. Sieh dir doch nur an, was sie für gediegene polierte Typen geworden sind, seitdem es diese gesetzliche Toleranz gibt. Ist das nicht der warme Wind des Staates, in dem sie alle zu Mannequins geworden sind? Silberbeschläge an Hälsen und Handgelenken, der kosmopolitische Longdrink. Diese indischen Crapehemden und knappen Nappawesten. O das Furnier der Bestuhlung, die umgerüsteten Petroleumlampen. Mann, wie gepflegt, wie wenig schmierig ist dieser Boutikenpuff. Wie weich das Messer einsinkt ins Lendenstück, wie kultiviert da gekaut wird. Wie dezent sich da der Schwanz in der Hose abzeichnet.

Der Wirt, herb duftend, erkundigte sich nach unserem besonderen Wunsch. Er gab eine Runde. Vor einem Jahr erst war er aus Mannheim nach Berlin gekommen. Ein ganz anderes Klima hier, sagte er und faßte um die Taille der Bardame. Er sprach lange über Mannheim. Lasski fing an zu lallen. Heute nacht trinken wir, bis nichts mehr von uns übrig ist, sagte er. Hier oben, er tippte sich an die Stirn, hier oben bleibt nichts mehr übrig, und wenn hier oben nichts mehr da ist, ist überhaupt nichts mehr da. Die beiden Jungen wischten sich gegenseitig mit den roten Stoffservietten die Münder ab und lagen sich gleich darauf wieder in den Armen. Lasski sagte, warum rottet ihr euch zusammen? Tagsüber habt ihr Angst, erkannt zu werden, und nachts habt ihr Angst, nicht erkannt zu werden. Ich bin sprachlos über Ihren Freund, sagte der Wirt. Er ist sprachlos, sagte Lasski. Er wendete sich wieder um zu den beiden Jungen, die ihn erschreckt anstarrten. Der Wirt sagte zu der Bardame, sie solle Lasski keinen Alkohol mehr einschenken. Das in Berlin, mein Gott, sagte er und bedeckte sein Gesicht mit den Händen. Lasski stützte sich auf meine Schulter. Ich sagte, hör damit auf. Weißt du was, sagte Lasski, vor ein paar Jahren noch wären sie über mich hergefallen, und jetzt sind sie nur noch sprachlos. Und das paßt dir nicht, sagte ich, du meinst, sie sind angepaßt jetzt. Das meinte er wirklich. Er ging danach durchs ganze

Lokal und entschuldigte sich bei jedem einzelnen. Ich dachte an eine im dunklen Zimmer vor sich hin starrende Maria. Ich hatte auf einmal den Wunsch, sofort zu ihr zu gehen, fürchtete aber ihre Reaktion, wenn sie meinen Mut für einen angetrunkenen Mut hielt.

Abgesehen von dem einen Zufall, als sie aus dem Tabakladen kam, hatte ich sie die ganze Zeit hindurch nicht gesehen, war ihr nie in die Arme gerannt. Das war ein Glück für mich und für den Anfang der Geschichte gewesen, eine Häufung nicht eingetretener Erwartungen. Das wurde nun anders. Ich traf sie an der Seite eines Redakteurs der Schallplattenwerbung. Sie lachte und fragte, ob ich mitkommen wolle zum Essen. Ich lehnte ab; das vergrämte Gesicht des Redakteurs war mir eine willkommene Entschuldigung. Komm mal vorbei, sagte Maria. Und als der Redakteur ein paar Schritte vorausgegangen war, blickte sie mich verstört an und sagte, sie müsse dringend mit mir reden.

Am Abend konnte ich sie nicht erreichen, sah sie aber wieder mit zwei älteren Männern aus dem Auto steigen. Sie winkte mir zu. Sie gingen in ein italienisches Restaurant.

In diesen Tagen gab es eine Häufung unerwarteter zufälliger Treffen mit Maria.

Maria sagte mir, daß sie lieber tot sein möchte. Lieber als was, fragte ich. Wir sprachen ruhig. Was für eine Liebe war ich ihr denn schuldig? So eine Liebe hatte ich nicht; ich kannte sie nicht einmal, und so eine Schuldigkeit kannte ich auch nicht. Wir gingen durch Straßen, wollten in eine Gaststätte gehen, fanden aber vor jeder Gaststätte Gründe, nicht hineinzugehen. So gingen wir schließlich zu ihr.

Wir verabredeten uns wieder und trafen uns wieder, einmal zwischendurch beim Einkaufen. Sie sagte, sie wolle mich nicht mit ihren Selbstmorddrohungen erpressen, aber ich wäre der einzige, zu dem sie davon sprechen könne. Sie wolle mich auch nicht umbringen, sagte sie, habe mich nie umbringen wollen. Draußen in den Straßen waren wir ausgeschlossen. So wie alles einmal mit uns zu tun gehabt hatte, hatte nun nichts mehr etwas mit uns zu tun. Das war kein Hintergrund mehr für unsere Geschichte. Wenn ich eine solche Geschichte schriebe, würde sie ausgestanden sein. Maria sagte, meine Gedanken kreisten zwar unaufhörlich um den Tod, aber doch nur, um mir selbst meine Unbetroffenheit zu beweisen, denn ich lebte ja. Ich dächte auch gar nicht daran, einmal nicht mehr zu leben. Der Tod wäre mir nur ein Kontrast zu meinem Leben, der Tod anderer nur ein Kontrast zu meinem Leben. Ich würde Leute bedenkenlos abschreiben, sagte sie, auch ihren Tod. Ich ginge ja bei meiner Art des Umgangs mit dem Tod nicht das geringste Risiko ein, nicht solange ich lebte.

Ich hatte wieder den Verdacht, daß sie mich tot sehen, tot haben wollte. Was sie sagte, war nicht so falsch, das spürte ich, als ich mich wehrte. Vor dem Sterben und vor allem dem Nicht-mehr-Sein hatte ich dann am wenigsten Angst, wenn ich es mir vorstellte – es war um so unwahrscheinlicher, je genauer ich es mir vorstellte. Mit ihrem eigenen Tod durfte sie mir aber auch nicht in die Quere kommen, davor hatte ich größere Angst, weil er wahrscheinlicher war. Ihr Tod würde mich über Nacht in einen schwerwiegenden Heuchler verwandeln, denn ich wußte schon, wie ich danach weiterleben würde. Es würden rasche, sich gegenseitig löschende Empfindungen des Verlierens sein, des Selber-weniger-Werdens; eine Kette von Unterlassungen würde mein Leben im Rückblick sein, und ihr Leben würde so gut wie umsonst gewesen sein, weil sie ein Ziel nicht erreicht hätte. Was für ein Ziel denn?

Es war ungeheuer, uns so über den Tod reden zu hören. So ruhig waren wir lange nicht miteinander umgegangen. So gelassen waren wir, als redeten wir über etwas, das nur andere anging.

Ich sagte, dieser Anblick von ihr sei so erbarmungswürdig gewesen, als ich sie mit diesem Redakteur gesehen hatte. Du warst in Not, sagte ich, aber doch entschlossen, die letzten Kontakte zu halten. Er aber war einfach scharf darauf, mit dir zu schlafen, um so mehr, als er deine Not spürte und daß du nicht interessiert warst. Du konntest in deiner Not nicht auf ihn eingehen, aber er baute sich seine eigene Kränkung auf. So etwa habe ich das gesehen.

Maria lachte und umarmte mich so, daß ich sie nicht mehr sehen konnte. Ich muß dir etwas sagen, sagte sie, ich habe mit ihm geschlafen. Oh, sagte ich, das erleichtert mich.

Ich half ihr, eine Kommode aus dem Schlafzimmer in das Durchgangszimmer zu tragen. Sie wollte danach nicht, daß ich ging, sondern mit ihr zusammen das mit dem Redakteur wettmachte. Ich blieb. Sie fragte mich, ob ich Geld brauche. Ich nahm das Geld nicht. Sie war ganz ruhig und lachte manchmal. Auf ihrem Schreibtisch lagen nur ein

Schnellhefter und ein paar Briefe. Ich wußte nicht, ob es Respekt war, was ich darüber empfand, daß sie offensichtlich immer weiterarbeitete, äußerlich immer weitermachte wie bisher.

Es fing wieder an, sie fing wieder an, der alte Anspruch war wieder da, neu gefaßt, von neuen Kräften getragen. Der Spaß daran, uns einfach wiederzusehen, das Lachen, war heruntergewürgt. Ich brauchte neue Finten, ihr zu entgehen, die ich mir selber kaum eingestand. Sie fühle sich als ein Dreck, sagte sie, mißhandelt, verstoßen. Sie vertraute sich anderen an, Fremden, mit denen sie als Gegenleistung schlief. Und das alles machte ich. Ich bewirkte das, machte das mit ihr. Sie riß mir den Kragen ab. Sie saß auf der Treppe vor meiner Wohnungstür. Ich will dir helfen, sagte ich, und dann half ich ihr nicht, wußte gar nicht, wie ich ihr hätte helfen können. Du und mir helfen, sagte sie. So hilf mir doch, sagte sie. Warum gehst du nicht weg? Geh doch bitte nicht weg, bitte nicht jetzt. Ich klingelte bei ihr, weil ich glaubte, genau jetzt etwas aufhalten zu können. Mitten im Essen hörte ich auf zu kauen und betastete meinen Unterkiefer, ob nicht langsam das Gefühl zurückkehrte. Sie machte die Tür auf und ließ sich richtig vornüber hängen, wenn ich es war; ein andermal war sie gleichgültig und sah nicht mal genau hin, ob ich es war, der da erschrocken wartete, als wäre die Tür eine Falltür. Bleib doch weg, sagte sie und schwankte zum Bett zurück, dann kann ich wenigstens auf dich warten; wenn du da bist, war das Warten immer umsonst. Sie hatte mit ihrer Mutter telefoniert und sie gebeten zu kommen, sie dann etwas später wieder angerufen und sie gebeten, nicht zu kommen. Sie deckte sich zu und drehte mir den Rücken zu. Sie schluchzte ins Kopfkissen, und die Zipfel waren über ihrem Haar gefaltet. Sie setzte sich im Bett auf und sagte, ich solle gehen. Was wollte sie von mir, wenn sie von mir nichts wollte? Sie ließ mich gehen und wieder zurückkommen. Ich stand wieder mitten im Zimmer, unfähig, mich zu rühren, wie in einem Bannfluch. Ich spürte den feinen Schweiß auf der Stirn. Mir fiel ein, daß Sommer war, ein komischer Einfall, wenn man so unbeweglich dasteht. Das Fenster war nur angelehnt. Draußen auf dem Fenstersims saß ein Spatz, dessen Kopf hin und her zuckte. Es ist Sommer, wiederholte ich mir, und da ist ein Spatz, der hüpft und über das Zinkblech trippelt, und da liegt Maria wie erschlagen. Sie richtete sich wieder auf und fragte mich, ob ich ihr etwas zu sagen hätte. Ich sah, wie man sie aus dem

Fluß zog, es tropfte noch lange, während das Protokoll fertig wurde und ich aufstand, um zu unterschreiben. Sie sagte, ich täte nichts ihretwegen, nichts für sie. Ich faßte eine Rippe des kühlen Heizkörpers an. Im Hof unten stand eine alte Frau, in der Hand die Hundeleine. Maria ging hinüber ins Durchgangszimmer und telefonierte. Ich wußte nicht mit wem, aber ihre Stimme klang normal und aufmerksam. Gestern war sie mit einem Bekannten aus Frankfurt im Theater gewesen, gebadet und geschminkt. Ich stand unter der Treppe am Kellereingang. Ihr langer Gobelinrock saß zu locker über dem Bauch. Der Bekannte witzelte. Ich hörte sie lachen, bis die Tür ins Schloß fiel, und durch die Milchglasscheiben sah ich dann, wie sie in ein Taxi stiegen. Ich traf Lasski, der gerade von Maria kam, auf der Straße. Sie hatte ihn angerufen. Lasski schien verlegen. Wie geht es ihr, fragte ich ihn. Sie hatte nur Schwierigkeiten mit einem Werbetext, sagte Lasski. Wir haben einen Wein getrunken. Was meinst du, fragte ich ihn, soll ich zu ihr gehen? Ich hätte die Frage gern sofort zurückgenommen. Wir trafen uns im Wilmersdorfer S-Bahnhof, wo man auch nach Ladenschluß noch einkaufen konnte. Maria, rief ich, als ob ein Jahr vergangen wäre, was machst du hier? Sie drehte sich um und rannte weg, damit ich ihr nachrannte über den Parkplatz unter der Brücke. Ich faßte ihren Arm und hielt sie fest und gebrauchte ganz weiche Wörter, um wenigstens vorsätzlich zärtlich zu sein. Sie trug eine dunkle Felljacke, zusammengepappte lange Strähnen hingen herab. Das war ein ganz trauriges Fell, das sie da trug. Das Tier verbrachte darin sein ganzes Leben; es war sein einziger Schutz gewesen. Während wir dastanden und ich Maria noch immer am Arm festhielt, die zur Seite wegschaute, wurde ich traurig wie ein Tier, und Maria fing an zu weinen und machte sich aus Zorn über ihr Weinen von mir los. Sie rannte zurück in den Bahnhof, ich ging hinterher und sah sie auf der Treppe zum Bahnsteig. Dann stand sie am Kiosk und hatte sich einen Schnaps bestellt. Sie kippte ihn weg, zahlte und ging auf dem Bahnsteig weiter bis dahin, wo die Pflasterung aufhört. Sie kam zurück und trank am Kiosk noch einen Schnaps. Ich stand neben ihr. Sie wollte jetzt die peinlichsten Dinge tun, damit ich ein Erbarmen hätte. Sie wollte mein Erbarmen jetzt, mehr nicht. Ich riß sie vom Kiosk weg, ohne dazu eigentlich die Kraft zu haben. Als ob ich zum erstenmal in meinem Leben vor Aufgaben stünde, ohne etwas zu können, ohne je etwas gelernt zu haben.

Sie rief mich an, und zehn Minuten später war ich bei ihr. Auf dem Tisch stand ein Papptablett mit Kuchen. Sie machte einen Tee. Linda war gekommen, nachdem sie mich angerufen hatte. Linda sprach zu Maria, beantwortete auch meine Frage, wie es ihr ginge, hatte aber sonst keinen Blick für mich. Maria machte nicht mehr den Eindruck, als hätte sie mich vorhin hergebeten. Linda sprach von politischen Schwierigkeiten in der Schule. Sie wollte so schnell nicht gehen, da bin ich gegangen. Maria ging mit mir zur Tür. Sie strich mir übers Haar und sagte, nicht böse sein, hast du heute abend Zeit? Ich nickte.

Das Nichtverstehen und das Nichtwissen waren zu groß, wenigstens soviel wußte ich. Ich hätte gern eine Zeitlang weitergearbeitet an der Geschichte, in der ich Maria immer unähnlicher werden ließ. Ohne meine Absicht wurde die Geschichte eine ganz andere, und es beruhigte mich sehr, daß es niemals zu genauen Übereinstimmungen kam, zu einem Wiedererkennen und zwanghaften Vergleichen. Die Geschichte würde wahrscheinlich eine ganz andere werden, eine unvergleichlich andere. Vielleicht würde sie sich selbst ihr Ende finden oder sich aufspalten und verzweigen zu anderen, wieder anderen Geschichten, oder sie würde eine bloße Zusammenfassung werden einer Geschichte, in der ein Mann eine Frau verläßt; die bekannten Schwierigkeiten, nach denen man aber einmal beschließt, daß man sich nichts mehr zu sagen hat, nachdem man ja lange genug Gelegenheit hatte, sich das Entscheidende zu sagen, ohne es zu tun und ohne zu wissen, was es war.

Mir erschien Maria wieder aufgeblüht und wieder geschlagen, immer in Gefahr, sich endgültig fallen zu lassen auf der Stelle. Sie wurde nicht bereit, von mir abzulassen. Sie brachte ihren Körper jederzeit dazu, ihre innere Verfassung zu illustrieren, was belustigend und erschütternd zugleich war. Da war nichts zu hoffen auf eine Änderung. Ihre Schlage gegen mich führte sie ganz gleichgültig, so daß ich die Schläge nicht verstand. Es war auch gleichgültig, ob sie mich an sich zog, wenn ich in ihre Nähe kam, oder mich von sich stieß, immer die gleiche tierhafte Verteidigung. Ob sie sprach oder schrie oder sich am Boden wand, als würde sie geschlagen und besudelt. Sie stand innen vor der Wohnungstür und schloß auf und zu, auf und zu; Ich sollte heute abend zu ihr kommen, nein, nicht zu ihr kommen, und am Ende mußte ich die falsche Entscheidung treffen. Einmal wollte sie, daß ich hart bliebe und sie nicht mehr sähe. Darauf durfte ich dann nicht eingehen. Dann wollte sie etwas sagen, was sofort Folgen hatte. Sie sagte, rauch jetzt bitte nicht. Sie wollte, daß ich mit ihr ins Bett ging. Ich sagte nein. Sie hätte auf mich geschossen, daß ich durcheinandergeflogen wäre.

Maria wollte Gespräche über das, was mit uns passierte, aber ich wollte mich nur noch ducken und stillhalten, um beim nächstenmal wieder in neuer Maske zu erscheinen. Sie hatte mir geschrieben, ich sei feige und wolle sie in mein Lügensystem «hineinbiegen». Ein paar Wörter waren verwischt und hinterher nachgezogen worden. Kaum etwas von dem, was sie mir vorwarf, war grundsätzlich falsch. Ich weiß schon ein wenig über sie und mich, dachte ich, aber um auch nur einen Anschein von klarem Verständnis von uns aufzubauen, müßten wir eine ganze Wissenschaft lernen und uns diese Wissenschaft auch noch gefügig machen, und auch dann hätten wir nicht das Problem selbst erfaßt und gelöst, sondern nur eine wissenschaftliche Auffassung davon. Trotzdem mußten wir uns, wie sie es wollte, alles erklären, doch die einzige Erklärung war nur, daß ich mich von Ihr zurückzog, und nicht ohne Liebe, aber auf die Dauer ohne Erbarmen ihrem Versinken zusah. Warum, warum, warum, fragte sie immer. Vielleicht hat ein Mann früher darauf immer eine Antwort gewußt. Sie glaubte unerbittlich daran, daß man von einer Liebe gehalten werden kann, aber uns hielt ja die Liebe nicht, und wir hatten die Liebe auch nicht halten können. «Liebe» war auch ein grauenvolles Wort, das mich sofort an rosige Schleimhäute denken ließ, an lebenslängliche sumpfige Gefühle, an Blicke, denen nichts mehr anzusehen ist, an einen ebenso heimlichen wie lähmenden Frieden zu Hause, Bettwäsche, Tischwäsche, Leibwäsche, eine als süß empfundene Geborgenheit, die man nicht mehr zerstören kann, ohne ein Verbrecher zu werden.

Ich hatte das Motorrad wieder angemeldet und fuhr langsam an ihr vorbei. Ich hörte sie rufen, überhörte das aber geflissentlich und sah sie gleich darauf im Rückspiegel winken. Ich bin munter, wie ahnungslos weitergefahren und weil ich meinte, schneller fahren zu sollen, fuhr ich langsamer. Lächelnd stellte ich mir vor, in einen parkenden Lastwagen hineinzufahren und tot liegen zu bleiben. Ein wohliger Gedanke, weil er so einfach umzusetzen war und doch nicht zu einer Absicht wurde. Im letzten Moment, dachte ich, würde ich es mir doch anders überlegen und ausweichen. Ich war schon weiter und sah Maria weit hinter mir klein am Randstein stehen. Kannte Maria diese Momente, in denen alles gleichgültig wird, in denen sogar die Lebensnotwendigkeiten als das eigentlich Fatalistische erscheinen, als ein angsterfülltes Vermeiden der Wahrheit? Mir war warm auf dem festen Sitz, und ich fühlte den starken Willen der Maschine – wie eine Verführung zum Fliegen. Ich verstand die Maschine nicht, und manchmal meinte ich, ich wäre darauf aus, sie kaputtzufahren.

Ich war einer Krankheit verfallen und glaubte an diese Krankheit; es war mir ganz recht so. Ich wollte das so lange wie möglich erleben, das, was immer weiter passierte. Neugierig bemerkte ich, wie mich schon das Haus einschüchterte, ihre Haustür, ihre Wohnungstür. Der Treppenflur war, wenn ich hinaufging, eine Fremde, auf die ich nicht antworten konnte. Als sie sich auf einer Rolltreppe den Fuß verstaucht hatte und sich zu Linda fahren ließ, um dort ihr Bein hochzulegen, bat sie mich am Telefon, ihr Sachen aus der Wohnung zu bringen und den Kühlschrank auszuräumen. Ihre Stimme klang entschlußfreudig, so als sei eine entscheidende Wendung eingetreten. Ich schloß auf und stolperte über den offenen halbgepackten Koffer in den dunklen Korridor hinein. Auf dem Boden lagen Briefe und eine Zeitung, von der das Streifband abgescheuert war. Ich bemerkte, daß ich mich eigentlich nicht genauer umsehen wollte, sondern am liebsten mit geschlossenen Augen die gewünschten Dinge zusammengerafft hätte. Ich schaltete das Licht an und spannte einen Gummiring um Zeitung und Briefe. Auf den Stühlen im Durchgangszimmer lagen gefaltete Wäsche- und Kleidungsstücke. Sonst war alles entweder am richtigen Platz oder, wie im Schlafzimmer, in einer herausfordernden Unordnung, als ob alles jäh zu einer Hinterlassenschaft geworden wäre. Es war eine Fremde wie früher in den Fluren und Räumen der düsteren Schulgebäude. An der Leine über der Badewanne hingen Strumpfhosen und ein Büstenhalter, auf dem Wannenrand ein Waschlappen und ein grob geflochtener Massagehandschuh. Die Seife lag getrocknet und rissig auf dem Abflußloch. Mir wurde flau, ein weiches, diesiges Gefühl aus dem Bauch heraus, das wie ein Schwall in alle Glieder stürzte. Die Vorhänge waren geschlossen, und ich zog sie auch nicht auf, aus Angst, meine Anwesenheit damit zu verstärken. Lieber ging ich rasch vorbei am Lampenlicht. Im Besenschrank waren Plastiktüten, hineingestopft in einen Putzeimer. Als ob ich dagegen protestieren wolle, strich ich einige der Tüten auf dem Tisch glatt; meine Sorgfalt war ein strenger Verweis für Maria. Als ich mit der Hand unter einen Wäschestapel im Kleiderschrank fuhr, stieß ich wie erwartet mit den Fingerspitzen gegen etwas Hartes, begnügte mich aber damit zu fühlen, daß es ein in harten Deckel gebundenes Heft war, ihr Tagebuch. Auf dem Nachttisch tickte der Reisewecker, und ich verspürte den zwanghaften Wunsch, ihn aufzudrehen. Ich hob einfach ein paar Schichten von der Unterwäsche ab und schob sie in eine Plastiktüte, auch einige Strumpfhosen, die geknüllt, wie ein Haufen Gekröse, auf der Wäschetruhe lagen. In eine andere Tüte schob ich ihre Hausschuhe und hängte mir schon den Bademantel über den Arm. Ich dachte dann daran, eine schnelle, bemerkbare Ordnung herzustellen, oberflächlich nur, indem ich Hosen, Röcke, Blusen, die überall auf den Stuhllehnen hingen, auf Bügel spannte und in den Schrank hängte, aber dann meinte ich, das sähe mir nicht ähnlich, und ich müsse egoistisch bleiben. Mir durfte eine solch freiwillige Leistung aus Zuneigung gar nicht einfallen. So ließ ich also auch mit Bedacht die Schranktüren offen als Zeichen meiner eiligen Zerstreutheit. Wie ein ferngesteuertes Ungeheuer mußte ich meinen Auftrag erfüllen, sonst nichts. Ich ging rücksichtslos vor aus Gedankenlosigkeit, obwohl mir die Bedenken, die mir hätten kommen sollen, auch kamen. Ich wollte schon die Lampen wieder ausschalten, mußte aber alles noch mal ablegen auf den Tisch und eine weitere Tüte hervorziehen für Butter, Käse und die Wurstreste im Kühlschrank. Mit einem Arm räumte ich alle Fächer leer und stopfte alles in die Tüte.

Ich stand mitten im Zimmer und blickte mich um, ob ich etwas vergessen hatte. Obwohl ich etwas außer Atem war, hielt ich die Luft eine Weile an und spürte mehr als daß ich sie hörte die Musik aus der Wohnung unter mir; das Beben des Fußbodens pflanzte sich im Körper fort, und die Kopfhaut zog sich fröstelnd zusammen. Wahrscheinlich, meinte ich, hatte ich es die ganze Zeit gespürt und war deshalb so in Hektik geraten und hatte mich deshalb so flau gefühlt, wie nach Erdstößen, von denen man erst am nächsten Tag aus der Zeitung erfährt. Ich trat ans Fenster und schob nun doch den Vorhang ein Stück zur Seite. Gegenüber auf dem Balkon stand eine Frau, die Arme auf die Brüstung gestützt. Sie sah mich vollkommen interesselos an, als habe sie den Wechsel überhaupt nicht bemerkt. Ich ließ den Stoff schnell wieder über die Helligkeit fallen.

Wegen dieser eingelegten Verzögerung, dieser mutwilligen Geduld, kam ich mir tollkühn vor, so als würde ich von nervösen Zuschauern beobachtet, deren Anfeuerungen ich mißachtete. Die Wohnung war aufgeladen von Marias Verwünschungen. Dinge, die mir einmal freundlich und zutraulich erschienen waren, deuteten jetzt eine ungebändigte Gewalt an, eine Gefährlichkeit gegen mich, die in Marias Diensten stand. Das Dröhnen des Kontrabasses, meinte ich, müsse bald zu einem Einsturz führen, wenn nicht zum Einsturz des ganzen Hauses. Ich stellte mir vor, wie ich trotz unabsehbarer Gefahren in erzwungener Langsamkeit die Treppen hinunterging, aber dann bin ich diese Treppen doch gehetzt hinuntergepoltert, und als ich in meiner Angst, die durch die Eile noch zunahm, durch die Haustür in die Helligkeit hinausrannte, glaubte ich noch den Treppenflur hinter mir schallen zu hören von meinem Aufruhr.

Ich war in der Straße, und die Straße war schon viel sicherer, und ich wollte auch schnell aus der Straße heraus in eine andere Straße, dort wiederum ganz plötzlich in einem Hauseingang verschwinden, das Haus durch den Hinterausgang wieder verlassen, über den Hof eilen, über eine Mauer und meiner anderen Straße wieder zum Vorschein kommen.

Ich nahm nicht Marias Auto, zu dem ich den Schlüssel hatte und das an der Ecke stand, sondern mein Motorrad, das ich davor abgestellt hatte. Ich konnte kaum alle Sachen auf dem Sitz hinter mir festspannen. Ich wirkte sehr ruhig. Ich fuhr los mit einem Schub, der mir die Arme straff zog, erst dann fanden die Füße, die durch die Luft nachschleppten, ihren Platz. Wieder fuhr ich, weil ich am liebsten schnell gefahren wäre, langsam. Linda öffnete mir die Tür, und ich ging mit all den Sachen sofort hinten durch zu Maria. Sie saß freundlich lächelnd im Bett, und ich setzte mich zu ihr und fuhr vorsichtig mit der Hand die glatte Wade entlang bis zu dem geschwollenen Fußgelenk, das mit einer nassen Bandage umwickelt war. Maria sagte, sie wäre froh über dieses Mißgeschick, es hätte sie viel ruhiger, beinahe zufrieden gemacht. Das war höhere Gewalt, sagte sie, und ich habe was übrig für höhere Gewalt. Ich blieb länger bei ihr sitzen und aß auch mit beiden zu Mittag. Aber Maria sagte danach, eigentlich wäre der Aufwand nicht nötig gewesen, sie wolle sich morgen schon von Linda nach Hause fahren lassen. Sie habe eigentlich nach München fahren wollen, aber nun sei hier viel zu tun, fast alles könne sie vom Sofa aus erledigen. Zu allem, was sie sagte, habe ich einverstanden genickt.

Wenn du nur wolltest, sagte Maria, einen einzigen Schritt auf mich zugehen könntest, heraus aus deiner Ich-Verklemmung, wenn du nur etwas ... Sie wischte es mit einer Handbewegung aus der Luft heraus. Sie faltete die Zeitung zusammen und legte sie auf den Stuhl neben sich. Was liest du, fragte ich, Schallplattenkritik? Ja, Schallplattenkritik, sagte sie.

Sie hatte vor einer halben Stunde angerufen, um sich mit mir hier im Café zu verabreden. Ich muß mit dir reden, hatte sie gesagt, aber es gab wieder nichts zu reden außer ihren Klagen über meine Stummheit und über die Verletzungen, die ich ihr damit zufüge. Die Gezwungenheit, mit der ich auf dem kleinen Stuhl saß, die unbequeme Haltung, die ich nicht änderte, sondern beibehielt, als ob ich damit etwas gutmachen könne, forderte sie heraus. Es sieht aus, sagte sie, als wärest du nur schnell auf einen Sprung gekommen, aus Pflichtgefühl oder was du da sonst mit dir herumschleppst. Ich könne ja sprechen, sagte sie, es sei unmenschlich, nicht zu sprechen, auf diese Weise zu ihr *nicht zu sprechen*. Aber ich konnte um so weniger sprechen, je hartnäckiger sie es verlangte. Und wenn sie sagte, sie flehe mich an, jetzt zu sprechen, es ihr zu erklären, habe ich höchstens gefragt, was? Was soll ich dir erklären? Ich war verstockt, ich war in einer Lage, in der mein Nichtsprechen wie eine Verstocktheit wirkte. Der Raum war groß und von schummrigem, von den Deckenleuchten nur leicht aufgehelltem Dämmerlicht. Fast alle Tische waren besetzt von taumelig und abwesend aussehenden Leuten. Am Nebentisch saß eine alte Frau, die geradeausstarrte und dabei in einem fort die Lippen bewegte. Es waren fast ausnahmslos ältere und alte Frauen, die meisten in Schwarz und Weiß, die in ihren ausgemergelten fleckigen Händen Kuchengabeln führten. Am Büfett hatte sich eine Schlange gebildet, Kinder und jüngere Leute, die nach Kuchen oder Eis anstanden. Ich mußte mir das fernere Leben von Maria vorstellen. Ich war schon lange tot, und Maria lächelte nur noch. Unsere Geschichte damals war nichts weiter als eine unverständliche Verwirrung gewesen. Aber wie hatten wir gefühlt, wie hatten wir gefühlt, mehr wußte sie nicht mehr. Alles nichtig. Sie lächelte so tapfer und schwach. Das war ein Bild, das hier mühelos mit dem Café verschmolz, während Maria redete, sprach, heftig und leise, ein mit sich selbst verschworenes Raunen. Ein Mann an einem Ecktisch legte eine Patience und mußte die Karten immer wieder dichter zusammenschieben, weil die Tischplatte nicht ausreichte. An einem anderen Tisch saßen zwei

Frauen; während die eine redete und sich dabei immer im Raum umsah, als fürchte sie, unterbrochen zu werden, trommelte die andere mit den Fingern einen einsamen Rhythmus dazu. Andere brüteten stumpf in die Lampen hinein. Ein Mann mit einer akkurat gebundenen gepunkteten Fliege, dessen Jacke aber voller Flecken war und etwas glänzte. Eine Frau behielt den Eingang im Auge, aber wenn jemand hereinkam, schaute sie schnell woanders hin.

Wie heftig sie ihre Eigenschaften behaupten, dachte ich und machte auch Maria darauf aufmerksam, Eigenschaften, die ja längst verkrustet sein müssen und von denen sie vor Gewohnheit keine Ahnung mehr haben können, bloß noch Reflexe, bloß noch ein sinnloser Anspruch auf noch mehr Zukunft, in der man den Charakter weiterschleppen und bis zuletzt unverwechselbar bleiben kann. Aber selbst das konnten die ja nicht mehr wirklich wollen. Heimlich bewunderte ich das auch, den Starrsinn, am Leben bleiben und als jemand Bestimmter erkannt werden zu wollen. Zuletzt, meinte ich, wäre die Zufriedenheit über die Verdauung die wichtigste Voraussetzung für gute Verdauung. Ich bemerkte, wie wenig sie mich störten, da wo sie waren und saßen, selbst wenn sie bewußtlos wandelnde Hüllen wären, fliegende Krücken, vergessene Prothesen, lauter ausgefallene Sachen, verlorene, vergessene, Haare, Zähne, Häute. Und trotzdem war es beruhigend, sogar als lieb empfand ich es, wie erfolgreich sie mit all den Andeutungen winziger Bedürfnisse nach Kuchen, Verdauung, passender Gesellschaft, einem Käfig oder Aquarium, der absoluten Lächerlichkeit, der Nutzlosigkeit und Sinnlosigkeit standhielten. Aber das war schon wieder ich, das waren meine Augen, das war eine Beruhigung für keinen sonst als mich. Ich konnte Maria gar nicht mehr ansehen. Ihre Augen waren gerötet und verklebt, und die Tasse hielt sie sich mit beiden Händen so vors Gesicht, daß sie über den Rand sehen konnte. Ich kannte schon ihren hoffnungslosen Blick über den Tassenrand. Ich dachte daran, ihr zu sagen, daß man seinem Feind (Feind?) die Fesseln abnehmen muß, wenn man will, daß er einen verteidigt. Aber so betroffen sie davon vielleicht gewesen wäre, ich hätte kichern müssen über eine solche übertragene Bedeutung. Allenfalls hätte ich ihr das in einer leeren Kirche zuflüstern können oder im Kino, wo wir früher oft zwei Stunden lang zusammen gelebt hatten. Die Tür stand offen, und auch über die Topfpflanzen hinweg, die auf der Fensterbank standen, konnte man die

Straße sehen. Die vielen Bewegungen draußen, die ich jetzt zu verfolgen versuchte, ließen Maria neben mir ganz vereinsamen. Jetzt verlangte sie stumm ein Sprechen von mir, was denn schon wieder? Mündliche Zusicherungen? Daß ich schuldhaft veruntreute, was zwischen uns bestanden hatte? Wenn sie jetzt gesprochen hätte, hätte sie doch nur wieder Bedeutungen angehäuft, die wir in der Wirklichkeit nicht wiederfinden konnten. Auch in ihrer Verletztheit schlug sie manchmal lächerlich selbstgewisse Töne an, als könne man mit Festigkeit und entschiedenem Willen alles wieder aufbauen. Und sie konnte nicht immer weitersprechen, wenn ich nicht antwortete. Konnte sie nicht an mich elektrische Schläge austeilen, wenn ich nicht sprach, damit ich anfing zu sprechen?

Ich erzählte ihr, daß ich gestern mit Lasski durchs Märkische Viertel gegangen sei. Die Filme hätten recht gehabt, sagte ich. Es sei, das ganze Märkische Viertel, ein scheußliches Verbrechen, in dem man nur mutieren könne zu einer Ratte, in der sich sogar jeder gewalttätige Akt als lächerlich gering und hoffnungslos erweise. Man kann nur hoffen, sagte ich, daß sie die Sozialarbeiter umbringen und Lunten an das ganze legen. Und, sagte Maria, gibst du ihnen neue Wohnungen? Beruhige dich, sagte ich, ich wollte nur provozieren. Ich will niemanden im Zuchthaus sehen. Übrigens meine ich aber, was ich sage. Draußen, auf der anderen Straßenseite, sah ich ein Absperrungsband flattern. Die Verkäuferin bändigte einen großen Bogen Papier und schlug darin ein Kuchentablett ein. Von rechts ein Bus, von links ein blauer Lieferwagen mit einem herausbaumelnden Arm. Auch wenn ich etwas sagte zu Maria und wenn es eine Wahrheit war, blieb sie doch so mißtrauisch, daß meine Wahrheit mir selbst kaum noch glaubhaft war. Ich sagte nichts. Wenn ich Maria einfach hätte helfen können, hätte ich nicht gezögert. Manchmal klang mir ihre Forderung nach Wahrheit, mit der ich ihr die Würde zurückgeben könne, wie die Forderung nach mehr Intelligenz. Oder so, als fordere sie von mir nicht mehr als eine übermenschliche Anstrengung, nach der ich sie verstehen könne. Und tatsächlich hatte ich oft das Gefühl, sie zu durchschauen, aber nicht zu verstehen. Es mußte dieses Eigentliche geben in ihr, das ich nicht verstand. Alles deutete darauf hin, auch die Drohung, ich würde es irgendwann einmal verstehen, aber zu spät. Ich sah draußen Leute vorbeigehen und Autos fahren und fragte mich, was machen die da, was machen die da nur alle. Als eine Unsumme von Handlungen, die alle irgendwie in einer größeren Handlung zusammenpaßten, konnte ich mir das nicht erklären. Was sich da bewegte, bedeutete in der Form geschriebener Sätze nichts als vorbeigehende Leute, beliebige an einer beliebigen Stelle. Und jeder, dachte ich, führt etwas im Schilde, jeder Spitzbube macht sich zu schaffen. So sehr mir diese Beobachtungen hier geholfen hatten, diese Bilder, denen man eine Wirklichkeit kaum ansehen konnte, so sehr wünschte ich jetzt, nichts mehr zu bemerken für eine Weile, nichts mehr aufzunehmen, weder Bilder noch Wörter, nur vom Vorrat zu leben, das Angesammelte, Aufgestaute schwach in Bewegung zu halten, vorbeiwehende Stoffe, verschlossene Gesichter, Fratzen, Masken, Gebäude, und bloß an der Zigarette ziehen und jemand ja sagen hören und wie ein Wunder plötzlich zu Hause zu sein, allein, schwache Farben, matte Bewegungen, und sich zurücksinken lassen, nur noch Erinnerung.

Wieder anders. Aber das wieder andere war schon wieder das gleiche, das immer gleiche, die kreisende Ewigkeit voller Bewegungen, die sich gegenseitig aufhoben in einem einzigen bewegungslosen Rasen und Flakkern. Nichts stieß da hindurch, so schien es, keine einzige lang anhaltende Willensanstrengung, die aufriß, alles wieder zum Leben erweckte, klein, gering, groß, vielfach, ein All, tatsächlich, ein Alles, die große Bewegung, die der Sinn wäre. Aber nur Verrücktheiten, Tobsucht, Rechtfertigung und Bedeutung auf kleinstem Raum, Würgen an Erlebnissen, den Fuß im Nacken, den Stempel. Das beste noch die Angst, aber die ist schon niedlich, die Angst, gut verpackt und behandelt. Schöne große Angst. Es ist jetzt Viertel nach fünf, auch auf dem Tisch, auf dem ich schreibe. Es ist überhaupt Viertel nach fünf. Ich schrieb: Als ich zu Maria gesagt hatte, ich könne nicht mit ihr leben, wie sehr es mir auch gefiele, immer zu ihr zurückzukommen, was sie nicht hemmen möge, andere Beziehungen weiterzuführen oder neue aufzunehmen, da war das ein Anschlag auf ihr Leben. Sie hatte sich geliebt als das Bild, das ich von ihr hatte. Wenn wir früher mal eine Zeitlang nicht zusammengewesen waren, weil sie verreist war oder ich, dann wollte ich sie schon immer weiter und für noch länger hinausschieben. Je verrückter ich nach ihr war. Weil ich meinte, von ihr niemals mehr loskommen zu können, arbeitete ich auf einen Verrat hin, auf Trennung, Verrat meinte ich aber. Das dauerte Jahre, und inzwischen wuchsen zwischen uns die Mißverständnisse und das Ausmaß der Quälereien, mit denen wir uns aufeinander aufmerksam machten. Sie ärgerte mich mit ihrem Glauben an vernünftigen Fortschritt und fortschrittliche Vernunft. Und ich ärgerte sie damit, daß ich glaubte, allein zu sein. Ich wollte ja allein sein; unerträglich war mir das undeutliche Gefühl, mich in einer Gemeinschaft kennenzulernen und mich gleichmäßig auf die Gemeinschaft zu verteilen. Ich suchte immer nach einem einzelnen, den ich verraten und enttäuschen und demütigen konnte. Mit Maria konnte ich mir nur ein langes Röcheln vorstellen auf die Dauer. Wie wir älter würden und unsere Beziehung und uns selbst mit kalter Wut beobachteten, wenn es zu kalter Wut überhaupt noch reichen sollte. Wie wütend machte mich schon die Art, wie sie mit offenen Augen zum Fenster hinausträumte; wie wütend machte es sie, daß ich uns für verloren hielt, und eine Menge anderer dazu. Wie kalt und wütend machte es mich wieder, wenn sie einen Briefumschlag leckte, und bevor sie ihn zuklebte, noch schnell etwas sagte, als gehöre das eigentlich noch mit in den Brief, und wie sie sich schnell, gerade zur Tür hereingekommen, im Bett verkroch, und wie sie das Essen keines Blickes würdigte, statt dessen ein paarmal verächtlich mit der Gabel hindurchstampfte, als sei es immer dasselbe, wie sie Auto fuhr und wie sie lange Röcke trug und dabei manchmal ärgerlich den ganzen Stoff nach hinten um sich schlug. Sie putzte sich die Zähne, eine kleine lästige Angelegenheit, und das Wasser, mit dem sie den Mund spülte, ließ sie einfach aus dem Mund herunterklatschen. Immer so, als wäre eben alles so. Sie kramte lange in der Tasche herum, bis sie den Schlüssel fand, und wenn ich sie darauf aufmerksam machte, daß es bei ihr sei wie bei Millionen anderen, kam sie auf meine Fehler, wie sie sagte, zu sprechen. Ich sah sie jetzt schon kaum noch an vor Angst, ich würde schon wieder eine typische Geste zu sehen kriegen, wie sie sich eine Haarsträhne aus dem Gesicht blies oder sich mit einem Finger durch die Augenecken fuhr. Sie war mir eine viel zu gute Bekannte geworden, so daß ich schon allen Großmut zusammennehmen mußte, sie zu entschuldigen. Sie breitete auf dem Autodach den Stadtplan aus. Sie kaute auf einem Strohhalm. Ich kannte sie auch als eine, die mir einen Geldschein über den Kneipentisch schob, auch als eine erwachsene Freundin von Ursel. Voller Dankbarkeit blickte ich jedesmal auf, wenn ich meinte, einen anderen Ton in ihrer Stimme zu hören, einen Satz, wie ich ihn von ihr noch nie gehört hatte. Aber gewöhnlich dachte ich, das bist du also, das bist du schon wieder, das und nichts anderes. Und wenn du tatsächlich noch mehr bist, anderes, dann macht es dir Spaß, mir immer dasselbe von dir herauszukehren. Ich überraschte mich schon dabei, daß ich auf immer neue Bestätigungen wartete, lauerte, um im Recht zu bleiben. Ich erwartete, wollte auch keine Überraschungen mehr. Vielleicht, dachte ich, hat sie sich nur für mich so eingestellt, damit ich mich in ihrem Verhalten sozusagen zu Hause fühle, eine extra Maria für mich. Vielleicht ist sie mit anderen Leuten eine ganz andere. Sicher war sie das.

Es gab zyklische Wechsel, erschöpftes und erledigtes Ausatmen, Phasen der Friedfertigkeit mit getarnten Kampf-Vorbereitungen. Einen Besitz, der nicht verteidigt werden will, verteidigt man am entschiedensten, indem man ihn zerstört. Liebe Maria. Schon lange hätte ich sie einfach verlassen können. Aber sie konnte nicht verlassen werden von mir. Und mir muß es die ganze Zeit hindurch erträglicher gewesen sein, die Geschichte zu ertragen, als sie einfach abzustellen. Ich wollte schon allein sein, aber nicht das Alleinsein einfach bekommen. Und du, Maria, kannst mich nicht ertragen als einen fliegenden Liebhaber, der nur dann kommt, wenn er den Wunsch hat zu kommen. Manchmal hatte ich Lust, meine Angst bei ihr langsam zu beruhigen. Wir haben uns für morgen abend verabredet, schrieb ich, aber wenn du das liest, werde ich schon woanders sein. Ich werde mit der Eisenbahn fahren; ich habe alles in den Koffer gepackt, was ich für ein paar Wochen brauche. Sie verstand es nicht, sie verstand es deshalb nicht, weil sie alles verstehen wollte. Ich bestätige dich schon wieder darin, daß ich ein Flüchtling bin, einer der erbärmlichsten. Wenn ich dich nicht habe, kann ich mit meiner Armut etwas anfangen. Dann kann ich auch etwas mehr verstehen und etwas mehr erklären. In diesem Moment habe ich weder Angst um dich noch um mich. Ich bin auch zu nichts fest entschlossen, nur, daß ich einfach fahre. Zwischen uns hat es so oft Annäherungen und Entfernungen gegeben, daß ich annehmen muß, daß beides einander bedingt, daß die eine Bewegung kaum schwächer sein kann als die andere. Helfen kannst du mir nicht, denn niemals könnte ich einer deiner Sozialfälle werden. Daß ich traurig sein werde ohne dich, willst du nicht sehen, und daß ich frei sein will von dir, willst du auch nicht sehen. Du willst ja auch nichts aushalten, also bist du auch ein Flüchtling. Telefoniere oder fahre nicht hinter mir her. Ich kann mir vorstellen, daß du mich mit dem Koffer das Haus verlassen siehst und schon im Zug sitzt, wenn ich einsteige. Ich kann dich für nichts um Entschuldigung bitten. Seit langer Zeit arbeite ich zum erstenmal wieder an einer Geschichte. Für mich gibt es keine Sicherheit, in nichts auch einen annehmbaren Sinn. Überlaß unsere Geschichte eine Weile sich selbst. Bitte keine Eingriffe.

Als ich gerade das Haus verlassen wollte, rief Ursel an. Sie sagte, sie habe vorhin auch schon mit Maria telefoniert. Sie sprach etwas aufgeregt, und daraufhin hörte ich mich ganz ruhig und gleichmäßig zu Ursel sprechen, nicht als wäre ich im Begriff, die Wohnung zu verlassen, sondern als wäre ich gerade hereingekommen. Du, was machst du sonst, fragte ich, warst du schon im Freibad oder ist es noch zu kalt. Es klang so beruhigend, daß es auch mich beruhigte. Wieso soll ich ins Freibad gehen, fragte sie, nur um mich etwas abzustoßen. Wie es in der Schule ginge, fragte ich weiter, und wie es Erika ginge. Nimmt sie die Halbtagsstelle? Ach so, sie nimmt die Halbtagsstelle nicht. Ach so, sie ist gerade beim Einkaufen. Aber es geht ihr doch auch gut, oder nicht? Was machst du jetzt gerade, fragte sie, ohne meine letzte Frage zu beantworten. Ich schreibe gerade an einem langen Brief, sagte ich, obwohl ich den Brief schon zugeklebt und frankiert hatte. An wen, fragte sie. Kennst du nicht, sagte ich. Was macht Maria, fragte sie. Du hast doch gerade mit ihr gesprochen, sagte ich. Ich will es aber von dir wissen, sagte sie. Ganz gut, glaube ich. Ich paßte auf, daß ich nichts sagte, was sie Maria sagen könnte. Sie schien das zu spüren, und ihr Ton wurde immer strenger mit mir. Trotzdem hatte ich das Gefühl, daß sie alles gierig mitkriegen wollte, was ich Maria antat. Auch damit sie Maria in Schutz nehmen könnte vor mir, wenn sie in den Ferien käme. Sie hatte Maria auf ihren letzten Besuchen immer deutlicher nachgeahmt. Sie hatte gelacht wie Maria und offen abfällige Bemerkungen über Leute gemacht, die anwesend waren. Wie Maria hatte sie den Oberkörper nach hinten gebeugt, um einen höhnischen Abstand herzustellen. Wenn jemand etwas gesagt hatte, was sich klug anhörte, eitel klug, hatte sie seine letzten Worte wiederholt. Manchmal hatte sie wie Maria an ihrem Ohrläppchen gezupft, bevor sie auf eine Frage antwortete. Aber ihr Mund war immer der Mund von Erika geblieben.

Ich zog von außen die Wohnungstür fest an, bevor ich den Schlüssel drehte, damit das Schnappgeräusch nicht so laut wurde, ging schnell hinunter und aus dem Haus. Beinahe wider Erwarten sah ich Maria nicht.

Ich lief, mich immer wieder umschauend und den Koffer schwingend, als wäre er ganz leicht, zum Taxistand um die Ecke. Der Fahrer sah mich im Spiegel kommen und legte die Zeitung beiseite. Ich öffnete die hintere Tür und versuchte schnell, den Koffer auf den Rücksitz zu schieben, statt dessen schob ich ihn aber vom Sitz herunter, so daß er sich verklemmte. Und diese winzige Verzögerung war es, die mich auf einmal so kopflos machte, daß ich sofort hinterherstieg und, über dem verklemmten Koffer hängend, weder Platz finden noch die Tür zumachen konnte. Ich riß den Koffer hoch und nahm ihn auf den Schoß. Fehrbelliner Platz, habe ich schließlich gerufen, obwohl ich an den Fehrbelliner Platz gar nicht gedacht hatte. Der Fahrer drehte den Kopf, als er losfuhr, um mich richtig anzusehen, als könne er sich in diesem besonderen Fall nicht auf den Spiegel verlassen. Durch das Rückfenster beobachtete ich die Straße. Die Sonne war längst untergegangen, aber auf den Autodächern lag noch ein rötlicher, dunstiger Widerschein.

Am Fehrbelliner Platz warf ich den Brief an Maria ein und nahm die U-Bahn. An der Berliner Straße stieg ich aus, kaufte mir am Kiosk Zigaretten und Zeitungen und nahm die Bahn bis Bahnhof Zoo. Ein paar Leute sahen mich an und den Koffer, und man konnte ihnen beim Kombinieren zusehen. Ich schob die Zeitungen in das Außenfach des Koffers und spürte in mir schon deutlich eine Erleichterung, so als atmete ich auf einmal wieder.

Mir kamen Gedanken, wie ich Maria aus sicherer Entfernung helfen könnte; es waren aber hauptsächlich Gedanken, die mich selbst betrafen. Der Brief an sie war ein Krampf gewesen. Ich wollte ihr später einen ganz freien, aufmunternden Brief schreiben, von unterwegs. Ich hatte ohnehin verreisen wollen, aber erst in einer Woche, und Maria wußte das. Sie wußte auch, daß ich nach Paris wollte.

Der Zug fuhr erst in zwei Stunden. Ich schloß den Koffer in ein Schließfach ein, kaufte mir die Fahrkarte und verließ den Bahnhof an der Rückseite. Zu Fuß ging ich in Richtung Tiergarten, immer den Vorsatz im Kopf, beim geringsten drohenden Anzeichen, und das mußte nicht einmal Maria selber sein, in Deckung zu springen. Aber mir war bei dem Gedanken ganz wohl und ich hätte nicht sagen können, welche Bedrohung ich noch zu fürchten hatte. Es war eine Art Wahn, das war ganz klar. Ich mußte die Augen offenhalten. Es war eine entscheidende Schwächung der Nerven eingetreten. Das Gehen war leicht. Ich nahm mir vor, erst im letzten Augenblick in den Zug zu steigen. Aus dem Gebüsch in der Nähe der alten Kanalschleuse sah mich ein Mann an. Ich überlegte, ob ich ihm einen Vogel zeigen sollte. Statt dessen rannte ich ein Stück auf den Busch zu, und da ging er schnell weg. Es war jetzt alles ganz leicht. Meine Befürchtungen verkrampften meinen Körper nicht mehr. Ich war nur in einem alarmierten aufmerksamen Zustand, den ich als erfreulich empfand, und ich ging immer munterer. Die fast schwebenden, leichten Schritte reizten mich dazu, im Rhythmus mitzulachen. Vorhin, als ich auf den Mann im Gebüsch zugerannt war, hatte ich mich selber mit Beifall bedacht. Das Laub der Pappeln und Trauerweiden rauschte im Wind etwas metallen wie eine Stanniolkulisse. Ich ging an einem Ententeich vorbei, an dem noch ein paar Leute standen, und überquerte rasch ein zerschlissenes Rasenstück.

Vor mir sah ich keine Leute mehr. Nur wenn ich mich umdrehte, sah ich einige davongehen in Richtung Bahnhof, als wollten sie mich hier allein zurücklassen. Auf dem Weg, der in einem S-förmigen Schwung um die Anlage herumführte, fand ich einen Damenschuh mit hohem Absatz. Ich bückte mich, faßte ihn aber nicht an. Den goldenen Engel sah ich schon da oben. Ich dachte, man müsse als Wahrzeichen für eine große Stadt einen kleinen Gegenstand wählen, zum Beispiel diesen Damenschuh. Vor Vergnügen und Spaß an der Idee rannte ich weiter. Ich wollte es mir später aufschreiben, dieses gute und schrecklichste Symbol der Leere und Verlassenheit. Ich blieb stehen und schüttelte mich vor Lachen. Ich lief fast eine Stunde bis zur Potsdamer Straße. Es war dunkel geworden. Die Füße brannten mir, und ich hatte Durst. In einer Eckkneipe trank ich zwei Bier im Stehen.

In den Bareingängen und Toreinfahrten standen Prostituierte. Einige hatten einen Fuß gegen die Mauer gestemmt. Ihre Blicke schienen das ganze Straßenbild zu umfassen, ohne irgendeinen Punkt oder eine Person zu bevorzugen. Sie hatten alle nur einen allgemeinen Blick. Auf den Gehsteigen flanierten ein paar Gruppen Gastarbeiter. Andere Männer hielten offen Ausschau oder quälten sich, ganz verdrückt von der Anstrengung, sich nichts anmerken zu lassen. Nach so einer Absprache war der Vorgang öde und einfach. Ich hatte eine Erinnerung daran. Nur die Erwartung dieser Öde, wie sie von Vorgängen ausgeht, an denen es nichts mehr zu deuten gibt, die Erwartung eines schmalen, wie flüchtig skizzierten Zimmers, eines Körpers, der nicht mehr reagiert, hätten mich hier zu etwas bringen können, zu einer Korrektur meiner Erwartungen, von denen ich schon nicht mehr wußte, wie alt sie waren. Ich erinnerte mich nur noch an meine Aufregung damals darüber, daß nur ich aufgeregt war. Ich glaube, das hätte ich damals anschreien, rütteln und durchpeitschen mögen. Diese abstoßende, schmachtende und geldgierige Fremdheit hatte einmal einen gemeinen, widerwärtigen Reiz, der auf Lasski manchmal immer noch wirkte. Einmal hatte er mich angerufen und wollte ausgelöst werden. Es war ein Hotel, und nachdem ich der Frau das Geld durch die Tür gereicht hatte, stieß sie Lasski mit dem Fuß hinaus und warf ihm keuchend den Mantel nach.

Ich wollte ein Taxi zum Bahnhof nehmen, hatte also noch Zeit, aber mir fehlte jede Neugier für die Art von Beobachtungen, die man hier anstellen konnte. Ich ging in die Kneipe zurück und trank ein weiteres Bier. Im Liegewagen fühlte ich mich dann getragen und gewiegt. Es waren noch zwei Männer mit mir im Abteil, die sich schon die oberen Pritschen reserviert hatten, als ich einstieg. Ich lag ganz unten und döste vor mich hin. Hier konnte man nicht Zeitung lesen. Die Grenzbeamten machten sehr schnell. Ich ging noch einmal zum Schaffner und ließ mir eine Flasche Mineralwasser geben. Ich nahm das Buch aus dem Koffer und legte mich wieder hin. Es war dann nicht mehr so angenehm, als ich anfing, die Fahrt zu empfinden und die harten Stöße eine Weile mitzählte. Dazwischen ein säuselndes Vibrieren, das alle Trennwände, den Liegesitz und den Körper erfaßte. Und das unangenehme Empfinden einer Nötigung, liegen zu sollen, schlafen zu sollen, schon deshalb, um die anderen nicht zu stören. Ich kam nicht an der Vorstellung vorbei, der Zug bohre sich in die Dunkelheit. Einer der beiden Männer kam wieder heruntergeklettert. Er beugte sich zu mir und bat mich flüsternd, auf seine Sachen da oben achtzugeben, während er nur schnell die Toilette aufsuche. Er lachte mich breit an und fügte hinzu, er sei Jugoslawe. Auf Strümpfen ging er auf den Gang hinaus. Ich las im Schein der Leselampe doch noch einen Zeitungsartikel über die verschlechterten Beziehungen zu Persien. RAPIDE VERSCHLECHTERT, stand da. Ich glaubte es ja. Es kam mir nur auf das Lesen an. Zwischendurch meinte ich auch, es hinge ganz von mir ab, wie wahr all das Gedruckte sei. Der Jugoslawe kam zurück. Er nickte mir zu und stieg wieder hinauf. Ich konnte nicht den immer wiederkehrenden Gedanken verscheuchen, nicht einschlafen zu können. Auch alle anderen Gedanken kreisten in mir herum. Es flog alles durcheinander wie eine Schiffseinrichtung. Maria fiel mir ein, wie sie morgen meinen Brief erhielt, dann mein überzogenes Konto, worüber ich mir automatisch solche Sorgen machte, daß die Kopfhaut juckte von dem hervortretenden Schweiß, bis Lasski dazwischenkam. Als Lasski mich fragte, und womit verdienst du dein Geld, meinte ich, schon geschlafen zu haben. Schriftsteller schreiben nämlich über Schriftsteller, hörte ich ihn sagen, und wer schreibt über die anderen? Wie war es mit der Normalisierung von Beziehungen? Offene Autotüren, aus denen Herren mit dünnen Aktenkoffern stiegen und die Palasttreppe hinaufeilten. Nebenan wurde eine Abteiltür aufgerissen, und es hörte sich an, als dränge jemand mit Brachialgewalt ein, mit einem Knüppel. Morgen wollte ich Ursel anrufen und das ganze heutige Gespräch berichten, das heißt ... unvorhergesehene Umstände ... Es kam mir unmöglich, ja unmenschlich vor, mich hier ganz ruhig zu verhalten, wo doch alles in Bewegung war. Etwas fiel mir ein, das ich noch notieren wollte, was vielleicht so etwas wie meine endlich gefundene politische Meinung war, und warum ich eigentlich meine Wut nie zu einer politischen Wut werden ließ, mit der doch andere so etwas machten, wie die Dinge anpacken. Anstatt auch meine Ansichten zu bündeln und Öffentlich einzusetzen, trug ich sie wie wandernde Splitter in mir herum, wie etwas Teures, Behütetes, das sofort an Wert verlöre, wenn ich es veröffentlichte. Bloß noch als Oberfläche verstand ich Meinungsblöcke, Meinungsbildungen, unter der die Interessengegensätze abgesprochen waren, weil diese Gegensätze noch eine Weile gebraucht wurden für die sichere Vernichtung der Geschichte. Die Allerelendesten hatten keine Meinung und konnten nicht einmal verschwinden, sich auslöschen in der Meinungsmenge. Es gab kein öffentliches Bewußtsein, das die Industrie zurückentwickeln wollte in die Notwendigkeit, kein öffentliches Bewußtsein, das die Anbetung der Naturkatastrophen wollte, die in jedem einzelnen von uns sich ereignete, und es gab kein öffentliches Bewußtsein, das sich selbst als den größten und letzten geschichtlichen Wahnsinn begriff. Oder wie hätte es sonst zu diesen Staaten kommen sollen, zu diesen Regierungen? Dazwischen hatte ich Schübe von Gleichgültigkeit, für die man mich aufhängen könnte oder an die Wand stellen, wie Lasski es immer für sich befürchtete. Der Staat erließ ja unentwegt Gesetze zu seinem Schutz, so daß wir uns bald in seinem Schutz nicht mehr bewegen können. Immer mehr Leute bewegten sich schon jetzt nicht mehr. Das Recht hatte sich in den Staat eingepuppt wie ein Vorrat vom Besten, an dem man sich nicht vergreifen konnte, ohne ein Rechtsbrecher zu sein. Meine verrückte Energie wurde mir immer lieber, und immer leichter ertrug ich auch die Herablassung jener glasklaren Aufklärer, die mich in ihren Erhebungen als einen «ohne Meinung» einstuften. Aber trotzdem konnte ich zu den Allerelendesten nicht gehören. Nur einmal wollte ich allen Mut zusammennehmen und richtig anfangen, zu denken mit einem Geschichtsbewußtsein; später einmal wollte ich Meinungen so lange um und um stülpen, sichten, ordnen, Meinungsregeln aufstellen und Anleitungen geben für die Verwirklichung aller Meinungen. Ich wollte mir das aufschreiben, aber nach kurzer Zeit fragte ich mich, was daran eigentlich aufzuschreiben wäre. Es war dann ein Bild schöner Ungerechtigkeit, wie ich in Marias Augen verlorenging. Wie schade um mich. Den freien Willen verschenkt, meinen Beitrag zum Fortschritt verschenkt. Fassungslos schien sie nur darüber zu sein, daß ich trotzdem am Leben geblieben war. Ich fühlte mich hier liegend ebenso hohl wie kompakt, auch wie ein dicker, zuckender Muskel im Dunkeln. Die Geräusche glaubte ich nicht mehr mit den Ohren zu hören, sondern mit allen Poren; sie drangen federnd ein und bewirkten nur kleine Erschütterungen. Nach einiger Zeit vergaß ich, woher diese Geräusche kamen. Der Jugoslawe über mir packte etwas ein, in Pergament, das noch lange weiterknisterte, nachdem er es weggelegt hatte. Auf dem Gang waren wieder Schritte, und im Nebenabteil wurde ein schweres Gepäckstück auf den Sitz geworfen. Ein Fuß oder Ellbogen stieß gegen die Trennwand. Wieder andere Schritte auf dem Gang, hohe Absätze, scheuernde Strumpfhosen. Nebenan schwang der Körper auf dem Sitz aus. Die Hellhörigkeit war so eingestellt, daß die härteren, gröberen Fahrgeräusche kaum noch hörbar waren, dafür aber die feineren Geräusche aus der Nähe anschwollen zu einer aufdringlichen Intimität. Ich hörte auch das Atmen von oben, ein Schnaufen, Seufzen und ein erschrockenes Aufgrunzen. Mit meinen eigenen Geräuschen war ich um so vorsichtiger, je rücksichtsloser die beiden über mir sich kratzten, und die Körper, als hätten sie das Recht, sich auch schlafend durchzusetzen, hin und her warfen, um endlich die gute Lage zu finden, die nicht mehr weh tat und endlich nicht einmal mehr zu spüren war. Über dem Gedanken, die ganze Nacht nicht einschlafen zu können, bin ich doch eingeschlafen.

Der Frankfurter Bahnhof war so ordentlich nüchtern, wie geschrubbt und zu einem richtigen Gegenstand geworden, zu einem Bau, den man sich ruhig von innen ansehen konnte, ohne gestört zu werden. Nur die Frühesten waren schon da und kauften Zeitungen und rauchten gehend. Sie sahen so aus, als hätten sie keine Nacht gehabt. Die Sonne war noch nicht aufgegangen und das Licht draußen stumpf wie eine grau gewordene Milch. Der Speichel schmeckte nach Eisenbahn, und wenn ich nicht den Koffer schon eingeschlossen hätte, wäre ich in den Waschraum gegangen, um mir die Zähne zu putzen. Hier hätte Maria schon versteckt auf mich warten können. Angstvoll hatte ich mir vorhin im Zug noch dieses Ankommen vorgestellt, doch nun mußte ich mir geradezu etwas Angst einreden. Ich hätte mir keinen vernünftigen Grund denken können, warum ich hier ausgestiegen war, höchstens den, nicht allzu früh in Paris zu sein. Ich hatte Freunde hier, die schliefen aber sicher noch, und ich konnte sie mir nur mißmutig vorstellen, wenn ich sie so früh aufsuchte, wenn sie mir im Morgenmantel mißmutig die Tür öffneten und sich um Freundlichkeit bemühten. Ich hatte mich ja sonst nicht mehr um sie gekümmert. Wir telefonierten nicht mehr und schrieben uns auch nicht. Ich ging durch die Fußgängerunterführung und blieb da vor jeder Vitrine stehen, als ob es hier etwas Neues zu sehen gäbe, etwas ganz anderes als in Berlin. Ein Blumengeschäft war noch geschlossen. Ich fuhr mit der Rolltreppe wieder hinauf und betrachtete die Beine über mir. Ich dachte an ein summendes, gleichmäßiges Leben. Als ich ein Auto hupen hörte, fand ich das unmöglich. Die wenigen Leute, die mir auf der Bahnhofsstraße begegneten, schienen noch ganz unbeholfen, als hatten sie Schwierigkeiten, sich an den richtigen Weg zu erinnern. Ich drehte mich nach dem Bahnhof um. Irgendwie ärgerte mich dieses mein Bescheidwissen hier. Eine große Stadt, dachte ich, im zwanzigsten Jahrhundert, kommt mir vor wie ausgedacht. Man hatte hier nur ein paar Leute zurückgelassen, die das alles glaubten. Und geradezu lächerlich kam es mir vor, daß die Bahnhofsuhr auf zehn Minuten nach sechs stand und daß ich um zehn Minuten nach sechs hier ging und mich umschaute und schon wieder an meine Schulden dachte und dann schon wieder an

Maria, die mich aus dem Zusammenhang gerissen hatte. Ich meinte, der Himmel oben würde zusehends blauer und wölbte sich zäh und bewußt immer höher. Sei nicht immer so beleidigt, sagte ich mir, gleich gibt es ein Frühstück, und du kannst dich unterhalten, reden, reden, als ob nichts wäre. Ein paar Bareingänge waren noch von bunten Glühbirnen beleuchtet. Vor dem Scherengitter eines Schmuckgeschäftes saßen zwei zusammengestauchte und ungebügelte Figuren und tranken Wein aus einer Flasche. Ich hätte mich ohne weiteres zu ihnen setzen und mich mit einer Lage einkaufen können. Sie waren auch aus einem Zusammenhang gerissen, wahrscheinlich aus einem anderen, und danach irgendwo sitzen geblieben. Ich grinste sie im Vorbeigehen verlegen an, und sie fragten, ob ich Zigaretten hätte. Ich steckte mir selbst eine an und gab ihnen die Schachtel, ohne etwas zu sagen. Als ich eine Seitenstraße überquerte, hielt ein Auto direkt auf mich zu. Unfähig, mich zu beeilen, sagte ich mir, es müsse mich verfehlen. Ich stolperte über die Gehsteigkante und sah über die Schulter hinweg das Gesicht des Fahrers, dem ich anzusehen meinte, daß er mich glatt und gleichgültig überfahren hätte. Das erinnerte mich an einen Mann, der mir am Wannsee begegnet war und mich dabei hart mit der Schulter gerempelt hatte. Ich war ihm nachgerannt und fragte warum. Da blieb er stehen und antwortete mir mit einer tief in der Vergangenheit sitzenden Wut, ja, ja, warum.

Ich legte wie ein Gebrechlicher die Hand flach an die Hauswand, als ob ich mir die nächsten Schritte genau überlegen müsse. Als ein Taxi näher kam, sprang ich schnell in einen Hauseingang und wartete, bis es vorbei war. Ein kleiner Lastwagen mit herunterbaumelnder Ladeklappe kam langsam herangefahren. Er hielt vor einem Zeitungsladen, und der Fahrer warf dicke Stapel Zeitungen herunter vor den Eingang, und aus dem Laden kam ein Mann mit verkrüppelter linker Hand, die rot und blau gestrählt war und in der ein kleines Messer lag, mit dem er die Verschnürung der Packen aufschnitt. Aus einem Automaten zog ich eine neue Schachtel Zigaretten. Ein Stück weiter war der Gehsteig mit rot-weißen Flatterbändern gesperrt, und Arbeiter rissen mit langen Eisenhaken und Spitzhacken die Platten heraus. Sie arbeiteten schon jetzt mit nackten Oberkörpern. Über den Gürteln hingen die Wülste der Hosen. Ich stellte mir vor, Maria habe die ganze Nacht mit Lasski zusammengesessen. Obwohl das kaum möglich war, da sie meinen Brief noch nicht bekommen hatte und wir erst für morgen verabredet waren, stellte ich es mir trotzdem vor. Sie erzählte ihm, ich wäre schon wieder verschwunden, und Lasski fuhr sich mit den Fingern durchs Haar und schüttelte den Kopf. Mein zunehmendes Mißtrauen gegenüber Lasski hatte sie schon mitbekommen, und Lasski spürte das und bestellte, um sie davon abzulenken, in immer kürzeren Abständen neuen Cognac, den sie am Ende bezahlte. Und er fragte sie schon wieder, ob er nicht doch in die Partei eintreten solle. Maria lachte gerade noch darüber, wurde aber dann doch ärgerlich. Was willst du eigentlich, sagte sie, laß mich in Ruhe mit deinem Kram, den du schon seit Jahren vor dich hinschiebst. Ich glaube, du änderst dich auch nicht mehr, und deine Bosheit von früher hast du auch nicht mehr drauf, ich meine, nicht mehr richtig, hör mir mal zu und sei nicht beleidigt, du hast sie nur auswendig gelernt. Und du vergißt immer, was du alles schon wie oft so gesagt und gemeint hast und dich aufgespielt, ich ertrag es nicht, bitte entschuldige. Sie fing an zu überlegen, was sie machen sollte, wenn er nachher mit ihr hochkommen wollte, denn das mußte er wollen, nun erst recht. Oder sie lag schon mit ihm im Bett. Sie sagte ihm, wie sie es mir gesagt hatte, er solle sie nur anstoßen, wenn sie schnarche.

Es war kurz nach halb acht, als ich klingelte. Die Haustür war offen gewesen, und ich hörte nun ein Rumoren in der Wohnung, ein Rascheln und unterdrückte Ausrufe. Es dauerte eine Weile, bis ich den Türöffner summen hörte und Karin die Tür aufmachte, im Morgenmantel, wie erwartet, und mit oberflächlich gekämmtem Haar. Sie erschrak darüber, daß ich schon oben war oder daß überhaupt ich es war. Die Kinder in ihren Schlafanzügen reckten sich an ihr vorbei. Du? Nein, das ist aber schön, das heißt, ich rede nur so, weil es spät geworden ist und ich noch halb schlafe, verstehst du? Bitte entschuldige, komm herein. Ferdinand schläft noch, aber vielleicht ist er jetzt auch wach geworden. Was rede ich denn? Ich freue mich natürlich, und Ferdinand wird sich auch freuen. Sie machte innen noch einmal einen Schritt auf die Tür zu. Ist Maria auch da? Entschuldige. Wir können gleich frühstücken. Bist du mit dem Flugzeug gekommen, nein warte, mit der Bahn bist du gekommen. Dann bist du sicher müde. Ich rede und rede, ach Gott, als ob ich ganz durcheinander wäre. Bitte, setz dich, ich mache gleich das Frühstück. Ich wecke Ferdinand. Ich will mich nur schnell frisch machen, ach, du willst dich sicher zuerst frisch machen. Hast du überhaupt schlafen können im Zug? Entschuldige, ich rede ja ganz wirr. Sie lächelte ein bißchen verlegen. Du siehst ja, was mit mir los ist. Ein Kind drängte sich an sie, und sie hielt sich schnell mit einer Hand den Morgenmantel zu.

Ich saß im Sessel, und die Kinder näherten sich langsam, ohne mich aus den Augen zu lassen, und legten, um ihren Besitz anzuzeigen, die Hände auf die Sessellehnen. Dann gingen sie wieder weg und holten einen Puppenwagen voller Bauklötze. Neben mir am Boden fingen sie an zu bauen und blickten immer wieder zu mir auf, ob ich sie nicht endlich ansprachäe und mitbaute. Mir fiel auf, daß ich sie von oben herab irgendwie mitleidig ansah. Ich dachte, wie groß ihr geworden seid, und war in Gedanken schon weiter, ohne meine Blicke von ihnen abzuwenden. Ferdinand schlich herein, gähnend und gar nicht erstaunt, daß ich da war, die Brille vorn auf der Nase und in jeder Hinsicht entschuldigt. Heh, Alter, sagte er, ich dachte, du wärest tot. Er stützte sich von hinten auf mich. Er ging hin und her durchs Zimmer, strich den Kindern im Vorbeigehen über das Haar und schaute zum Fenster hinaus. Ich sagte, entschuldige, es ist früh. Aber wieso denn, sagte er, es ist doch nicht früh. Aber er könne erst nach dem Kaffee begreifen, was eigentlich los sei. Du kommst mir ja vor, sagte er, als wärst du gerade aus unserem Keller gekommen, aber das bist du doch nicht. Wo hast du übernachtet, sei ehrlich, wer hat dich so früh rausgeschmissen. Heh, laß dich mal ansehen. Fremd geworden bist du mir, abgenommen hast du. Ich kann mich nicht erinnern, daß wir mal zusammen gewohnt haben. Ich kann mich an Berlin nicht mehr erinnern. Es ist mir sowieso verleidet, weil hier immer noch ein paar Klugscheißer in einem Ton davon reden, als wäre es ein Geheimtip.

Beim Frühstück sagte ich ihnen, sie möchten mich bitte verleugnen, wenn am Telefon nach mir gefragt würde. Egal wer es ist. Ferdinand pfiff eine kurze Erkennungsmelodie.

Was machst du, habe ich ihn gefragt. Oh, sagte Karin, er arbeitet mit Gefangenen, dann macht er Features, teilweise auch mit Gefangenen. Worüber, fragte ich. Über Gefangene, sagte Karin, über den Vollzug. Er aß unbeteiligt weiter oder doch so, als höre er nur beiläufig zu, ob ihre schon soundso oft erzählte Version noch stimme. Ich stellte mir Gefangene vor, wie sie sich beim Rundgang der Vorstellung von Gefangenen angeglichen hatten, und wie sie Schlange standen bei der Kaffeeausgabe, während Ferdinand mit einem alten Freund aus der Zeit frühstückte, als Gefangene noch keine Rolle spielten. Er hat durchgesetzt, sagte Karin, daß einzelne auch beurlaubt werden, um mit zu recherchieren; eine andere Gruppe spielt Theater, Rollenspiele, an denen Ferdinand auch mitarbeitet. Dürfen, sagte sie, habe ich vorhin «dürfen» gesagt? Das ist auch so ein Wort, das man nicht mehr in den Mund nehmen sollte. Ferdinand fragte mich nach meiner Arbeit, und ich wich der Frage ziemlich undeutlich aus. Ich wollte zuerst sagen, es ginge mir schlecht, aber da fiel mir ein, daß man so einen Satz besser über jemand Dritten sagt, und so sagte ich auch erst, als das Gespräch auf Maria kam, es ginge ihr schlecht. Darf sie auch nicht wissen, daß du hier warst, fragte Karin, ich meine, daß du hier bist? Ich nickte. Vielleicht war es keine gute Idee gewesen, sie zu besuchen. Was hatte ich mit ihnen zu tun? Mir wurde etwas schwindlig, vielleicht vom Kaffee. Ferdinand lachte nach einer Weile etwas hochmütig auf. Er könne derartige Probleme nicht mehr ernst nehmen, seitdem er mit Strafgefangenen arbeite. Unsere Probleme würden von uns auf höchst künstliche Weise zelebriert, überhöht, ja verdichtet, lachte er. Ist das denn eine Not, was unseresgleichen empfindet? Ich war unfähig, betroffen mitzureden, obwohl ich betroffen war, unfähig, die Not gegen eine lächerliche Meinung zu verteidigen. Die eigene, die immer eigene Not hätte ich schon verteidigen mögen. Es war ein Irrsinn, den Hunger abzutun mit dem Hinweis auf den Durst. Ich spürte, daß ich wütend wurde, und dafür war ich ihnen beinahe dankbar. Karin wies auf seine Schwierigkeiten hin. Immer mit einem Bein im Vollzug, sagte sie. Ich lächelte bei der Vorstellung, wie Ferdinand ein Bein in etwas hineinstellte wie in einen Eimer, das war der Vollzug. Ich hatte kaum etwas gesagt, aber Ferdinand hatte gut aufgepaßt. Eine Spur reaktionärer sei ich wohl geworden, warum eigentlich? Ich bestritt das und versuchte, meine Verärgerung verständlich zu machen über den Selbstbetrug, der mit dem Begriff Solidarität getrieben wurde, über das solidarische Genuschel und Gesabbere. Ich sagte, dieser Begriff käme mir wie ein angstvolles Beschwörungswort vor, mit dem die ruchlosen Wünsche der einzelnen gebannt, die unberechenbaren Energien gebunden werden. Jedenfalls mußte ich in solchen Gesprächen diese Rolle spielen und ablehnen, was nur gerecht und nur billig war, zum Beispiel das Prämieren von Rollenspielen für Gefangene, das solidarische Miteinanderreden und Bewußtmachen. Ich schoß das ganze Magazin auf Maria leer, wurde an Ort und Stelle überwältigt und mit Flaschen über den Kopf zusammengeschlagen. Die Beamten warfen mich im Kreis herum. Meine Mitgefangenen traten mir in die Eier, aber langsam wurde ich dabei solidarisch. Endlich war das Freiwillige heraus, das schöne Wetter, das man im Mantel von draußen hereinbrachte in das dunkle Loch des Vollzugs. Die Suppe war jetzt solidarisch, und die Mägen waren es auch, die Gehirne schön ineinandergeschmiegt, und die Füße trappelten vor lauter Gemeinsamkeit im Hof herum. Das erscheint mir, sagte ich, als ein Aufruhr verhinderter Bürokraten, die um so weniger von einem Gefangenen fühlten und begriffen, je tiefer sie eindrangen in das System der Verlautbarungen. Ich verstehe ja die Bande, sagte ich, aber bevor ich mich einreihe, habe ich sie lieber alle am Hals. Außerdem, sagte ich, und das muß ich euch wirklich noch sagen, ist die Ära der sozialen Karrieren angebrochen, der Selbstbeschwichtigung. Es ist eine Ära des Älterwerdens. Darüber lachten sie mit. Ferdinand wurde wieder so ernst wie möglich. Er habe ja auch jahrelang alles gewollt, aber auf einmal klar gesehen, daß die Institutionen schon alles seien, und da müsse in vielen solidarischen, aber durchaus auch Einzelanstrengungen der Hebel angesetzt werden. Verstecken kann ich keinen, sagte er, Bomben und Ausweise herstellen kann ich auch nicht, abgesehen davon, daß es politisch fragwürdig wäre, falsch wahrscheinlich. Ich sagte, mit der Bande habe ich euch Sozialverzückte gemeint. Du meinst also, sagte Karin, man solle alles lassen, wie es ist? Nein, sagte ich, das meine ich nicht, und ich gebe auch sofort zu, daß ich keine besseren Anstrengungen weiß.

Ich sagte mir schon, daß ich auf ihre Krankheit zu sprechen kam, um mich von meiner eigenen abzulenken. Sie litten an ihrer, obwohl Ferdinand seinen ungenauen Humor behalten hatte. Sie lebten auch nur weiter, mit teuren Erinnerungen an sich selbst, mit Lügen, die auch kaum schlechter waren als meine eigenen, und in diesem Sinn tüftelten sie auch an den Kindern herum. Ich bin hinübergegangen ans Fenster, während Karin die Kinder für den Kindergarten anzog. Ich kannte schon die Aussicht, obwohl ich in dieser Wohnung noch nie gewesen war. Ich muß euch einfach so lassen, wie ihr seid, dachte Ich. Die verrutschten Zeichen draußen, dieser Text, Reklameschrift, Balkone, Fenster, eine Autowerkstatt im Hof – es ist immer etwas gegenüber. Vogelkäfig, eine Plastiktüte im Rinnstein, ein Flugzeug, der Zigarettenrauch, der aus mir aufsteigt, die feine Staubschicht auf der Fensterbank, gefangene Automobilisten, das Gebrüll eines frisierten Sportwagens, herumzockelnde Leichenautos. Sie sagten nichts hinter mir. Warum hätte ich ihnen nicht die Laune verderben sollen? Ein Kind heulte und versuchte dabei zu sprechen. Alles nur, weil es nicht gekämmt werden wollte. Ferdinand wollte etwas sagen, brachte es aber nicht heraus. Er aß lieber noch etwas. Warum versuchte er gar nicht, mich zuversichtlicher zu machen? Warum wirkte er selbst so wenig zuversichtlich? Warum wollte er nicht unbedingt mich überzeugen, damit ich auch etwas tat, für Gefangene, Kranke, Behinderte. Ich hätte es gut gefunden, etwas für Gefangene, Kranke und Behinderte zu tun. Aber warum machte es mich noch hoffnungsloser, daß er mit Gefangenen die Gefangenschaft formulierte? In meinem Kopf waren genug Gefangenenbilder, die ich nicht loswurde, Uniformierte, klatschnasse, triefende Uniformen, Fußlappen, ein Wasserschlauch, an dessen Öffnung sich Verdurstende balgten, Gefangene mit schmalen Aktenkoffern in Fischgrätanzügen, in den oberen Stockwerken der Glaskästen, in den Autos, den Särgen, in Wasser und Luft eingesperrt, in Befehle geschnürte Halbleichen, aufmarschierende und antretende Gruppen, molchartige Figuren an Schweißbrennern, an den Lehrplänen erstickende Schüler, Abendschüler, Teilnehmer an der Wochenendschulung; das gemeinsame Abendessen. Ich trat einen Schritt vom Fenster zurück. Karin sagte, sie käme sofort zurück. Ich konnte all diese Bedeutungen nicht mehr auf etwas Wirkliches zurückführen, das war meine Krankheit. Es kam mir auch komisch vor, diese verrückte Fülle noch «Umgebung» zu nennen, denn diese Fülle war ganz leer. Ich hatte nur noch den einen Blick, und der hielt nichts mehr zusammen. Und daß ich den verleugnete, erschien mir auch als Verrat, als falsches Spiel gegenüber allen anderen. Wenn ich darüber schriebe, würde es sich in etwas anderes verwandeln, in etwas Geschriebenes. Ferdinand stand auf und trank im Stehen die Tasse leer. Ich rauchte. Er sah mich an. Ich verlor immer mehr. Es war wie eine Idee, die alles unter sich begrub.

Jeder Anblick, ich brauchte mich gar nicht mehr umzudrehen, offenbarte mir nur den Wahnsinn seiner Zufälligkeit. Und immer noch glaubte ich nicht recht an diesen Wahn, der alles auflöste, was ein anderer Wahn zusammengefügt, zusammengesehen hatte. Und warm fand ich es manchmal gar nicht so schlimm? Konnte ich nicht einmal eine Zeitlang von mir loskommen und nur noch an Ursel denken? Mein Leben für Ursel opfern. Oder könnte man dieses Sehen nicht verbieten in einem Sozialismus, alles gesundmachen unter Verzicht auf Sehen? Die Bilder saßen so fest in mir drin, daß ich sie nicht mehr bewegen oder gar verändern konnte. Nur noch abspielen konnte ich sie. Es war alles gemacht, alles schon fertig, überfertig. Jedes Ding schien mir manchmal schon aus eigenem Überdruß sich zurückzuverwandeln in eine andere, ursprüngliche Form. Aber das war eine Täuschung.»Was ich sah, waren bewegliche Archive. Der Schmerz wurde größer, wenn man den Originalen auf die Spur kam, vielmehr den Dingen, die sich noch als original aufspielten. Das war dann das Falsche im Prinzip, jedesmal die dümmliche Bestätigung für das Sosein. Aber auch ich würde ja weitermachen aus angeblicher Notwendigkeit, die ich nicht mehr glaubte, die keiner mehr glaubte, der den Glauben einmal erlebt hatte. Die Wäsche da über der Badewanne auf der Leine, als ich mir die Hände wusch. Gestern hatte ich einen Telefonisten gesehen mit einem Armstumpf, über den er einen Wollsocken gezogen hatte. Wolle juckt. Der Teppich hatte Millionen Maschen. Auf dem gekachelten Boden in der Küche hält sich die Fliege nicht an das Muster der Fugen. Ich verstand ein Streichholz, als ich mir eine Zigarette anzündete und es noch weiter abbrennen ließ. Ferdinand bot mir Slivowitz an.

Gegen Mittag bin ich in den Zug eingestiegen, der über Saarbrükken nach Paris fuhr. Ferdinand hatte mich mit dem Auto zum Bahnhof gebracht, um ein Gewirr von Baustellen herum. Beim Abschied täuschten wir wieder viel Einigkeit vor. Er schob den Karren, auf dem mein Koffer stand. Ich kaufte noch Zigaretten und Zeitungen. Wir munterten uns gegenseitig auf, und das stimmte dann wieder. Durch das Abteilfenster sah ich ihn im Gewühl auf dem Bahnsteig untertauchen. Ich setzte mich in die Ecke neben dem Fenster. Neben der Abteiltür, gegenüber, saß noch eine ältere Frau. Ich sah an mir herunter, und ich, fand, daß es ein dicker, verrutschter Körper war. Fahrig und entgeistert. Kurz bevor der Zug abfuhr, stieg noch ein Mädchen ein, zu dem ich dann hinübersah. Sie trug eine kurze schwarze Lederjacke, einen grünen Rock und Stiefel. Unwillkürlich entstand in mir die Vorstellung, ich wäre in ihr drin und hätte Ärger mit ihren Kleidungsstücken; das Gesicht an ihr Leder gepreßt, das gefiel mir nicht. Sie schaute in gerader Haltung zum Fenster hinaus. Du falsches Biest, dachte ich, warum verstellst du dich.

Der Zug fuhr sehr ruhig, so als seien die Schienen in der Hitze weich geworden. An der nächsten Station stieg das Mädchen aus, und alle freien Plätze wurden von anderen Leuten besetzt. Ich hatte das Gefühl, schwitzen zu müssen, weil meine Gesichtsporen zugepappt waren und nicht mehr atmen konnten. Als der Zug wieder fuhr, ging ich in den Waschraum und rieb das Gesicht mit dem lauwarmen Wasser ab und kehrte, ohne es abzutrocknen, ins Abteil zurück. Das Dösen, die rieselnde Müdigkeit, sollte ein Ende haben. Ich schlug eine Zeitung auf und las darin kreuz und quer herum. Ich spürte, wie die Gesichtshaut spannte im Sonnenlicht, in dem die Nässe schnell weggetrocknet war. Die Knochen unter der Haut fühlte ich überdeutlich wie geschwollene, schmerzende Vorsprünge beim Aufwachen am Morgen nach einer Reihe harter, ungebremster Schläge. Maria, dachte ich, nur ihren Namen, und ganz kurz und flüchtig ihr Gesicht. Die Mitreisenden wollte ich gar nicht ansehen. Euch und eure Gesichter kenne ich gut genug, auch eure Ärsche, die platt aufsitzen, auch eure Beine, die nebeneinander stehen, als hätten sie ihr paarweises Vorkommen zu beweisen. Die Frau lächelte mir einmal zu, als ich mich rekelte und versuchte, die Kopf in den Schatten zu bringen. Ohne sie anzusehen, lächelte ich zurück. Einmal betrachtete ich an der Zeitung vorbei ihren Hals, der über dem Kragen der Bluse zitterte, ein feines Runzelwerk, unter dem die Gurgel lang herabhing. Maria wird alt, habe ich gedacht, und runzlig, genau wie ich, und bei dem Gedanken freute ich mich darüber, daß diese Voraussage wahrscheinlich eintreten würde. Ich werde einen Schlips tragen, über dem der Hals einen Halt finden kann, hochgeschlossener Kragen, damit er nicht diese lange Hängefalte bekommt wie bei einer Pute. Da hinein schneidet man lange, bevor ein Tropfen Blut kommt. In Saarbrücken hatte der Zug eine Viertelstunde Aufenthalt. Ich ging in die Telefonzelle auf dem Bahnsteig und rief Maria an. Ja, ich bin es, sagte ich, nur ganz schnell, der Zug fährt gleich weiter. Oder hätte ich dich nicht anrufen sollen? Nein, nein, rief sie, warum denn das, und in mir kam eine seltsam zynische Ruhe darüber auf, daß sie mir ins Ohr schreien, aber mich nicht mit dem Körper angreifen konnte. Also, sagte ich, kurzgefaßt, wie geht es? Ich hörte sie wimmern. Du hast mich wieder so verletzt, warum denn nur, bitte sag es mir. Bin ich denn ein Dreck, was bin ich denn? Allein bin ich, ja, ja, das bin ich wirklich. Ich bin auch allein, sagte ich und fühlte wieder diese kalte gemütliche Ruhe. Was trieb sie jetzt? Fing sie einmal an, sich selber auf die Schliche zu kommen? Was machst du gerade, fragte ich. Wie kannst du mich so etwas fragen, sagte sie. Ich mußte einfach weg, sagte ich, ja, weg von dir. Nach meinen Bedingungen mußte ich weg. Du hättest mich sonst umgebracht. Was hätte ich, fragte sie. Wer bringt wen um? Ich glaubte, daß sie mich umbringen wollte, und ich glaubte es nicht. Beide Möglichkeiten hielt sie mir offen. Obwohl unaufrichtig, fühlte ich mich im Recht, und dadurch hatte ich einen haltlosen Mut zur Unaufrichtigkeit. Du willst nicht, daß ich dich umbringe, sagte sie. Nein, rief ich laut und aufgeräumt, als sei es ein Spaß. Aber du willst, daß ich mich umbringe, das willst du doch. Ihre Stimme klang jetzt gestochen scharf und aufmerksam. Obwohl ich ihr das im Ernst ausredete, hörte ich doch eine gewisse Scheinheiligkeit aus meiner Stimme heraus. Wo bist du, fragte sie. Ich sagte, das könne ich ihr nicht verraten. Bitte, sag es mir, du hast nichts zu befürchten von mir, ich will nur, daß du es sagst. Es geht nicht, sagte ich. Bist du schon nach Paris unterwegs, fragte sie. Nach Paris? Nein, das hat noch viel Zeit, das ist ja erst in einer Woche, bitte, frag nicht weiter, wo ich bin, ich muß gleich einhängen. Wie du mir weh tun kannst, du kannst mich umbringen damit, rief sie, weißt du das eigentlich? Wo bist du? Sie schrie es. Ich wollte nicht wieder zurückfallen in diese gefühlige Ohnmacht. Beruhige dich, sagte ich. Ich wollte diesen unentrinnbaren Krampf nicht wieder kriegen, nicht mit diesen unfaßbaren Gefühlen in der Telefonzelle stehen und schwitzen. Gleich ist es vorbei, beruhigte ich mich, gleich *mußt* du einhängen. Sie sagte, sie sei schon wieder dabei, sich vollzulaufen. Dann paß nur auf, sagte ich. Warum mußt du denn das auch noch sagen. Du bist ja wie ein Tier. Du läßt mich einfach sterben. Warum mußt du mich auch noch so frech abfertigen, ich kann doch ohnehin nichts machen mit deiner Stimme. Gott sei Dank, dachte ich, das ist es ja eben, deshalb fühle ich mich schon viel besser. Ich sagte nichts. Nach einer Pause sagte sie, sie wolle nach Paris kommen. Gib mir einen Tag dort, und ich komme!

O verrückte Panik. Ich schrie sie an, ein Verrückter. Ich biß auf den Kugelschreiber. Das machst du nicht, schrie ich. Meine Stimme gellte in ihrem Ohr. Das machst du nicht. Ich hörte sie noch atmen und legte auf. Ich sah das Telefon lange an. Meine Hände zitterten. Der Schweiß brach mir aus. Die Angstgefühle der letzten Monate überschwemmten mich.

Ich blieb noch in der Zelle stehen, hielt aber mit einem Fuß die Tür auf. In Gedanken bemühte ich mich auch schon wieder um sie, die hilflos in den Hörer hineinheulte.

Ich ging ein Stück am Zug entlang, stieg irgendwo ein und konnte nur mit Mühe entscheiden, in welcher Richtung mein Abteil lag, und da wollte ich schnell hin, und wenn ich saß, sollte der Zug sofort abfahren. Meine Beine zitterten auch. Ich wischte mir die Stirn ab. Abfahren, schnell.

Dann fühlte ich mich ruhiger werden auf meinem Platz. Ahnungslos und gutartig erschienen mir zwei Mitreisende, die hier zugestiegen waren. Maria war vor ein paar Augenblicken in Berlin gestorben, da in Berlin. Aber sie lebte weiter, und wir verfehlten uns in Paris. Jeden Abend wartete sie auf mich im Gare du Nord vergeblich und trollte sich wieder hinaus, heulend, zurück zu ihrem Kammersänger aus Ostberlin, bei dem sie wohnte und den sie in Paris endlich, als sie betrunken war, an sich heran ließ, wie eine Tote, von mir Getötete, weil ich auch nicht ankam auf dem Gare du Nord, sondern schon lange vorher angekommen war. Alles schien mich in Paris von Maria abzulenken, es war eine Pause, eine schmerzfreie Zeit, ohne Gefühl beinahe. Nur schwache Reize für den Körper, der seine Heftigkeit abgelegt hatte, eine Ruhe und Gleichgültigkeit brauchte, eine ruhige und beruhigende Phase, ein schwacher, sich langsam erholender Überlebenswille. Dieses leise Fließen von Leben innen und außen – ich hörte wirklich überhaupt keinen Lärm. Ich erlebte schon einmal vorsorglich mein Alter, und währenddessen konnte meinetwegen Maria untergehen, ohne daß ich mich geschämt oder entsetzt hätte, wenn ich im Bois de Bologne auf einer Bank saß und mir mit der kleinen Zange die Fingernägel abknipste, die hell und heiter durch die Luft flogen.

Die Grausamkeit, die ich an Maria vollbracht hatte, war nichts anderes gewesen als ein Zurückweichen, so daß sie mir nachgreifen mußte, denn sie konnte es nicht leiden. Unerbittlich und stolz wie ein Mann wollte sie immer sein können. Und ich wollte nicht mehr ihr Verbindungsmann zur Welt sein, ein flackerndes, unzuverlässiges, mitten in der Leistung immer kaputtgehendes Medium, das sie treten und prügeln konnte nach Belieben. Und da hörte für sie die Geschichte auf. Verlassen zu werden, das mußte das Ende von allem sein. Ohne mich, ohne Welt und keine Maria mehr, nur noch ein Heulen der Verlassenheit. Denn ich gab ihr keine Bedeutung mehr, ihrer Wohnung gab ich keine Bedeutung mehr, ihrem Frühstück, ihrer Arbeit. Wenn sie lachen oder weinen sollte, dann ginge das ohne Bedeutung verloren. Ich nahm nichts mehr von ihr an. Sie konnte auch gar nichts mehr denken, bloß noch eine winselnde Kreatur sein, die ich in aller Ruhe hinrichtete. Weil ich ihr die Freiheit gegeben hatte, hatte ich ihr jede Freiheit genommen. Ich war jetzt die gleichgültige Natur und die träumende Kraft in einer abgestellten Maschine. Und nie wäre ich befangen gewesen und in meinen Wahn verfallen, wenn ich nicht angefangen hätte, sie mit ihren Augen zu sehen, als Opfer, und mich selbst als einen niedrigen Vollzug an ihr. Immer wieder war unsere Geschichte an ihren Anfang zurückgekehrt. Sie war zu unserem Leben geworden, sogar zu unserer Öffentlichkeit, obwohl ich mich manchmal fragte, ob sie das Recht hatte, sich derart auszubreiten, aber dann wieder dachte ich, daß Geschichten wie diese die eigentliche Geschichte ausmachen und daß die Weltgeschichte nur die chronische Geschichte ihrer Verwaltung ist. Nicht vor dem Hintergrund einer ruchlosen weltgeschichtlichen Spirale, deren Bewegungen immer enger und unentrinnbarer wurden, spielte sich unsere Geschichte ab, vielmehr vollzog sich das gesellschaftliche Leben, dieser atemlose Stillstand in der Bewegung, vor dem Hintergrund unserer Geschichte. Darin lag für uns der Grund zu einem geheimen Stolz, die letzte Möglichkeit anarchistischer Selbständigkeit und das Recht auf einen eigenen Untergang. Der Staat hatte uns nichts zu bieten als die Regie der äußeren Auflösung. Gleichgesinnte hatten uns auch nichts zu bieten; wir wollten, glaube ich, von Gleichgesinnten nicht einmal eine Ahnung haben. Die Detonationen öffentlicher Energien, der Überschall der Sprechsignale, die industrielle Vernichtung des Lebens und die industrielle Herstellung einheitlicher Lebensgefühle, die Verwandlung eines jeden Wesens und Gegenstandes in seine eigene Reproduktion, das alles waren Einzelheiten unserer Geschichte. Wenn ich die Zeitung las, wußte ich nicht mehr, ob mir da mein höchst eigener Wahn klargemacht wurde oder ob ich nur am großen normalen Wahn noch nicht gehörig beteiligt war. Jedenfalls war das alles ein katastrophales Futter, von dem sich auch unsere Geschichte nährte. Das ganze Weltmaterial drängte herein.

Maria hätte alles verlieren können, aber nicht einen einzigen, der im Hintergrund ein Gefühl für sie unterhielt, an dem sie entlangleben konnte. Sie nahm Geld oder gab Geld, an jedem Körper konnte sie sich vergreifen, aber ich hatte ihr ein Gefühl für sich selber gegeben, so hatte ich sie gesehen, und auf dieses Gefühl sollte ich, da sie es von mir hatte, dauernd ein Besitzrecht beanspruchen. Das war der Unterschied. So war ich der Besondere und der Ausgezeichnete geworden. Ich sollte ihr weiterhin ihre Bedeutungen geben, ohne die sie verloren war.

Die Nachricht von Lasskis plötzlichem Tod erreichte mich im Fichtelgebirge, wo ich mit Ursel vier Wochen lang ein Haus bewohnte, das einem Redakteur gehörte. Es war eine Karte von Lisa, die mir von der Post nachgeschickt wurde. Lasski sollte tot sein? Diese erstaunte Frage stellte ich mir sofort und bemerkte doch gleichzeitig, daß dieses Staunen einfach der unerwarteten Neuigkeit galt. Ich hatte überhaupt keine Schwierigkeiten, es zu glauben. Lasski redete nicht mehr. Ich las die Karte noch einmal: Lasski am 18. Juli gestorben. Bitte melde Dich, Lisa. Das war Wirklichkeit, ich zweifelte nicht daran. Draußen vor dem Fenster schwankten im Wind die Leitungsdrähte. Das Staunen war auch ein ungläubiges Staunen, wenn ich an *jetzt* dachte, daß in diesem Moment Lasski in einen Sarg gebettet wurde, aus dem er nie wieder aufstehen sollte, daß er vorbei war. Das wäre vermeidbar gewesen, meinte ich und spürte einen Ärger darüber in mir aufkommen, daß ich ihm keinen Vorwurf mehr machen konnte. Wie ein Hund, dachte ich und wußte dabei nur, daß es ein kurzes, klares Zitat war. Nur mein eigenes Körpergefühl war da. Ich warf die Karte auf den Tisch, wobei ich mit dem Ärmel den Teelöffel von der Untertasse riß. Mit dem Bleistift schrieb ich in Großbuchstaben LASSKI IST TOT auf einen Bogen Papier. Ganz langsam verfolgte ich die Buchstaben. Ich wartete dringend auf die Erschütterung. Er mußte einen Fehler gemacht haben. Vielleicht war er verunglückt. Vielleicht hatte er noch versucht, mich anzurufen. Wußte Maria es schon? Lisa war in Lasskis Wohnung, und Maria im Auto auf dem Weg zu ihr. Es war nicht sicher, daß ich die Nachricht erhalten hatte. Keiner wußte, wo ich mit Ursel war, keiner außer dem Redakteur, zu dem sie keinen Kontakt hatten, und dem Briefträger, dem ich den Nachsendungsantrag gegeben hatte. Maria holte Lasskis Mutter vom Flugplatz ab.

Heute war der 21. Juli. Ich versuchte mich genauer an den 18. zu erinnern. Am Morgen nach dem Frühstück hatten wir unten im Dorf eingekauft. Danach hatten wir auf der Wiese in Liegestühlen gelegen und gelesen. Eine kleine Glasscheibe des ehemaligen Hühnerstalls war über Nacht zerbrochen, ohne daß wir ein Geräusch gehört hätten.

Ich wollte aber wissen, wie Lasski gestorben war, mußte es sogar wissen. Hier im Zimmer kam mir die Luft leer vor. Lasski wurde schon zu einer Erinnerung, in allerkürzester Zeit. Seine Eigenschaft war es schon jetzt, daß er fehlte, daß er an bestimmten Stellen nicht da war, und das waren Stellen, die es überall gab, auch hier. Hatte er nicht noch gerade gesagt, die industrielle Entwicklung müsse selbstverständlich weitergehen, allerdings käme es künftig darauf an, von wem und für wen diese Entwicklung weiterbetrieben würde? Sein Fehlen war tatsächlich gravierend, einschneidend, ohne weh zu tun. Leerstellen. Sein Platz im Flugzeug: ein anderer rückte nach; seine Wohnung: Lisa saß da am Schreibtisch und weinte; der Kneipentisch am Fenster unter der großen Lampe; der Treppenflur. Da stand die elektrische Schreibmaschine – seine Finger waren nicht da, die Stimme, seine Syntax weg. Es war gar nicht schlimm. Oder ich begriff einfach nichts. Ich stellte mir vor, wie jemand zu mir sagte: du verstehst einfach nichts. War es etwas zum Verstehen, wenn jemand starb? Es war auch nicht eine Gefühlskälte, es war überhaupt kein Gefühl für das da, was mit Lasski passiert war, kein Gefühl für Lasski. Die Asche fiel mir von der Zigarette, als ich sie gerade abstreifen wollte. Ich sah ihr nach, wie sie über den Tisch rollte. Ursel war im Garten und zupfte Unkraut. Sie wollte auch noch Radieschen hereinbringen für den Salat. Ich hätte nie daran gedacht, daß eine so eitle Selbstsucht und so eine zynische Instanz plötzlich ausfallen könnte. Ich mußte mir jetzt so viele Bilder, Schnappschüsse von Lasski vorstellen, daß sie mir kaum mehr bedeuteten als sich selbst. Anstatt fassungslos zu sein, an keine Mahlzeit mehr einen Gedanken verschwenden zu können, stellte ich mir so eine Fassungslosigkeit und Apathie nur vor. Ja, so wäre es jetzt, wenn mich die Nachricht betroffen hätte. Ich wollte Lisa einen Brief schreiben, nein, besser war es, sie anzurufen. Geschriebene Sätze hätte ich immer wieder durchstreichen müssen. Die Stuhlbeine scharrten über die Bodenplatten, als ich aufstand. Jetzt konnte ich nicht einmal Ursel vernünftig gegenübertreten, ruhig, aber betroffen von Lasskis Tod. Sie war dabei, verfaulte Kohlstrünke aus dem vorigen Jahr auszureißen. Sie richtete sich auf und warf das Zeug auf die Schubkarre. Sie schwitzte, im Gesicht verschmierte Erdspuren, und sah mir entgegen, die Beine breit über das Beet gespreizt.

Lasski ist tot, sagte ich. Ursel sah mich lange an, als ob die Bedeutung dieser Nachricht gleich aus mir herausplatzen müsse. Ich fühlte meine Arme so, als wären sie ein sinnloses Zubehör; ich wünschte, sie sollten mir abfallen. War er krank, fragte Ursel endlich. Ich schüttelte den Kopf und sagte, ich wüßte noch nichts Genaues. Ich gehe mal schnell ins Dorf hinunter und rufe seine Freundin an. Willst du mitkommen? Sie wollte nicht mitkommen. Sie sagte, sie wolle weitermachen und müsse dann auch noch einen Brief an Erika fertig schreiben. Unten, in den Serpentinen, sah ich einen Transporter fahren. Er hatte lange Baumstämme geladen und bugsierte sich langsam durch die engen Kurven. Die Ladung schwenkte aus, so daß es von hier oben aussah, als würde sie jeden Augenblick gegen den Wald schlagen und abgerissen werden. Grüß Erika von mir, sagte ich, und es war mir ganz klar, wie abwesend ich dabei aussah. Ursel schien zufrieden zu sein mit meinem Verhalten; sie machte weiter. Ich sagte, mach bitte die Karre nicht zu voll, sonst hebst du dir einen Bruch. Kann man an einem Bruch sterben, fragte sie. Nein, sagte ich. War Lasski dein Freund, fragte sie, dein bester Freund? Ja, früher war er das, sagte ich und schaute woanders hin. Es war windig, und ich zog die Jacke an, die ich über dem Arm trug. Das Laub der Obstbäume wurde vom Wind aufgewölbt, und ein paarmal fuhr eine Böe so hinein, daß die Blätter gedreht wurden und ihre blasseren Rückseiten zu sehen waren. Ursel hob ein Bündel Radieschen in die Höhe und rieb mit der Hand die Erde ab. Auf den Höhen jenseits des Waldes wurden die Kornfelder schon gelb. Und das war die Zeit, in der Lasski schon tot war.

Kann ich es Erika schreiben, fragte Ursel, daß Lasski tot ist? Du kannst es ihr schreiben, sagte ich und ging. Ich dachte daran, mit dem Fahrrad zu fahren, aber es war mühsam, das Fahrrad nachher die Straße hinaufzuschieben. Ich nahm den Waldweg hinunter zum Dorf. Es gab ein paar Abkürzungen. Wenn ich Lisa in ihrer oder in Lasskis Wohnung erreichte, mußte ich damit rechnen, daß Maria da war.

Lisa war in ihrer Wohnung. Sie war ruhig, sogar freundlich. Keiner war bei ihm, sagte sie, er hat mich nicht mehr gesehen, er hat keinen von uns mehr gesehen. Lisa war über das Wochenende bei ihren Eltern in Göttingen gewesen. Wahrscheinlich hatte er auch nicht mehr versucht, jemanden anzurufen. Er hatte auf dem Fußboden gelegen. Der Heizlüfter war angestellt. Er mußte es zunächst wieder für eine Nierenkolik gehalten haben, bis er nicht mehr die Kraft hatte, Hilfe herbeizurufen. Lisa war Sonntagabend vom Bahnhof aus direkt zu ihm gegangen und hatte ihn gefunden. Er muß gefroren haben, sagte Lisa, er hatte den Schlafanzug an und sah ganz grün und geschwollen aus. Ich war vorhin noch bei ihm in der Wohnung, aber seine Mutter wollte dort allein sein. Sie schläft bei mir. Lasski war in der Nacht von Samstag auf Sonntag gestorben. Ich konnte kaum etwas sagen zu Lisa, ihr nur ein paar Fragen stellen nach Einzelheiten. Ich wollte die Umstände möglichst genau wissen, obwohl mir einmal, während Lisa erzählte, alles wie eine Erfindung vorkam oder wie eine Selbstinszenierung von Lasski, deren Ablauf er jetzt aus seinem Versteck zusah und sich ins Fäustchen lachte. Was haben wir schon von ihm gewußt, sagte Lisa, er hat sich immer so kleingemacht und sich versteckt. Hast du gewußt, daß er Tagebuch führte? Ich habe zwei dicke gebundene Tagebücher gefunden, ganz vollgeschrieben mit der Hand; ich habe sie mit zu mir genommen und möchte gern, daß du sie auch einmal liest. Die Beerdigung sei für übermorgen angesetzt. Ob ich vorhätte zu kommen. Ich sagte, ich wüßte es noch nicht, ich sei mit Ursel auf dem Land einquartiert. Ach bitte, komm doch, sagte sie. Ich bin so niedergeschlagen, sagte ich, und wie kann ich dir da nützen und wie ihm? Sind das nicht Ausreden, fragte sie. Ich weiß es nicht, sagte ich, ich wundere mich nur und verstehe nichts; ich habe noch nichts verstanden. Lisa fing an zu weinen. Lasski hatte in seinem Erbrochenen gelegen. Als sie ihn fand, war er es schon nicht mehr. Ein ganz fremder Körper, den sie nicht anfaßte. Der Geruch. Sie habe zuerst an ausströmendes Gas gedacht. Ich sagte, ich weiß noch nicht, ob ich komme. Ich machte Versuche, ihr etwas Abschließendes zu sagen, freundschaftlich. Sie sagte aber, Mensch, du brauchst doch nichts zu sagen, das brauchst du wirklich nicht, das erwarte ich überhaupt nicht. Ich kann selbst nichts dazu sagen.

Langsam ging ich durch den Wald zurück. Ich sah mir vieles genau an, auch so etwas Zusammenhangloses wie die Harzspuren auf der Baumrinde. Ich dachte, so etwas könne man nicht einmal aufschreiben, weil es nichts sage. Meine Aufmerksamkeit empfand ich als einen Vorteil, den ich Lasski gegenüber hatte und auch gehörig wahrnehmen mußte, auch stellvertretend für ihn. Ich fand aber alles unverändert. Es war so still, daß meine Schritte mir wie das einzige vorkamen. Nur ein paar Vögel zwitscherten oder flogen hell gackernd auf aus dem wüsten Durcheinander des Brombeergestrüpps. Rechts vom Weg war eine Schneise in den Waldhang geschlagen, so daß man von einer Bank aus einen guten Blick auf die Dächer der Häuser und auf die gegenüberliegenden Hügel- und Waldmassen hatte. Ein feines, diesiges Licht lag darüber, und auf den beinahe durchsichtigen, verschwindenden Abhängen waren symmetrische Anbauflächen herausgeschnitten, Kornfelder und Wiesen. Jeder Anblick bedeutete mir jetzt nur, daß er für Lasski verloren war. Wo waren seine Beobachtungen jetzt? Von aller Welt abgeschnitten, ein abrupt beendeter Stoffwechsel der Bilder? Der Durchblick auf eine Hügelkuppe, obenauf ein einzelner, fein sich abzeichnender Baum, wie eine bewußt angelegte Markierung. Auf solche Dinge hatten wir uns früher aufmerksam gemacht. Wozu? Ich gab einem Baum im Vorübergehen einen Klaps und bildete mir ein, dadurch eine besondere Beziehung hergestellt zu haben, zu eben diesem Baum. Ich machte eine weitere Naturbeobachtung, weil ich sie machen wollte: an einer besonders steilen Stelle waren alte Baumstümpfe umgekippt und hatten große, von den Wurzeln gehaltene Erdfelder mit hochgerissen; wie Sehnen und Adern ragte das Wurzelgewirr daraus hervor in einer mutwilligen Vielfalt der Formen, die wie erstarrte Bewegungen wirkten. Das waren jetzt Teile von mir, die ich mit nach Hause nehmen konnte, Naturstücke als eine traurige Erscheinung in der Erinnerung. Ich schrieb diese aufrecht stehenden Wurzelschollen in mein Notizbuch, und auch, weil ich schon einmal schrieb, die leere Konstruktion einer Ruhebank, von der die Sitzleisten abgerissen waren. Ich trat aus einem dunklen Korridor in einen hellen. Der Weg führte jetzt die Straße entlang bis zu der nächsten Steilkehre, von wo aus er wieder eine andere Richtung nahm. Er führte durch ein Bachbett, das man mit Zweigen, Steinen und ein paar dickeren Ästen überbrückt hatte. Jetzt war oben im Licht die große Hochfläche zu sehen. Ich setzte mich auf einen Stein und weinte um Lasski. Ein paar Minuten nur, dachte ich, dann gehe ich weiter. Ihr Bäume. Am Rand der Kuppe war ein steiler Absturz. Die Grasnarbe ragte noch ein Stück weit darüber hin. Die Kronen der Kiefern waren dort vom Wind aufgerissen und zerfetzt, andere auch weit, wie von einer schweren Hand nach innen gepreßt. Der Bach war ein einfaches, flinkes Fließen durch Licht und Schatten, immer hinunter, ohne ein wirkliches Hindernis zu finden. Nur die Bewegung veränderte sich stellenweise, sekundenweise, um Steine herum, Steine unter- und überspülend. Es ging immer weiter und immer hinunter und es bedeutete nichts insofern, als es wirklich ein Fließen war. Für eine Weile folgte ich dem Bachlauf aufwärts und kam an eine Felswand, unter der der Bach etwa einen Meter tief abstürzte und im Licht fein aufstäubte. Auf der Wand wuchsen ausgedehnte Moosfelder; so ging es schön grün aufwärts, bis oben das Grün immer heller wurde und sich in der Nähe des Grats ganz in Licht auflöste. Im Wasser lag ein Wurzelstamm voller Narben, Beulen, Schnitte und Wülste, der den Wasserlauf teilte.

Ich verrieb die Tränennässe in meinem Gesicht. Ich fühlte mich armselig, weil ich meinte, das allerarmseligste «Interessengebiet» erwischt zu haben. Ich versuchte mit aller Gewalt, noch einmal ernst zu nehmen, was jeder in seinem Leben schon einige Male verloren hatte. Die Natur kam mir als zu weich vor, an ihr war nichts eindeutig. Man konnte sie weder im großen noch im kleinen richtig in den Blick hineinnehmen, und erklären konnte man sie schon gar nicht. Wo hatte ich gelesen, daß alles einfach wird, wenn man sich nur weit genug davon entfernt? Die kleinen Bewegungen und Dinge verschwänden dann, und das Ganze läge unter einem in seinen großen Zügen. Aber ich glaubte nicht, daß die Natur den Naturbeschreibungen aufs Wort folgte, und wenn in unserer Geschichte eine solche Naturbeschreibung vorkommen sollte, dann müßte es auch die letzte sein. Diese Natur war doch ein Traum, der sich selber immer weiterträumte, auch ohne uns.

Ich trat, die Straße überquerend, aus dem Wald heraus. Die Abkürzung zum Haus ging jetzt durch eine Obstwiese. Das war ein schöner, klarer Friede. Das hohe Gras wischte an den Schuhen vorbei. Ich blieb stehen und kämmte mich. Jetzt nachträglich hatte ich ein Gefühl für das, was ich soeben gesehen hatte. Ich wollte diesen Rückweg näher beschreiben.

Ursel saß auf der Bank vor dem Haus. Haarsträhnen klebten ihr im Gesicht. Da bist du, sagte sie, endlich. Sie saß da, den gekrümmten Rücken gegen die Wand gelehnt, die Knie gespreizt. Sie atmete heftig mit offenem Mund. Jetzt habe ich genug davon, sagte sie. Ich fragte mich, ob ich wirklich zu Lasskis Beerdigung fahren sollte.

Ich setzte mich neben Ursel. Es war schön, so auf der Bank zu sitzen. Am Himmel waren nur dünne Wolkenfäden. Ich hatte die Jacke ausgezogen, und langsam kühlte der naßgeschwitzte Rücken ab. Auf dem Hof des Nachbarn wurde der Traktor angelassen, und der Bauer fuhr damit weg. Hinten auf der Weide grasten die Kühe mit ebensolcher Stetigkeit, wie die Zweige vom Wind bewegt wurden. Weißt du was, sagte Ursel, ich habe richtige Angst davor, mich zu langweilen. Langweilst du dich denn, fragte ich. Noch nicht, sagte sie, aber ich habe schon Angst davor. Sie hatte Marias Namen noch nicht ein einziges Mal erwähnt. Ich sagte ihr, es könne auch gut sein, sich zu langweilen, der Körper übernähme dann selbständig die Denk- und Fühlarbeit, und man könne ein bißchen achtgeben darauf und darüber staunen, was in einem selbst vorgehe. Aber dann, sagte ich und lachte, langweilst du dich schon nicht mehr. Mir fiel ein, daß Maria Erika anrufen konnte, um herauszukriegen, wo ich war. Aber Maria hatte Erika noch nie angerufen. Wie oft hast du Lasski gesehen, fragte ich Ursel. Ach, ein paarmal, sagte sie. Mochtest du ihn? Nach kurzem Zögern sagte sie ja. Er ist an einer Krankheit gestorben, sagte ich. Ich wußte nichts von dieser Krankheit. Wahrscheinlich hat er mit keinem darüber gesprochen. Sie sagte, vielleicht war ihm die Krankheit peinlich. Ich dachte wieder einmal an das Drittel Trümmergrundstück, als sei es eine absolute Sicherheit für Ursel. Wenn es notwendig ist, dachte ich, wenn Ursel es dringend braucht, bestehe ich auf Verkauf, aber erst dann. Ich dachte, daß alle meine Beobachtungen, die ich in letzter Zeit notiert hatte, sich sofort verändern würden, wenn ich Geld bekäme, aber vielleicht wären die Beobachtungen dann nichts mehr wert, ungültig geworden durch die Annahme des Geldes. Ohne durstig zu sein, hatte ich auf einmal Lust auf ein kaltes Getränk. Im Kühlschrank war Tee. Gestern waren wir mit dem Bus in die Kreisstadt gefahren, und in einem Antiquitätenladen hatte ich beinahe gedankenlos eine silberne Kuchenschaufel gekauft, für Maria, glaubte ich nachher, um ihr etwas mitzubringen. Durch Lasskis Tod fühlte ich Maria in größerer Sicherheit. Sein Tod war ein zwar unerwartetes Ereignis, aber doch ein herausragendes, dem niemand aus seiner Umgebung einfach ein gleichrangiges würde folgen lassen. Willst du auch kalten Tee, fragte ich Ursel und stand von der Bank auf. Da rannte sie schnell ins Haus und kam nach einer Weile mit dem Tablett, auf dem zwei gefüllte Gläser standen, zurück. Ich beobachtete den Tee, auf dessen Oberfläche kleine Flocken des Zitronenfleischs schwammen. Beim Trinken beobachtete ich auch den Zaun. An einer Stelle war der Maschendraht über dem Gras hochgebogen worden von den Hunden und Katzen, die sich durch die Lücke gewunden hatten. Ich dachte, wenn du genau hinsiehst, hast du es auch schon. Aber diese Wahrnehmungen waren doch viel zu willkürlich. Im Kopf war eine kleine schmerzende Leere, die sich sträubte, das aufzunehmen. Insgeheim wußte ich schon, daß ich nicht zu Lasskis Beerdigung fahren würde, fing aber doch an, mit Ursel darüber zu reden, was dafür spräche und was dagegen. Auch nachher tat ich noch so, als ob ich die Entscheidung erst morgen treffen wolle. Um nicht wieder etwas sehen und wahrnehmen zu wollen, zwang ich mich, in eine einzige Richtung zu starren. Alt fühlte ich mich, ganz gebrochen. Jetzt konnte ich darauf warten, bis unten in den Kurven wieder ein Sattelschlepper mit einer Baumstammladung auftauchte. Ich versuchte, möglichst lange zu atmen und dabei auch nicht zu zucken, mich überhaupt nicht zu rühren. Warum fiel jetzt mein Kopf nicht zur Seite oder vornüber? Meine Hände lagen da auf den Knien. Sie bewegten sich undeutlich, als ich sie länger ansah. Feine Haare auf den Handrükken, die einen feinen Pelz aus Licht trugen. An der Jacke, die neben mir auf der Bank lag, war ein Knopf lose. Als unvorstellbar erschien mir die Anstrengung, ihn wieder anzunähen.

Ursel ging wieder in den Garten und stapfte zwischen den Beeten herum. Der Wind ist ganz warm, rief sie. Ich täuschte sie nicht mehr. Ich hatte sie nie wirklich täuschen wollen, ihr nie fest und stark erscheinen wollen, weil ich auch wußte, daß ich dieses Bild von einem Vater nicht durchhalten konnte. Ich hatte nur immer, wenn sie bei mir war, den Wunsch, anders zu sein, vielleicht sogar ein anderer, an den die Erinnerung lohnte. So sehr ich auch das Hinreißende eines normalen Lebens mit seinen fröhlichen Krämpfen verabscheute, wollte ich doch, daß sie sich gerade darin einmal zurechtfinden sollte. Denn darin konnte man nicht nur das Glück in der Blödheit finden, sondern auch in einer tüchtigen und listigen Berechnung, die einem alle Vorteile ganz selbstverständlich zutrieb. Und wenn das scheiterte, brauchte man immer noch nicht die Hoffnung auf eine umfassende Gerechtigkeit aufzugeben. Dieser Wunsch kam mir jetzt aber hinterhältig und gemein vor.

Ich sprang auf und holte den Kasten mit dem Schuhputzzeug aus dem Haus, auch Ursels zweites Paar Schuhe und mein zweites Paar. Ich putzte alle Schuhe, auch die, die ich an den Füßen trug. Die Energie, die ich mir zuerst nur vorgestellt hatte, riß mich selber mit. Ich war ein Bild rauschender Aktivität. Ich blickte mich, als alle Schuhe geputzt waren, wütend und angriffslustig nach mehr Schuhen um. Ich wusch mir in der Küche die Hände. Ursel kam herein. Nicht so lahm, rief ich, räum bitte deine Sachen zusammen; hier liegt all dein Zeug herum. Wasch dich. Ich räume inzwischen hier auf. Fährst du doch zur Beerdigung, fragte sie. Nein, sagte ich, ich fahre nicht. Wir bleiben hier. Wir werden einen geregelten Tagesablauf haben. Wir werden etwas unternehmen, weite Spaziergänge. Das Geschirr wird nach dem Essen sofort abgewaschen. Du räumst dein Zimmer auf, ich räume meins auf.

Diese Sätze kamen mir zu schade vor, sie einfach auszusprechen. Wie Spruchbänder hätten sie in der Luft hängen bleiben müssen. Als Parolen für alle Tage. So hatte ich Angst, sie würden einfach verpuffen wie kleine, schwach bewegte Wölkchen, die weiterzogen und sich auflösten. Ich sprach ununterbrochen weiter, während ich die Küche auskehrte und Ursel nebenan ihre Sachen in den Schrank hängte. Es waren Selbstermunterungen, sichere, klare Feststellungssätze, Anweisungen, die wieder umfallen konnten, wenn man ihnen den Rücken zudrehte. Ich beschwor sie zu halten für eine Weile. Wir taten etwas, Ursel mit sehr verwundertem Ausdruck. Wir erreichten einen Punkt, von dem aus man weitersehen konnte. Wir hatten spät gefrühstückt und bereiteten schon das Abendessen vor. Nach einer Stunde lagen wir in den Liegestühlen und lasen.

Wieder war die Vorstellung des Sparens da, des Aufsparens für später, für das eigentliche Leben. Im Augenblick waren Mühsal und Beschwerden, Schweißausbrüche und die flaue uninteressierte Anwesenheit zu ertragen, damit später das eigentliche Leben mit freiem Kopf angefangen werden konnte. Dies war nur die Anwartschaft, eine Zeit, in der jede Bewegung von der Absicht zerstört wurde, von der Selbstbeobachtung, der Verdoppelung. Nichts geschah aus eigener reiner Notwendigkeit. Alles war zugleich Hinweis auf sein ebenso beliebiges Gegenteil. Am unangenehmsten war aber die immer wieder durchdringende Gewißheit, daß es so bliebe, zeitlebens ohne Leben, bis zum Tode immer nur Anwartschaft auf Leben, ein hoffnungsloses Herumprobieren, als ob es darum ginge, die richtige Lage zu finden, wie beim Einschlafen, die richtige und damit endgültige Lage. Und dabei erschien es mir selbstverständlich, daß man diese richtige Lage nur suchte für die lange Zeit des Totseins. Solche Vorstellungen waren um so vernichtender, als sie genau dem körperlichen Zustand entsprachen und sich auch nicht in der Bewegung erschöpfen oder niederhalten ließen. Ich bewegte mich ja nicht mehr wirklich. Es war nur noch ein Theater von mir. Die Bilder blieben in mir hängen, kreisende Impulse, die nichts mehr antrieben. Eine Tat, eine Tat! Eine Tat war sogleich eine Straftat, eine Untat. Die Tat wurde sozusagen herbeizitiert, dann einfach nur noch zitiert. Aus Taten bestand die Geschichte, das war einmal. Ich hing krumm im Liegestuhl und las einen ganz anderen Roman. Vögel schimpften aus den Bäumen herab. Ich hatte die fürchterliche Ahnung, Ursel könne schon infiziert sein. Infiziert? War ich einfach nur krank? Oder war es nicht eine tödliche Krankheit, sondern eine tödliche Wahrheit? Vielleicht die einzige, die von allen übriggeblieben war.

Ursel war aufgestanden. Sie sah aufs Land wie aufs offene Meer hinaus. Und ich war verloren, selbst dann, wenn ich es nur allen Wörtern nach war. Lasski war tot. Und mit ihm war das Interesse von irgend jemand gestorben, ihn eines Tages an die, Wand zu stellen. Ich freute mich darüber, noch nicht tot zu sein. Eigentlich, dachte ich, müßte nun auch eine Art Lebensfreude in mich zurückkehren, ein Spaß daran, auch ein winziges Triumphgefühl, Lasski überlebt zu haben. Wie immer das Weiterleben vor sich ging, man fand seinen Spaß daran. Und ich hatte ja immer den Verdacht gehabt, daß mein unentwegtes, sich wie eine Fortsetzungsgeschichte fortsetzendes Untergangserlebnis, die Folge eines geschichtlich vermittelten Wahns, einer kulturellen Gehirnwäsche war. Der Untergang fand kein Ende, so wie außen der Fortschritt kein Ende fand. Immer wenn man beides beobachtete, sah man sich in der Lage, beides zu beobachten. Lasski war tot. Ich trennte mich ohne Unterlaß von Maria. Ursel betrachtete die Welt als eine Glückstombola, aus der sie sich eines Tages nehmen würde, was sie brauchte. Sie glaubte, das ganze Leben läge vor ihr. Um wirklich ihre Geschichte anzufangen, mußte sie sich in ein paar Jahren von mir trennen. Ich würde dann tot oder im Gefängnis sein. Die Schergen waren dann die Ausgeburten einer öffentlichen Gehirnwäsche. Der klare Kopf regierte. Grau, als ein Verfluchter würde ich fotografiert werden, mitten in einem anderen Befehlssystem, und mein Lächeln würde draußen nicht mehr verstanden werden, weil es gar nicht mehr zu verstehen war. Nichts zum Verstehen. Nichts da. Einmal, es war eine Erinnerung, wollte ich als meine eigene Lieblingsidee an Marias Seite verglühen. Alles zwischen uns war nur Zustimmung. Jeder wollte wie der andere sein. Und wir hatten gemeinsam einen langen Regenmantel, den mal sie trug, mal ich. Wir lachten immer, wenn einer den angefangenen Satz des anderen zu Ende sprach. Mitten im Tanz waren wir stehengeblieben und sahen uns in die Augen. Wir hielten uns aneinander fest, ohne es zu wissen. Lasski hatte einmal gesagt, wir seien einander immer ähnlicher geworden, sogar unsere Gesichter wiesen eine große Ähnlichkeit auf. Wir sollten nur aufpassen und uns nicht selber verwechseln. Es war ein taumeliger Zustand gewesen, in dem wir nicht anders konnten, als uns gegenseitig zu bestätigen, ohne schon eine Ahnung zu haben, daß wir damit auch schon das genaue Gegenteil in uns aufzogen, ja züchteten, die Unvereinbarkeit, den hinterhältigen Gehorsam, das Verhalten der Aufseher und Flüchtenden.

Ich dachte, sei doch froh. Nachher ißt du mit deinem Kind, nimmst eine Valium, liest noch ein paar Seiten und schläfst ein. Die Erde atmet aus und ein, du atmest, Maria ist weit weg, Lasski ist tot, du sitzt hier in der Sonne und denkst darüber nach, wie du für Ursel etwas Besonderes tun kannst. Das alles ist genau das, was wirklich ist. Nimm es hin und hör endlich auf, daran herumzudrehen. Störungen spielen dann keine Rolle mehr, wenn du sie als gegeben annimmst. Ich erinnerte mich, daß mir ein Wirt seinen «verhaltensgestörten» Kanarienvogel gezeigt hatte. Der Vogel saß im Käfig. Er hüpfte auf die Schaukel und stand darauf auf einem Bein, das andere angezogen wie ein Storch. Das ist ganz untypisch, hatte mir der Wirt erklärt, wollen Sie wissen, wie es passiert ist? Er hatte die Stimme des Kanarienvogels auf Band genommen und sie ihm vorgespielt. Da war der Vogel bis zum Kollaps durch das Zimmer geflogen und dabei immer wieder gegen Wände und Fenster geklatscht. Das letzte Gespräch mit Lasski ging darüber, inwieweit man die Psychiatrie schon Verhaltenssteuerung nennen könne. Lasski sagte, es sei kein Zufall gewesen, daß Büchner sich mit dem Gehirn beschäftigt habe. Vielleicht hatte ich behauptet, oder war es Lasski, daß die Psychiatrie bald allgemein zur Anwendung komme und dadurch geradewegs in die Verhaltenssteuerung münde. Einfach als ein Zweig der Exekutive. Die Opfer würden einverstanden sein. Im Gegenteil, hatte Lasski gesagt, oder war ich es, im Gegenteil, die fortschreitende, fortschrittliche Psychiatrie wird den Patienten in die Lage versetzen, seine Gezwungenheiten, sein Zwangsverhalten auf die gesellschaftlichen Ursachen zurückzuführen und dieselben zu beseitigen. Nein, nein, sagte ich, der Fortschritt besteht darin, daß die Abweichler fortschrittlicher isoliert werden, meinetwegen auch humaner, was an dem Ergebnis, der erstrebten Zwangszufriedenheit, nichts ändert. Skeptizismus wird eine Seuche sein, vielleicht eine Lustseuche, deren Gefährlichkeit nicht darin gesehen wird, daß sie einmal recht behalten könnte, sondern darin, daß sie eine Entwicklung stören oder gar aufhalten könnte. Wir verstanden beide so gut wie nichts von Psychiatrie, aber es war unser letztes Gespräch gewesen, ohne Publikum, so daß die Ironie wegfallen konnte. Lasski stand öfter auf, wenn er redete, um die Tür zu schließen, die von dem Luftzug aus der Küche immer aufflog. Was soll das heißen, Psychiatrie, sagte ich, alle arbeiten wir an der Definition des Menschen, und wenn er je endgültig definiert wäre, würde er damit auch am Ende sein. Damit wäre er endlich angekommen. Am Ziel der Geschichte. Und damit könnte er endlich auch verschwinden. Es wäre sein Verschwinden selbst. Lasski schien belustigt. Er schnaubte durch die Nase, sprang auf und machte die Tür zu. Er setzte sich wieder hin und fuhr sich mit den Fingern durch das Haar. Herrjeh, rief er. Die Tür war schon wieder aufgegangen. Endzeit, was, sagte Lasski und grinste. Ich zündete mir eine Zigarette an und bemerkte, daß mich der Gegenstand gar nicht mehr interessierte. Ich kannte mal einen, sagte Lasski, der meinte, es käme nur auf die subjektive Befindlichkeit an, egal wie man die herstellt, ob mit Hilfe von Popen oder Pillen, Geld oder gutem Zureden, Gehirnmassage oder Bewußtseinsmassage.

Und das ist auch deine Meinung, fragte ich.

Ich weiß es noch nicht, sagte Lasski. Ja, sagte ich, dann ist es so, daß du dich schon noch irgendwie fühlst, glücklich wahrscheinlich, aber du weißt nichts mehr darüber. Du kannst dann nicht mehr unzufrieden werden und deine Anfälle haben und Angst haben; du kannst dir dann nichts anderes mehr vorstellen. Es ist ein totaler Zustand, eine totale Gegenwart. Du kannst bloß noch kindisch von früher reden, als alles so schwer war. Ich weiß nicht, sagte Lasski, ich könnte es mir als eine gutartige Schizophrenie vorstellen: einerseits wüßte man alles und brauchte weder auf Erinnerung noch auf Antizipation zu verzichten, andererseits würde doch das beruhigte Gefühl der Zufriedenheit und Gegenwärtigkeit dominieren. Ein Gefühl des Bedauerns für Vergangenheit und Zukunft gäbe es nicht mehr.

Das Gespräch war immer faseriger und weitläufiger geworden und hatte am Ende überhaupt keine Verbindlichkeit mehr gehabt außer der einen, daß es gesprochen wurde. Ich war auch ein paarmal aufgestanden und hatte die Tür zugemacht, so als könne damit doch noch eine gewisse Einigkeit erreicht werden.

Ursel legte die Radieschen neben mich auf die Bank. Sie blickte über den Zaun nach drüben und drehte sich so, daß ihr Rock aufflog. Ich sah, was ich schon ein paarmal leicht beunruhigt gesehen hatte, daß nämlich ihre Knie und Schenkel weicher und geschwungener geworden waren, sahniger, fließendere Linien. Das Knochige, die Vorsprünge waren noch da, aber doch schon eingebettet in üppigere Polster. Da sprang ich auf einmal auf und umarmte sie, als ob ich mich verabschieden wolle für immer. Sie machte kleine Schritte rückwärts, um von mir wegzukommen, und ich blieb an ihr dran, dicht in sie hineingepreßt. Und während ich sie mit beiden Armen hielt, wurde ihr Körper ganz hart. Sie wand sich und versuchte, mich mit den Armen wegzuschieben, und da wußte ich schon, daß meine Anstrengung, nicht ihre, vergeblich war, daß meine Kraft jetzt von peinlicher Überlegenheit war. Ich konnte sie nicht sofort wieder freigeben. Ihr Gesicht war rot vor Scham und Anstrengung, die Blicke flatterten, ihr Mund war geöffnet, aber wie in einem Weinkrampf erstarrt. Laß mich los, japste sie und drehte den Kopf angewidert zur Seite. Sie keuchte giftig. Ich war doch ihr Vater, wenn ich es auch selber nicht verstand. Was hatte sie nur? Ihre heftigen Atemstöße schienen Verwünschungen zu enthalten. Ich fühlte mich von ihr gekränkt und mißverstanden. Natürlich, das war ungeschickt von mir, zu plötzlich, als wenn es über mich gekommen wäre, eine Ungeschicklichkeit, sonst gar nichts. Ich hielt sie jetzt lockerer, in dem vagen Wunsch, überhaupt keine Kraft eingesetzt zu haben, so locker, daß sie sich bald befreien konnte. Zuletzt legte ich nur noch wie abwesend mein Kinn auf ihre Schulter. Ich war ja alt. Ich verstand gar nicht, warum sie sich so anstellte. Ich konnte ja gar kein Empfinden dafür haben, wie sie es auffaßte.

Als sie hochrot, wie erwischt ins Haus lief, ja, wie ein Verletzter vom Unfallort wegrennt, als sei die Verletzung schon das Schuldeingeständnis, lächelte zwischen den Beerensträuchern die Nachbarsfrau herüber, so als könne sie zu dem, was sie gesehen hatte, gerade noch ihren Segen geben. Ich hatte Ursel ja tatsächlich nur meine Zuneigung zeigen wollen, aber mit so einem plötzlichen und schrecklichen Angriff hatte ich sie erschreckt. Vielleicht hatte sie dabei in sich selber etwas kennengelernt, das sie noch mehr erschreckte. Ursel kam wieder heraus, um die Radieschen zu holen. Sie sah mich nicht an und wollte «wie immer» aussehen. Und dann hörte ich, wie sie in der Küche Pfannkuchenteig rührte. Sie drückte von innen das Fenster auf und stellte die Flügel fest, indem sie die Haken einhängte. Kurz darauf hörte ich das Fett in der Pfanne brutzeln, und ich ging hinein. Ich strich ihr bescheiden über das Haar. Sie rührte den Teig noch einmal und sagte, ohne sich nach mir umzudrehen, was ist? Es ist schon gut, sagte ich.

Ich hatte keine Lust mehr, noch irgendwelche Beobachtungen anzustellen. Weder mich selbst wollte ich im Auge behalten noch Ursel, noch irgend etwas anderes. Es sollte alles einfach passieren, reaktionslos wollte ich es sehen oder nicht sehen. Kein Kommentar. Mein Arbeitstisch im Wohnraum bestand aus zwei Böcken, auf denen eine Türplatte lag. Ich setzte mich darauf und blätterte meine aus dem Notizbuch gerissenen Zettel durch. Wir waren gestern im Wald gewesen, und ich hatte mich öfter auf einen Baumstamm oder auf eine Bank gesetzt, um mir Notizen zu machen. Ich las: auf Meterlänge gesägte Stapel Rundholz. Eigentlich hatte ich geschrieben *geschnittene* Stapel, *geschnittene* aber durchgestrichen und *gesägte* darübergeschrieben. Ich las: mit dem Schuh das gemoderte Laub aus dem Vorjahr aufwühlen und dabei schwarze Äste freilegen. Bemooste Wurzelstränge. Den Hang hinaufkletternde Tannenschonung. Ein Gehen wie durch Gitterstäbe, die aber doch keine Grenze markieren; der sich immerfort verengende und wieder öffnende Blick. Eine gerodete Fläche; zwischen den dunklen und angeschimmelten Baumstümpfen neue Setzlinge. Die Waldgrenze auf einer vorspringenden Klippe wie ein jähes Aufhören, eine Trennung von mehr Wald, von nur noch Wald. Ein Windbruch. Verlassener Ameisenhügel. Ich kann mich hinterher nie an dieses wirkliche Grün erinnern; sobald ich es nicht mehr sehe, kenne ich es schon nicht mehr. Ein abgestürzter Berg. Ich sträube mich auch gegen die Unternehmung, die Namen der Bäume, Pflanzen und Vögel zu lernen, weil ich meine, es diene nur noch dem Bescheidwissen, nicht der Aneignung. Ein Weg unten im Tal, der durch eine Enge führt, die aus Büschen gebildet ist. Dahinter führt er noch ein Stück durch das schlammige Bachbett bis dahin, wo der Bach in den Fluß mündet und sich eine breitere Schlickfläche gebildet hat. Von dieser Seite her sieht man den Weg aber nur bis zu der erwähnten Öffnung des Gebüschs, ein kurzes, leicht geschwungenes Stück, mit dünnem Gras bewachsen, zwischen dem aber auch Steine glänzen und hellere festgestampfte Buckel. An der Stelle erscheint mir der Weg immer wie ein Versprechen. Nur einmal bin ich weitergegangen und kam mir, gebückt über meinen glucksenden und matschenden Schritten, sogleich bestraft vor. Seitdem kehre ich immer um, nachdem ich die Stelle lange betrachtet habe. Auch hört man, wenn man durch den Schlick weitergeht, bald den Autolärm von der Straße her. Über mir summt wie seine eigene Ewigkeit ein Schwarm winziger Mücken.

Ich war mit den Armen rudernd weggerannt, bis der Schwarm mir nicht mehr folgte. Dann hatte ich mich gegen einen Baum gelehnt und es wie eine besondere Wahrnehmung aufgeschrieben. Diese kleine Schrift auf den Zetteln kam mir, wie schon öfter, auch kleinlich vor. Es war so kleinlich und lächerlich, etwas Selbstverständliches zu einer Wahrnehmung zu machen, das, was nur eine kurze, schnell vergeßbare Aufmerksamkeit beanspruchte, dick hervorzuheben. Zum Beispiel die wiederholte Beobachtung, wie der Wind in den Baum hineinging und die Krone von innen aufblies, so daß die Blätter alle gewendet wurden und ihre helleren, matteren Unterseiten zeigten wie etwas einmalig Verkehrtes. Andererseits, konnte es je ein Bild geben ohne die Anstrengung, es vorher wahrzunehmen?

Ursel hatte den Tisch gedeckt und wendete den Salat in der Schüssel. Wie viele Pfannkuchen ißt du, fragte sie. Ich sagte, einen oder zwei. Dann mache ich drei für dich, sagte sie, und für mich mache ich zwei. Schön, sagte ich. Sie wischte sich die Hände an der Schürze ab und blies sich Haare aus dem Gesicht.

Als ob ich mit meinem Hinsehen erreichen könnte, daß nichts blieb wie es war, jedes Stück Elektrozaun, wenn wir spazierengingen, jedes auf dem Asphalt plattgequetschte Zigarettenfilter. Und was mir wie ein besonderer Wahnsinn vorkam, war, daß die Wahrnehmung schon alles sein sollte, dann nicht mehr das Wahrgenommene, nur noch die Wahrnehmung. Der Blick aus dem Fenster auf die Obstbäume, die dastanden in regelmäßigen Abständen und an denen sich die kleinen harten Äpfel und Birnen wie unverhofft nach außen drängten, und auf dem Nachbarhof der von den Traktorreifen aufgewühlte Schlamm – das alles war so unbeeinflußbar durch Hinsehen wie die Uhr oder der Fernsehapparat, und doch mußte ich hinsehen, mitschreiben, als ginge es um die Dinge selbst, um das Leben selbst. Ich hatte gestaunt, als mir vor ein paar Tagen in einer Gaststätte ein Ornithologe die Landschaft unter dem Aspekt des Vogelschutzes erklärte. Sogleich verwandelte sich alles in eine vorher nicht beachtete Zweckmäßigkeit; alles schien auf einmal wohlüberlegt abzulaufen, tatsächlich wie nach einem Plan. Unter diesem Eindruck sah ich mir, dankbar für meine Nachdenklichkeit, die Gegend wieder an, und alles schien bloß noch den Vögeln beigegeben. So konnte in einer formelhaften Einsicht alles vorübergehend wieder einen Sinn bekommen, der mich an früher erinnerte und den ich dann doch, wie früher auch, wieder aufgeben mußte, weil ich für nichts ein Spezialist war.

Am Morgen darauf hätte ich schon fahren müssen, um an der Beerdigung teilzunehmen. Der Himmel war wieder tiefblau und klar. Ich duschte und freute mich auf den Tag. Ursel hatte schon, um mich zu überraschen, den Frühstückstisch gedeckt. Sie machte Kaffee, und ich ging hinüber auf den Hof, um Milch zu holen. Die Schuppentür stand weit offen, und an den Wänden waren in übersichtlicher Anordnung Werkzeuge angebracht. Ich blieb stehen und betrachtete die klaren Gegenstände vor dem geweißten Hintergrund mit Wohlgefallen und Vertrauen. Der Hund sprang an mir hoch und lief mir bis an die Küchentür nach. Die Frau füllte mit der Schöpfkelle Milch in die Kanne. Das Wetter ist wieder so schön, sagte sie. Ich stimmte ihr zu. Sonst war auch nichts zu bemerken. Ich bezahlte und ging, und hinter mir hörte ich sie noch sagen, ihr Mann sei auf dem Feld.

Ursel schimpfte, weil ihr die Filtertüte geplatzt war. Ich lachte. Wenn ich auch auf neue schlechte Zeichen wartete, fand ich doch allgemein alles ganz richtig, ohne meine Aufmerksamkeit daran zu erschöpfen. Weil mir jede Angriffslust fehlte, verzichtete ich auch auf jede Schutzmaßnahme. Es war warm in der Küche und doch frisch, weil Fenster und Tür offenstanden. Wir setzten uns an den Tisch, und gleich darauf hörten wir Schritte. Es war der Briefträger, der das Fahrrad gegen die Hauswand lehnte, an der es ein Stück entlangschürfte. Er klopfte gegen die offene

Tür, kam herein und legte die Zeitung und drei Briefe auf den Tisch. Er legte die Hand an die Mütze und ging schon wieder. In einem der Briefe war ein Scheck über zweihundert Mark von einem Zeitungsverlag, der einen Aufsatz nachgedruckt hatte.

Wir saßen uns gegenüber, und jeder kaute still vor sich hin. Da wir uns nicht immerfort zulächeln konnten, wenn unsere Blicke sich trafen, vermieden wir es, uns anzusehen. Einmal kam mir ein Krümel in die Luftröhre; es war nicht schlimm, aber ich stieß den Stuhl zurück und sprang theatralisch auf. Ich hustete in die vorgehaltene Hand und ging ans Spülbecken, um sie zu waschen. Manchmal knackte ein Kiefer beim Kauen. Ursel verschluckte sich und mußte auch tief durchhusten. Sie beugte sich dabei tief zu Boden, und als sie sich wieder aufrichtete, hatte sie Tränen in den Augen. Sie setzte sich, wir sahen uns an und lachten laut und unverschämt, und nach einer Weile hatte ich Angst, als erster aufzuhören, denn das Aufhören mußte ja eine Ernüchterung sein. Später tat es weh, vieles sagen zu wollen, ohne es wirklich zu sagen. Ich hatte das Gefühl, daß jetzt ein munterer und sicherer Satz einige Klarheit in unser augenblickliches Verhältnis gebracht hätte. Aber der blieb ungesagt und quälte sich wie eine Verschlingung im Körper herum. Ich dachte, ich könne sie nie wieder anfassen. Meine Vorsicht würde in Zukunft genauso falsch sein wie meine aufdringlichen Liebesbeweise. In ihren Augen lag ich sicher auf alle Fälle schief. Konnte ich nicht natürlich sein, normal sprechen, einfach *wie ich* sein oder wie ein Fotograf es gern hat?

Als wir zusammen das Geschirr abwuschen, fragte ich Ursel, ob sie Lust hätte, spazierenzugehen. Sie sagte nein, sie wolle lesen und im Garten Radieschen säen. Es gibt einen See, sagte ich. Wir könnten uns einen Kahn leihen und auch baden, wenn du willst. Ach, sagte sie, vielleicht heute nachmittag.

Den ganzen Vormittag saß ich auf der Bank. Es war, wie gelähmt zu sein, es aber besser zu wissen und jederzeit aufspringen und etwas tun zu können, aber doch alles zu unterlassen. Ursel war mit dem Fahrrad unterwegs, und von der Wiese aus konnte ich sie manchmal unten auf der Straße um die Kurven strampeln sehen. Sie rutschte über den Sattel, der zu hoch eingestellt war. Der Oberkörper schwang über dem Lenker nach links und rechts. Alles an ihr war noch zu kurz, und ihre Glieder waren gestreckt wie auf einer Foltermaschine. Manchmal tauchte sie wieder an der Hausecke auf. Übertrieben in die Kurve gelegt, fuhr sie vor und setzte einen Fuß auf die Bank. Wenn ich ihr zugenickt hatte, drehte sie um und fuhr wieder los. Die Waden glänzten über den kurzen geringelten Strümpfen. Beim nächstenmal brachte sie mir ein Eis, das sie in einer Hand balancierte. Ich versuchte, die Zeitung zu lesen. Daß sie von gestern war, war nicht schlimmer, als wenn es die heutige gewesen wäre. Beim Lesen dachte ich immer daran, daß ich hier in der Sonne schwitzte. Ich ging aber nicht ins Haus, suchte mir auch keinen schattigen Platz. Die Nase juckte, auch der Haaransatz, wo sich Tropfen sammelten und an den Schläfen herabrannen. Ich hatte das Gefühl, Nachrichten aus einer Gegend zu lesen, die mich nichts anging. Manchmal sah ich über dem Rand der Zeitung den Zaun; der Maschendraht war teilweise von Kletterpflanzen umrankt. Ohne es zu bemerken, hatte ich das Eis weggeleckt, und vor mir im Gras lag der flache, an den Enden abgerundete Stiel. Politische Meldungen. Ich stellte mir die Gesichter der Kommentatoren vor, während sie entrüstete oder resignierende Kommentare schrieben, die passenden entrüsteten und resignierenden Gesichter, die sich erst am Schluß wieder aufhellten über der Zusammenfassung und selbstbewußt und hart wurden, wenn sie unbequeme Wahrheiten einflochten, die Bedingungen einer Besserung.

Vor ein paar Tagen waren wir einen Abhang hinuntergegangen, im Zickzack um die abgestürzten, von Gras und dünnen Bäumen bewachsenen Granitblöcke herum. Da lagen auseinandergezerrte Haufen von Abfall und Abfalltüten, und die ganze Landschaft erschien mir mit einemmal als ein Henkersmahl. Rostige Fahrradgestelle und verschimmelte, aufgerissene Autopolster, durchgerostete Blechgefäße und faulende Matratzen. Alles war über eine größere Fläche verstreut. Mir gefiel die Vorstellung, die schuldigen Leute zu fassen und zu richten. Verwünschungen fielen mir ein, Bannflüche, Ausweisungen, Vertreibungen, so als wäre ich mit meinen Ansichten in eine Gerechtigkeit vorgedrungen.

Aber das, was hier in der Zeitung steht, dachte ich, geht mich wirklich nichts an, das lassen sie sowieso nur in der Zeitung passieren. Die Akteure der politischen Bühne erfuhren aus der Zeitung, was sie vollbracht hatten. Zum dritten- oder viertenmal faltete ich die Zeitung zusammen und legte sie neben mich. Was ging mich der Zank im Kabinett an und was ging mich die Einigkeit, die Einstimmigkeit an. Die

Auseinandersetzungen in den Ausschüssen, den Fraktionen, was gingen sie mich an? Bürgernähe, mehr Transparenz. Alles Kunststoff. Etwas, das es immer gibt, jeden Tag, immer noch dann, wenn es Luft zum Atmen schon nicht mehr gibt. Die Gesetze? Schau dir ihre Macher an, wo und was sie essen, wie und was sie reden, wie sie angezogen sind, welche Autos sie fahren. Industrie- und Fortschrittshyänen, die vernünftig in die Kameras schauen, Bungalower, Altenteiler, Aufsichtsratten, freiheitlich-demokratische Grundorden. Fertig.

Ich hatte drinnen das Radio angestellt und eine theologische Betrachtung gehört. Wer sagt denn, wurde gesagt, daß es heute keine Propheten mehr gibt? Die Propheten wären heute nur verrutscht. Sie seien irgendwie ins soziale oder futurologische Detail gerutscht. Haha, verrutschte Propheten, ich auch. Ich schrieb es mir auf einen Zettel. Ich schlug mit der flachen Hand gegen die Zimmerwand. Es klang hohl. Im Haus war viel neues Holz verarbeitet worden, zum Teil noch nicht angestrichen. Viele Einzelteile sahen gebastelt und provisorisch aus. Ein fadenscheinig dünnes Treppengeländer an der Stiege, die in die oberen Kammern führte, nachlässig verspachtelte Fugen. Die hintere Wand der Küche bestand aus einer rauh tapezierten Preßspanplatte, an die der Stromkasten geschraubt war.

Wir waren weitergegangen, unten durch das Tal bis dahin, wo es sich öffnete. Rechts führte ein asphaltierter Feldweg hinauf zu einem Seitental, das auf der Karte nicht eingezeichnet war. Überall an den Rändern war die Asphaltdecke aufgeplatzt, und durch die Risse in den aufgestülpten Stellen brach bleichgrünes Kraut und Gras hervor. Oben auf der Kuppe hörten die Felder auf. Bergab ging es durch Fichtenwald bis an den Bach. Wenn wir dem folgten, würden wir den Hügel, auf dem wir wohnten, von der anderen Seite erreichen, ohne durch das Dorf zu müssen. Wir kamen an eine Mühle, die von einem alten Mann bewirtschaftet wurde. Draußen standen ein paar Tische und Klappstühle. Wir tranken etwas. An den Wochenenden, wenn viele Ausflügler kamen, stellte der Mann minutenweise das Mühlrad an. Er sagte, wir könnten uns gar nicht vorstellen (das junge Fräulein würde es sich niemals vorstellen können), von welchem Weiß früher die Wolken gewesen wären, welche harte Dunkelheit auch von Regenwolken ausgegangen war. Fremdstoffe, Giftstoffe verwischten heutzutage die Kontraste. Sogar im Bodennebel seien heutzutage fremde Kristalline enthalten. So würden wir wohl in zwanzig Jahren alles durch ein Gelbfilter sehen, ohne den Übergang bemerkt zu haben. Wir leben ja schon heute, sagte er, in einer unmöglichen Zukunft, über die ich mir unbegreiflicherweise noch immer Sorgen mache. Wir waren weitergegangen, nachdem ich bezahlt und ihm ein paar Groschen Trinkgeld hingelegt hatte. Er lachte das Trinkgeld hocherfreut an.

Die Mannigfaltigkeit einer großen allgemeinen Natur hätte ich gern in diesem kleinen elenden Gemüsebeet wiedergefunden. Meinem eigenen Blick konnte ich aber schon nicht mehr standhalten, wenn er vorsichtig durch die Landschaft schwenkte, denn grenzenlos, haltlos zerfloß dieses Bild, unerträglich diese Weite, in die ich mich nicht strecken und in der ich keinen Halt finden konnte. Es ging auch keine Gewalt mehr davon aus, von der ich mich hätte umringt sehen können. Diese Natur fuhr an der Hochspannungsleitung entlang wie eine Kulisse. Schön war es noch manchmal, das hochschießende Grün, das überall war. Die Baumgruppen sahen verschwörerisch aus und auch wie absichtlich angelegte Zufälligkeiten. Ich schaute so lange in die Sonne, bis sie schwarze Ringe hatte. Langsam wurde ich verrückt, nur mit dem Gesicht noch atmend zwischen Blättern und Halmen. Weit weg sah ich eine Kuppe, die kahl erschien, wie geschoren bis hinunter auf das lehmgelbe Leder. Lauter Absichten. Zäune, Abteilungen. Eine einzige kleine Wolke Ganz weit die Spitze eines Fernsehturms. Unten im Dorf war ein zugewachsener Teich; nur in der Mitte war noch so etwas wie ein Wasserloch zu sehen, so etwas wie ein leeres Auge. Am Knacken kleiner Äste konnte ich immer hören, wo Ursel gerade war. Sie trug Truthahnfedern im Haar, und manchmal sprang sie hinter einem Baumstamm hervor und fiel mich mit Geheul an. Ich lachte. Ich lachte ja, als ob nichts wäre. Ein dünnes, vergnügtes Lachen. Einmal blieb ich stehen und lehnte mich gegen einen Baum. Einen Moment der Konzentration wollte ich haben, nein, eher der Ablenkung oder der Vereinfachung. Ich wollte alles einmal grob zusammenfassen, meinen Zustand in irgendeinen Einklang bringen mit etwas anderem. Dünnes Gras, der flackernde Himmel in den Baumkronen. Wenn man den Fuß durch das dunkle Laub zog, wühlte man Moder und Schimmel auf. Als Kind hatte ich draußen oft Steine angehoben, um zu sehen, was darunter war. Ursel, die mir ein Stück weit voraus war, kam auf den Weg zurück (sie ging immer vom Weg ab), und ich ging schnell auf sie zu, dann aber doch eilig an ihr vorbei, als ob ich sie nicht sähe. Hier bin ich, sagte sie und lachte. Gott sei Dank lachte sie. Ich lachte auch und blieb stehen. Warum sind hier Bäume, rief ich, kannst du mir das einmal sagen? Warum sind hier keine Mauern und Häuser, keine Fabriken, keine Schuhgeschäfte, keine Laternen? Warum steht hier nicht ein Dom? Meine Stimme heulte auf, und ich rannte wild im Kreis herum. Wo ist meine Nagelfeile, wo ist mein Bergwerk? Ursel liefen Tränen über die Wangen. Sie kreuzte die Beine und wippte auf der Stelle. Über ihrer Oberlippe glänzte die kleine Narbe. Ich lach mich kaputt, rief sie, ich mach mir in die Hose. So, jetzt ist Schluß, sagte ich, es geht weiter, Schluß mit dem Unsinn, hörst du. Ich nahm sie bei der Hand und zog sie weiter, ganz ernst, aber sie lachte immer noch. Ich sprach auf sie ein, Sätze, die mir selbstverständlich und gleichzeitig mysteriös vorkamen. Im Wald wollen wir heimlich sein, hörte ich mich sagen. Das war doch wirklich verrückt, nicht bloß eine unsinnige falsche Äußerung, wie sie einem unterlaufen, wenn man besonders zuverlässig und normal erscheinen will. Hier ist nämlich alles noch ein wenig heimlich, sagte ich, wenn du nur aufpaßt. Das ist nicht zum Lachen. Horch nur. Zwischen den Bäumen wäre Platz genug, Hütten zu bauen. Wie lange soll ich den Wald halten, in der Ballance halten? Ich glaube, ich nehme ein Stück Borke mit. Ursel zog die Stirn kraus. Auf dem Boden lag ein Lichtnetz, das auch über Ursel hinwegging. Die Vögel waren so laut. Unsere Schritte klangen dumpf, als wir weitergingen. Ursel sah so aus, als vermiede sie, an etwas zu denken. Sie ist schön, dachte ich, und sie wird eine Frau; hoffentlich ist sie schön als Frau. In einem Seitenweg stand ein Traktor mit hochgestellter Motorhaube. Ein Mann sah zu uns herüber und zuckte mit den Achseln und breitete die Arme aus. Er wollte etwas von uns. Nicht hinsehen, flüsterte ich, wir gehen einfach weiter, als hätten wir nichts bemerkt. Warum, warum, fragte Ursel. Nicht fragen jetzt, zischte ich und hörte sie wieder hinter mir herstapfen. Dann hörten wir den Motor anspringen, ein paarmal tuckern und wieder aussetzen. Ich sah einen Kamm auf dem Boden liegen und machte Ursel darauf aufmerksam. Wir bückten uns beide über den Kamm, der wie ein Käferrücken schimmerte. Nicht anfassen, sagte ich, laß ihn liegen wie er liegt. In einem Dorfgasthaus trank ich ein Bier und Ursel eine Limonade. Wir waren die einzigen Gäste, und eine ältere Frau paßte auf uns auf, die Arme auf den Tresen gestützt. Sie ließ uns nicht aus den Augen. Sie hatte einen großen Kropf, der aussah, als habe sie ihn ein für allemal beiseite gelegt, auf die Schulter. Draußen flogen Schwalben vorbei, hin und her. Das sah sehr eifrig und sinnvoll aus.

Es war zu dunkel geworden auf dem Tisch. Ich schaltete die Lampen am um das Geschriebene lesen zu können. Ich dachte, alle Wolken versammeln sich hier über meinem Kopf. Ursel hatte sich nebenan ins Bett gelegt, um in ihrem Buch weiterzulesen. Ich ging öfter um den Tisch herum, abgebrochene Gedanken, angefangene Sätze im Kopf, geknickte Vorstellungen, alles viel zu kraftlos, um irgendeine dünne Wahrscheinlichkeit zu haben. Nervös, nervös, zischte ich vor mich hin, streckte die Arme aus, ballte die Fäuste und betrachtete die weißen Knöchel. Was hatte ich alles mit diesen Händen angefaßt? Wie fühlten sich Mauern an, Haut, Fell? Wie fühlte sich Wasser an, Papier, Wolle? Wo waren die Berührungen geblieben? Nur in Erinnerungen? Keine Gefühle, dachte ich, nur noch Gefühlsrekonstruktionen, Einbildungen. Ein etwas heroischer Gedanke, fand ich. Ich hatte versucht aufzuschreiben, was mir von Lasski übriggeblieben war. Was *mir* von ihm übriggeblieben war. Er hatte stattgefunden. Er war in mir wie ein Ereignis, an das man sich noch gut erinnern kann. So wie ich mich noch an die Berührung von Haut und Stein erinnerte. Welche Absichten steckten nun für die Zukunft in mir drin? Durch meine linke Hand lief eine lange Schnittnarbe. Ich hätte die Narbe sorgsam auftrennen oder mir daneben einen neuen Schnitt beibringen können. Im Radio hatte ich gehört, daß man das Staunen nicht verlernen soll. Aha, dachte ich, man soll also staunen, man soll sich vornehmen zu staunen. Man solle auch nicht in jeder Lebenssituation um Ausgleich bemüht sein. Manchmal sei es gut, den Konflikt unabgemildert auszuhalten. Aha, dachte ich, es ist also richtig, auch einmal hartnäckig auf seinem Standpunkt zu beharren. Es erfordere, hatte die Stimme gesagt, eine Menge persönlichen Mut, einem Mitmenschen «rundheraus» die Wahrheit zu sagen. Also, nahm ich mir vor, bei der nächsten Gelegenheit tu ich das ohne Rücksicht. Ich hatte auch manchmal das Bedürfnis, mich rücksichtslos zu verhalten. Dann sagte ich mir, so, jetzt, zeig's ihm. Es war immer eine Absicht. Einmal hatte ich mir lange überlegt, was ich einem Mädchen sagen könne. Nach längerem Hin und Her sagte ich, ich hätte sie sehr gern. Bäume, dachte ich, Grün, Wiesen, Zäune, auch Wald, dann verwischter Blütenstaub auf dem Handrücken, zerriebener Sauerampfer, gelb blühender Löwenzahn, Distelstauden, einmal ein vierblättriges Kleeblatt, in den Robinson Crusoe gelegt. Maschendraht, grüne Johannisbeeren sah ich, wenn ich zum Fenster hinaussah, Porzellanknöpfe an den Lichtmasten. In den Weg eingetretene Kronkorken, Flaschenscherben auf der Erde neben der Mülltonne, gewaschene Socken auf dem Wannenrand, von denen feine Behaarung abstand. Im Kamin, ohne hinzusehen, Papierschnitzel, leere Zigaretten- und Streichholzschachteln und schwarze, nur an den Enden noch nicht verkohlte Holzscheite. Was noch, fragte ich mich. Wasser umgibt mich, dachte ich absichtlich, eine Wasserwüste. Warum war ich nicht fröhlich? Warum nicht einmal für länger ausgelassen, heiter, fragte ich mich. Warum nicht einmal entschlossen, alles schön zu finden? Einen Ausgleich anzustreben, eine Einbildung, die wahr ist?

Tu doch nicht immer so, dachte ich, als wärest du ein Punkt, der einzige, von dem aus sich alles andere abqualifizieren läßt, so als wolltest du aller Welt das Fell über die Ohren ziehen. Ich wollte mich jetzt aufraffen und in der Badewanne ein paar Hemden waschen. Es geht mir gut, dachte ich, wenn ich es mir nur laut vorsage; man kann auch in einem bloßen Schein von Übereinstimmung leben. Aber dann war draußen wieder die Ordnung und drinnen die Unordnung. Draußen war ein Dreck, von Dreckskerlen aufgebaut, von Dreckskerlen für bare Münze genommen. Solche Bezeichnungen wie *Dreckskerle* ermunterten mich in meinem Grimm. Ein einfaches ruhiges Bild, meinte ich, sei besser, auch wenn es später in meiner Verschwiegenheit enden sollte. Und was ich verschwieg, das hatte ich schon vergessen. Man braucht nur einen Schalter zu betätigen, dachte ich, und schon explodiert alles, was vorher so ruhig vor sich hingetickt hat. Alle Dinge, die gerade noch miteinander in Beziehung standen, sich anzogen in einer übergeordneten Bedeutung, fliehen einander auf einmal. Es gab keine räumlich voneinander getrennte Gleichzeitigkeit. Was Maria in diesem Moment in Berlin machte und wie gerade der Sargdeckel über Lasski zugeschraubt wurde, das geschah in einer anderen Zeit. Und hatte ich Lasski nicht schon begraben inzwischen? Hatte ich Maria nicht auch schon begraben? Ihre Lider und Lippen bebten noch ein wenig, aber das konnte auch von fremden Erschütterungen herrühren. Sie wollte nichts mehr verstehen müssen, endlich. Aber ich konnte mich schon wieder irren, und sie konnte inzwischen mit dem Trinken aufgehört und schon wieder damit angefangen haben.

Ursel kam hereingeschlichen. Sie hatte das Buch in der Hand, einen Finger zwischen den Seiten, und hatte einen abwesenden geraden Blick. Was machst du, fragte sie, und man konnte ihr ansehen, daß sie es gar nicht wissen wollte. Ich bin so unruhig, sagte sie. Ich konnte nicht mehr lesen. Im Bett war es dunkel wie in einem Schiff. Warum hast du dir nicht das Licht angemacht, fragte ich. Daran habe ich nicht gedacht, sagte sie. Es blieb den ganzen Tag dunkel, und wir gingen nie nach draußen, obwohl uns hier alles bedrängte. Keine Tätigkeit konnte über längere Zeit durchgehalten werden. Wir gingen mürrisch durch die Räume, setzten uns wieder und spielten Halma, nur ein Spiel. Wir konnten auch nicht länger miteinander über uns oder etwas anderes sprechen. Das ging nur dann, wenn Ursel ins Erzählen geriet und ich nur kleine Bemerkungen dazu machen mußte, zum Zeichen, daß ich zuhörte. Am Nachmittag fing es an zu regnen. Weit weg hörten wir es donnern. Ich hatte oben in einer Kammer Regenmäntel und Gummistiefel gesehen. Gegen Abend zogen wir beides an und gingen hinaus.

Am nächsten Morgen war es wieder klar und schön. Schon um acht Uhr waren wir im Garten. Ich grub das Stück, auf dem der Kohl gestanden hatte, um. Ursel säte Radieschen, und zusammen zupften wir Unkraut aus den bepflanzten Beeten. Dann wuschen wir uns und zogen uns um, weil wir vom Dorf aus mit dem Bus in die Kreisstadt fahren wollten zum Einkaufen. Am Nachmittag, als wir beim Essen saßen, brach ein Gewitter los. Es war dunkel geworden, sehr schnell, aber weil wir beim Essen nicht darauf geachtet hatten, überraschte es uns. Erst vor einer guten Stunde waren wir verschwitzt aus dem Bus gestiegen, gereizt und voll letzter und böser Energie die Serpentinen hinaufgegangen, hatten die Einkaufstüten ausgepackt und alles in den Kühlschrank geschoben. Dann hatten wir uns über der Badewanne kaltes Wasser über Arme und Nacken laufen lassen und waren triefend in die Schlafräume gegangen, um uns ein paar Minuten hinzulegen. Im Keller tuckerte die Wasserpumpe. Hemd und Unterhose flogen zusammengepappt in die Ecke. Ich fühlte mich erschöpft, als hätte ich gerade die eigentliche Lebensleistung vollbracht, dann verzagte ich fast bei dem Gedanken, daß so eine Leistung fast täglich wiederholt werden muß. Ich ging in die Küche und stellte das Wasser für die Nudeln auf den Herd. Dann trocknete ich mir noch mal das Haar ab, zog frische Wäsche an und ging zu Ursel hinüber. Sie starrte gegen die Zimmerdecke, wie eine Frau, der plötzlich klargeworden ist, daß sie nichts mehr zu erwarten hat. Vom ersten Donnerschlag, der scharf und eher wie ein elektronisch verstärktes Knacken klang, vibrierten die Fensterscheiben. Wir hörten für einen Moment auf zu kauen und beeilten uns. Vom Fenster aus sahen wir in den Wiesen aufgerichtete Blitze, und das Donnern schien sich um das Haus herum selber zu verfolgen. Zwischen den stärkeren Schlägen rumpelte es fern den Himmel entlang. Wir traten ein Stück vom Fenster weg. Es fielen wenige dicke Regentropfen, die seltsam erleuchtet aussahen. Haben wir einen Blitzableiter, fragte Ursel. Sie zitterte ein wenig. Ich nahm ihre Hand in meine und sagte, es passiere nichts. Obwohl hinten die Wiesen und Getreidefelder sich gut beleuchtet und scharf aus dem Dunkel hervorhoben, war der Himmel doch ganz geschlossen. Der Regen wurde dichter, heftiger. Es klatschte herab dicht am Haus und rauschte. Wir gingen in den Korridor, wo auf Bügeln noch die schweren Wintermäntel hingen und davor an den Haken die Regenmäntel. Unter der Stiege standen die Gummistiefel, die wir gestern getragen hatten, bedeckt mit angetrockneten Grashalmen. Ich machte die Tür auf, und hinter uns flog die Tür zu Ursels Zimmer zu. Der Himmel schien immer noch dunkler zu werden über der wehenden schrägen Regenwand. Die Böen wischten an der offenen Tür vorbei, und mir kam es so vor, als ob ich leichter würde, je mehr Regen herunterkam. Jetzt waren die Felder und angrenzenden Wiesen nicht mehr zu sehen, und in immer rascherer Folge schnitten Blitze durch die Wolkendecke. Dicke Schwalle klatschten aus der Regenrinne herab. Ein paarmal schwenkte eine kleine nieselnde Böe zur Tür herein und machte uns die Schuhe naß.

Wo waren diese Dunkelheit und diese Wassermengen vor einer Stunde gewesen? Es war ein schweres, niederdrückendes und weiter weg sogar den Boden berührendes Grau mit einem bläulichen Schimmer wie von Stahl, aber zwischen den Obstbäumen sah ich jetzt eine gefährlich aussehende stumpfgelbe Helligkeit, die vom Boden auszugehen schien. Hinten, auf der Wiese des Nachbarhofs, hatte sich ein Bettlaken um die Wäscheleine gewickelt. Ursel fragte schon wieder, ob es nicht doch bei uns einschlagen könne. Ach was, sagte ich, es wird schon weniger, obwohl das nicht stimmte. Ursels Gesicht war blaß, aber ich meinte auch einen violetten Widerschein zu sehen. Im Licht der Blitze zuckten noch immer gestochen scharfe Bilder auf. Kühe lagen dicht zusammengedrängt auf der Wiese hinter dem Gartenzaun. Ich meinte, im vorigen Augenblick ganz aus der Nähe in ihre Augen geblickt zu haben. An der Giebelseite des Holzschuppens flatterte ein loses Brett. Eine schwarze Kunststoffplane wehte über den Hof und wurde von den Windstößen auf und nieder gezerrt. Die Obstbäume schwankten nicht, sie wackelten jetzt und waren jedesmal, wenn man hinschaute, von einem anderen Licht beschienen. Ursel hatte sich Schuhe und Strümpfe ausgezogen und sprang hinaus. Warum machst du das, rief ich. Huh, hieh, kreischte sie. Es sah aus, als krümme sie sich aufrecht um die hinabgestreckten Arme; die Hände waren ineinandergekrallt. Als ich ihr folgen wollte, schreiend hinaustretend, kam sie schon wieder herein. Nimm dir schnell ein Handtuch, sagte ich und blieb stehen, wo ich stand. Die schweren Donnerschläge von vorhin, als sie wie in einer geschlossenen Halle klangen, wiederholten sich nicht mehr, und der Regen war, kaum merklich zwar, doch schwächer geworden. Nur die Blitze rückten nach wie vor das Entfernte in die Nähe, schmerzend scharf die Bäume, die niedergedrückten Zweige der Beeren- und Rosensträucher. Wie eine atemraubende Folge von Tricks. Ursel kam aus dem Bad zurück. Sie hatte sich trockene Sachen angezogen und mit dem Handtuch das Haar hochgebunden. Sie legte wieder ihre Hand in meine und kaute ein Kaugummi. Ich spürte mit einemmal, wie fremd und gleichzeitig vertraut mir all diese vom Blitz aus dem Dunkel herausgeschälten Bilder waren. Derart hatte ich mich seit Jahren davon entfernt, viel zu hastig, wie aus Angst vor einem Kinderglauben, daß sie mir nun aufgingen wie alle meine lichten Erlebnisse auf einmal. In dem Ausschnitt des Himmels, den wir zwischen dem Dach und dem zur Straße hin zurückliegenden Stallgebäude sehen konnten, ging jetzt der Regen besonders sichtbar nieder. Als ob eine helle Folie dahintergehalten würde. Immer noch war das weiträumige Rauschen und Fegen zu hören. Alles, was sichtbar war, schien nun besonders konturiert und nur um des Kontrastes willen da zu sein. Der Regen wurde noch schwächer. Das Gewitter zog weiter, und die Blitze flackerten kürzer und weniger grell am Horizont.

Mehr gelbes Licht stieg auf. Einige Schwalben und sogar ein weißer Falter ließen sich tragen und am Giebel vorbeiwehen. Alles, was vorhin überdeutlich ausgesehen hatte, wirkte jetzt diffus und wie aufgeweicht. Alles schien sich in Farbe und Form zu einem einheitlichen weichen Bild zu verbinden. Nur langsam waren die Farben wieder unterscheidbar. Eine halbe Stunde später war der Himmel so weit wir sehen konnten noch immer bedeckt, aber genau über uns war die Wolkendecke aufgerissen. Wir gingen in Gummistiefeln um das Haus herum. Ich fühlte mich gestärkt von dem Ereignis. Wir gingen durch einen erleuchteten offenen grünen Raum. Im immer stärker hereinbrechenden Licht sah ich im Gras, um den Abfallhaufen verstreut, weißgewaschene Knochen liegen. Das nasse Gras wischte an den Stiefeln vorbei, und vom Boden stieg ein dünner rötlicher Schwaden auf.

Seit zwei Tagen waren wir wieder in Berlin. Ich tippte die Eintragungen in den Notizbüchern ab. Ursel malte mit Aquarellfarben. Ich hatte auch versucht, an der Geschichte weiterzuschreiben, und dabei schon Eintragungen aus den Ferien zu verwenden, aber es gelang mir nicht. Ich hatte keinen ruhigen Atem, konnte nur Kleinigkeiten erledigen, auf Postkarten Briefe beantworten, den Schreibtisch aufräumen, ein paar Telefongespräche führen usw. Zuerst hatte ich Lisa anrufen wollen, es aber doch verschoben, weil ich vermutete, sie hätte nun häufiger Kontakt mit Maria. Ein paarmal klingelte auch das Telefon, und ich hob nicht ab. Manchmal, wenn ich las, war mir Lasski wieder ganz gegenwärtig, und ich fand lange Zeit nicht, daß er tot sei. Ein schöner Freund, hörte ich ein paar Beamte sagen. Aber damit schienen sie mich nicht zu meinen.

Ich wußte noch immer nicht, ob Maria überhaupt in Berlin war. Am ersten Abend, als ich mich schlafen gelegt hatte, wurde sie mir in der Vorstellung so lebendig und so deutlich zu einem Gegensatz von mir, daß ich Lust empfand, sie anzurufen. Ich las in einem Roman weiter, den ich vor den Ferien angefangen hatte. Manchmal hielt ich beim Lesen die Luft an, um dem Geschehen besser folgen zu können.

Ich war nicht vorsichtig. Ich wollte gar nicht vorsichtig sein. Ich wollte auch Maria nicht mehr aus dem Weg gehen. Es mußte ein Ende haben. Am Abend brannten alle Lampen. Wir spielten Schallplatten, hatten auch öfter den Fernsehapparat an. Nur hob ich den Hörer nicht ab, wenn es klingelte, und das war nur eine Gewohnheit, eine alte Übung.

Am dritten Tag trafen wir Maria beim Einkaufen. Wir gaben uns die Hand. Wir müssen noch mal miteinander sprechen, sagte Maria. Ursel war verlegen und schob den Einkaufswagen zur Kasse weiter. Jetzt gleich, fragte ich. Meinetwegen, sagte sie. Als Ursel sie einmal schnell ansah, lachte Maria.

Draußen gab ich Ursel die Einkaufstüte und sagte ihr, sie solle schon mal vorgehen, ich hätte etwas mit Maria zu besprechen. Dann mußt du mir auch den Schlüssel geben, sagte sie und hielt die Hand auf. Ich gab ihr den Schlüssel und ging hinter Maria her.

Auf dem Weg zu ihr sprachen wir kein Wort. Es war mir so, als seien wir unterwegs zur letzten Abrechnung. Ich fühlte mich weich und nachgiebig, sogar ein wenig frei, so als hätte ich nun endlich nichts mehr und könne ihr deshalb auch nichts mehr verweigern. Ich setzte mich in einen Sessel und zündete eine Zigarette an. Sie packte in der Küche die Einkaufstüten aus. Was fange ich jetzt mit dir an, sagte sie. Willst du einen Schnaps? Ich nickte. Sie brachte nur für mich ein Glas und setzte sich auch nicht. Sie schaute an mir vorbei. Ich trank das Glas leer. Der Schrank stand jetzt an der anderen Wand, dem Fenster gegenüber.

Wärst du nur weggeblieben, sagte sie. Es ging mir schon wieder gut. Sie blätterte in einem Schnellhefter herum, um mir anzudeuten, daß sie unter keinen Umständen von ihrer Arbeit abließ. Sie sah verändert aus, ohne daß ich hätte sagen können, was es eigentlich war. Du hast dich wie ein Schwein benommen, sagte sie. Nein, nein, sagte ich, wie ein Schwächling. So, sagte sie. Etwas fehlte an ihr, besonders als sie einmal lächelte, als ich ihr den Lauf der Tage auf dem Land schilderte. Einerseits sah sie gebadet aus oder wie nach einer Kur oder auch wie nach einem Gespräch mit einem Geistlichen. Andererseits – ihr Haar war kürzer geschnitten und lag enger am Kopf an. Ich sah sie aufmerksam an, bis sie abwinkte und den Kopf zur Seite drehte. Ich will dich nicht mehr sehen, sagte sie. Vielleicht will ich dich später wiedersehen. Ich weiß es nicht. Sie ging in die Küche und kam gleich darauf zurück. Sie warf mir etwas zu, das ich auffing. Es war ein Stilett, die Klinge war versenkt. Das schenke ich dir, sagte sie. Ich brauche im Moment einen ganz leergefegten Raum um mich. Entschuldige, ich muß verrückt gewesen sein. Ich betrachtete in der Hand den blitzenden schlanken Griff. Danke, sagte ich und steckte es in die Tasche. Das kann mir nicht mehr gefährlich werden, dachte ich und wunderte mich über ein schwaches Gefühl der Kränkung und Enttäuschung, das ich noch nicht ganz verstand.

Die letzten Wochen habe ich versucht, mich um andere zu kümmern, zuerst um Lasski, dann um Lisa. Das hat mir sehr geholfen. Aber auf die Dauer ging es nicht. Seit Lasskis Beerdigung habe ich Lisa nicht mehr gesehen. Wie geht es Lisa, fragte ich. Sie antwortete mir mit einem höhnischen Lächeln: Was interessiert dich das denn? Wie geht es dir eigentlich nach Lasskis Tod? Wie müßte es mir denn gehen, deiner Ansicht nach, fragte ich. Sie erzählte unvermittelt, was einem Bekannten von ihr passiert war. Er war bei einem Autounfall aus dem Auto geflogen und konnte, wieder bei Bewußtsein, den einen Arm nicht mehr heben. Er arbeitet für uns, als Grafiker, sagte sie, er hatte sich gerade selbständig gemacht. Dann im Krankenwagen, sagte Maria, hat er sich aufgerichtet und den Arzt gefragt, wann er wieder arbeiten könne. Sie lächelte. Ich weiß gar nicht, warum ich dir das erzähle. Es interessiert mich, sagte ich, erzähl weiter. Ja, sagte sie, der Arzt sagte immer nur, beruhigen Sie sich. Was ist mit meinem Arm, hat er gefragt. Bleiben sie nur ruhig liegen, hat der Arzt gesagt. Was mit meinem Arm ist, will ich wissen. Und der Arzt hat wieder nur gesagt, ruhig bleiben. Einer von der Kriminalpolizei kam an sein Bett und fragte, ist das Ihre Pistole? Ja, das ist meine, hat er gesagt und die Pistole in den Nachttisch gelegt. Es war eine Gaspistole. Der von der Kripo sagte, es war ein Versehen, sonst wären wir nämlich gar nicht eingeschaltet worden. Der Pfleger hat gesagt, das habe ich mir gedacht, über und über mit Dreck beschmiert und lange Haare. Ich habe gearbeitet, hat er geschrien, und jetzt will ich meinen Arm hochheben. Da hat er seinen Arm hochgehoben. Gut, was, sagte sie. Paß auf, es geht noch weiter. Der Pfleger ist mit einer Krankenschwester zurückgekommen, die eine Schere in der Hand hielt und sagte, so, jetzt wollen wir dem jungen Mann mal ordentlich die Haare schneiden. Da hat er die Pistole auf sie gerichtet und gesagt, jetzt wollen wir der Schwester mal ein Loch ins Gehirn schießen, und hat abgedrückt. Sie ist mit einem Irrsinnsgeschrei heraus, und bald danach war der Kriminalbeamte wieder da.

Ich hatte Ursel gesagt, sie solle nicht nachkommen, aber es klingelte doch. Maria ging, um die Tür zu öffnen, und kam mit Ursel zurück, die polternd in ihren großen, hochgeschnürten Wildlederschuhen an Maria vorbei durch die Zimmer rannte. Vor mir blieb sie stehen und schaute Maria an. Was ist, sagte sie, warum seht ihr mich so an? Sollen wir hier anwachsen? Maria lachte. Ursel sagte, Erika habe vorhin angerufen. Sie hatte mit Erika verabredet, schon morgen zurückzufliegen. Sie freut sich, sagte Ursel, daß ich noch ein paar Tage zu Hause bin. Ich sagte, wir gehen jetzt. Maria sagte, bleibt ruhig noch, oder laß Ursel bei mir, wenn du weg willst. Ich hätte schlecht etwas dagegen sagen können. Wir könnten einen Wein zusammen trinken, heute abend, wenn du willst, sagte ich. Maria sah lange an mir vorbei und nickte schließlich. Maria hatte immer noch nichts über Lasski gesagt. Sie schüttelte die Schuhe von den Füßen und hockte sich in eine Sofaecke. Ursel ging durch die Wohnung, als habe sie eine unbestimmte Witterung aufgenommen. Ihre Blicke gingen flink über den Schreibtisch, auf dem Zettel, Schnellhefter und Briefe lagen. Als Maria die Geschichte ihres Bekannten erzählt hatte und dabei mit ihrem Tonfall immer eine Art Empörung ausdrücken wollte, nicht über den Spaß, den sie an den Vorgängen zu haben schien, sondern über böse menschlich-bürokratische Instanzen, die das alles gegen ihren Bekannten inszeniert hatten, fragte ich mich, warum sie mir das erzählte, anstatt mich zu informieren über Lasskis Tod. Sie wußte ja, daß ich darauf wartete, denn ich hatte gesagt, das mit Lasski, das Schlimme, das Schlimmste – ich wisse noch so gut wie nichts. Ich meinte auch, unsere Geschichte sei jetzt schwach genug, um ganz verschwinden zu können hinter Lasskis Tod. Ich sah sie an. Sie war in guter Verfassung, nicht gerade heiter, aber auch nicht mehr aufgelöst und hinfällig. Wie hat sie das geschafft, dachte ich, wie konnte sie das?

Ursel war in das Durchgangszimmer gegangen und hatte eine Platte aufgelegt. Ich drehte Maria den Rücken zu und vertiefte mich in den Gesichtsausdruck von Lasski, von dem sie ein Paßfoto hinter das Glas der Schranktür geklemmt hatte. Ich betrachtete das Bild so lange, daß ich Maria fast darüber vergaß und plötzlich das Gefühl hatte, mich verdächtig zu machen. Sie sagte noch immer nichts über ihn. Verständlich, dachte ich, du hast Angst, über ihn zu reden, weil er dich in den Schatten stellen würde. Dann machte sie doch eine fahrige, abwertende Handbewegung zu dem Foto hinüber. Ja, ja, sagte sie gereizt, er ist elend krepiert und kein Mensch hat ihm geholfen. Es war wieder ein Vorwurf herauszuhören. Mein Gott, war ich durcheinander, sagte sie, obwohl ich ihnen den ganzen Bestattungskram erledigt habe. Sie legte sich eine Hand auf die Augen. Ich wollte immer heulen, sagte sie, aber ich konnte nicht mehr. Das Thema paßte ihr nicht. Ich glaubte auf einmal zu begreifen, warum sie nicht gern über ihn sprach. Ich fühlte das schwere Messer in der Hosentasche. War ihr nicht eine unliebsame Genugtuung anzumerken über Lasskis Ende? *Lasskis Ende* klang in mir wie etwas, das man kaum erwarten kann, wie das Ende von etwas Verruchtem und Verpfuschtem. Ich hatte Lust aufzustehen und ein Plädoyer für Lasskis Leben zu halten. Er wuchs in mir, und ich fühlte schon, wie ich ihn noch vermissen würde. Hatte sie sich nicht auf den Todesfall gestürzt? Lasskis Tod hatte sie sicher freier gemacht als der Unfall ihres Bekannten. Sie hatte Mühe auf sich genommen, seiner Mutter die Formalitäten erledigt, Lisa in die Arme geschlossen. Ich spürte in mir eine hämische Aufmerksamkeit, die Lust, Maria zu entlarven, endlich schlauer zu sein, den Fall Lasski und gleichzeitig meine Geschichte mit Maria zu den Akten zu nehmen, als gelöst, und weiterzuleiten auf dem Dienstweg einer klügeren Gerechtigkeit. Aber das alles verflog wieder, weil Maria so zusammengehockt, beinahe demütig dasaß und jetzt doch leise von der Beerdigung sprach. Sie schämte sich nicht, während ich mich schämte. Das machte mich aufgeregt. Das Gelage nach der Beerdigung sei grauenhaft gewesen, alle betrunken, so als ob sie in der Erinnerung an Lasski alle zu Schweinen werden wollten. Sie hätten Nachrufe heruntergebetet, in denen sie sich auf die allerschleimigste Art etwas vom Ruhm des Todes gesichert hätten. Ihren gegenseitigen Abscheu hätten sie sich ausgedrückt, ihr unverdientes Welterleben beklagt. Da habe ich auch gewünscht, sie sollten alle tot sein, sagte Maria.

Sie hatte ruhig gesprochen und ohne jede Empörung. Ich fühlte mich wieder in Sicherheit bei ihr. Sie war so ruhig und gleichgültig jetzt, alles Übertriebene ruhte wieder in ihr.

Ich stand auf und ging. Sie sagte, ich weiß noch nicht, was heute abend ist. Ruf auf jeden Fall erst an. Ich drehte mich noch einmal um und sah, wie Ursel in der Küche ein Glas Milch trank.

Ursel flog erst am übernächsten Tag nach Düsseldorf zurück. Ich fuhr sie mit dem Motorrad zum Flugplatz. Vor der Paßkontrolle gab ich ihr einen Kuß. Sie stand noch vor mir und wußte nicht, wo sie hinsehen sollte. Es ist schon gut, Ursel, sagte ich. Es ist schon alles in Ordnung. Ich staunte selber über das, was ich sagte. Sie fächerte mit der Klarsichthülle durch die Luft, in der Paß und Flugschein steckten, und sie sah unwillig und spröde aus, wie meist, wenn sie mich wieder verließ. Als sie durch die

Sperre ging und ihre Aufmerksamkeit ganz auf die Kontrolle gerichtet war, hatte ich das Gefühl, sie fiele wie ein Anhängsel von mir ab. Sie lösche sich auch aus, meinte ich, für die nächste Zeit bei Erika. Sie verschwand durch die Pendeltür, und ich sah, wie mein Arm noch erhoben war, und ich dachte an eine Statue, die irgendwo hinschaut, ohne etwas zu sehen. Nicht einmal ein Schmerz ist es, dachte ich mit einer dünnen süßen Verbitterung, nicht mal ein Schmerz, sondern einfach nichts. Ich wußte aber, daß auch diese Leere wieder eine erfüllte Leere sein würde. Bald würde ich wieder vergessen, sie anzurufen oder ihr zu schreiben.

Wahrscheinlich war ich eingeschlafen, denn aus der Wohnung drang kein Laut, obwohl man, wenn man das Ohr an die Wohnungstür legte, den Eindruck haben konnte, weiche Schritte auf Strümpfen zu hören, ein Atmen, das Rascheln von Kleidungsstücken. Es war fast dunkel im Treppenflur. Nur im Schimmer, der durch das bleiverglaste Fenster hereinfiel, glänzte das lange, hölzerne Geländer. Kein Mensch war zu hören, nur weither aus den Wohnungen ein Gestampf von Stimmen. Eine Tür schlug zu. Musik kam schwach durch die Wände, doch das hätte fast auch Einbildung sein können. Vor der Haustür war das Motorrad geparkt. Ich hatte auf dem Balkon gesessen und die Zeitungen der letzten drei Tage gelesen, zuerst sehr ausführlich, die vom Tage dann aber sehr flüchtig. Ich hatte noch gut sehen können, obwohl die Sonne schon untergegangen war. Ich saß dicht an der angelehnten Balkontür. So konnte ich von der Straße aus nicht gesehen werden, es sei denn, jemand wäre im Haus gegenüber die Treppen hochgestiegen. Es wurde dunkler. Die anfliegenden Maschinen schalteten kurz vor dem Haus die Scheinwerfer an, so daß ich von dem Schein erfaßt wurde und noch ein paar Sätze genau lesen konnte. Als es zu dunkel geworden war, ging ich mit den Zeitungen hinein und schloß die Balkontür. Über den Dächern sah ich den roten Abendhimmel, durch den sich wie Marmoradern lange, dünne Wolken zogen. Ich machte das Licht nicht an, nahm nur die Jacke über den Arm und verließ leise die Wohnung. Auch im Treppenflur machte ich kein Licht, aber als ich auf dem Treppenabsatz war, wurde doch irgendwo auf den Knopf gedrückt. Ich ging einfach weiter hinunter und wartete darauf, Schritte zu hören. Als ich nichts hörte und auch niemand sah, meinte ich, jemand habe nur durch den Türspalt gelangt, um den Lichtknopf zu drücken.

Ich wollte eine Flasche Wein kaufen. Es war ungefähr neun Uhr. Auf dem Weg zu der Weinstube bin ich noch einmal ein paar Schritte zurückgegangen in die Telefonzelle. Ich wählte Marias Nummer, aber sie meldete sich nicht. Eine Haustür ging auf, und ein Mann, der nicht sicher auf den Beinen war, schob ein Moped hinaus auf die Straße und stellte sich fahrbereit daneben, ohne jedoch abzufahren. Er schien angestrengt nachzudenken. Ich kaufte die Flasche Wein und ging zurück nach Hause. Der Mann stand immer noch neben dem Moped. Offenbar konnte er sich nicht mehr darauf besinnen, wie man abfährt.

Dann war schon zehn Minuten später bei mir kein Licht mehr, das heißt, ich saß in der Küche und trank den Wein. Das Gesprochene und die Töne aus dem Fernsehapparat waren sicher im Treppenflur zu hören, aber niemand hätte wissen können, aus welcher Wohnung es kam. Das Telefon klingelte ein paarmal. Das Motorrad blieb die ganze Nacht draußen. Sonst hatte ich es immer, wenn ich zu Hause blieb, in die Garage gestellt. Im Fernsehen war ein Film. Ich las danach noch ein paar Seiten im ›Tod des Vergil‹, schaltete im Zimmer für ein paar Minuten das Licht an und legte mich schlafen. Um neun Uhr früh betrat ich die Bankfiliale. Der Himmel war dünn bedeckt, und die schwüle Luft schien eine klebrige Substanz zu enthalten. Bierkutscher in Lederschürzen standen gegen die Tür des Führerhauses gelehnt. Im Fenster, zwischen Gardine und Glas, waren Pappschilder aufgestellt: IHR SPARVORTEIL: 12 %. Daneben rennt eine aufgekratzte, statistisch zusammengeraufte vierköpfige Familie nach vorn. Der Mann hat in der Hand ein Bündel Geldscheine, das vom Wind aufgeblättert ist. Das andere Fenster, rechts vom Eingang, war von innen durch eine Holzplatte bis zu seiner halben Höhe abgeschirmt, so daß die Hände der Kunden und des Personals, die Geld zählten, hinblätterten oder Scheine ausfüllten, nicht zu sehen waren. Ich mußte etwa zehn Minuten anstehen. Nur Gesicht und Oberkörper waren zu sehen. Ich war in der Reihe drin. Einmal wollte ich etwas zu der Person hinter mir, die drängte, sagen, bewegte aber nur die Lippen. Durch den Vorhang sah ich doppelstöckige Busse vorbeifahren. Zwischen den Fenstern behielt ich auch den Eingang im Auge. Als sich die Reihe wieder in Bewegung setzte, war ich kurz und verwischt über den Schultern anderer zu erkennen.

Das kam mir jetzt wie mein normales Leben vor, zu wissen, daß man aufpassen muß. Dabei war auch die Ungewißheit, auf was ich aufzupassen hatte, keine besondere Beunruhigung mehr. Es waren einfach unzählige Interessen und Bewegungen im Raum, die einen treffen konnten. Meine Vorsicht kam mir auch nicht mehr übertrieben und aufwendig vor, eher lässig, ohne den rechten Glauben. Ich bewegte mich nicht aus Angst vorsichtig, sondern war vorsichtig geworden. Ich redete weniger und leiser, weil ich ruhiger geworden war. Manchmal, allein in der Wohnung, hörte ich nur meinen Atem, manchmal knackte beim Gehen ein Gelenk. Ein Bogen Papier raschelte. Das Wasser floß gleichmäßig und gluckste im Ausguß.

Ich überquerte den Platz vor den Messegebäuden, die unerträglich wirklich aussahen, als ob sie einen immerfort auf ihr Dasein verweisen wollten. Sie waren wirklich da, graue kantige Formen, enge, von Eisenbarrieren noch einmal geteilte Durchgänge und davor die kleinen muffigen Billetschalter, in denen weiße mummelnde Gesichter zu sehen waren. Und die vielen selbstverständlichen Leute, die sich drängten oder sich den Vortritt ließen, erinnerten mich schon wieder an alte Bilder von Ereignissen. Einige, mit flachen Aktenkoffern, liefen hintereinander her. Die Fahnen flappten hin und wieder hoch und klatschten gegen die Stangen. Es war nichts Lustiges daran. Der Himmel war bedeckt. Ein ödes Licht breitete sich aus; es war wie ein langes Trauergefühl. Ich hatte nicht die geringste Lust, auch nur einen Gedanken an prallgefüllte Auftragsbücher oder an den soundsovielten Besucher zu verschwenden. Ganz verschwunden fühlte ich mich in diesem Bild, als sei ich schon vor einiger Zelt gestorben. Es war nur noch ein vages Empfinden von Anwesenheit, von geisterhaftem Dabeisein. Kaum glaubte ich es, daß mich ein anderer Messebesucher mit dem Arm gestreift hatte, daß ich Geld auf das Schalterbrett legte und dafür eine Eintrittskarte bekam, daß ich dann herumlungerte an einem Getränkestand und den Leuten, die vorbeikamen, immer ansehen wollte, ob sie mich noch bemerkten. Ich betraf nichts. Alles ist genauso ohne mich, dachte ich. Ich warf im Vorbeigehen die leergetrunkene Bierbüchse in den Abfallkorb. Eine Frau, die mit dem Daumen das Würstchen auf dem Pappteller festhielt, sah mich erschrokken an.

Wie im Traum konnte ich Maria beobachten, ohne von ihr gesehen zu werden. Ich schaute immer gerade über eine Schulter, an einem Kopf vorbei, zu ihr hin. Einmal war ihr Gesicht ganz hell und flach, als sie ganz dicht neben den Neonröhren stand. Sie saß dann, als ich wieder hinschaute, auf dem Ecksofa in der Box ihrer Firma und redete auf einen Fotografen ein, der vor ihr kniete und ein Objektiv auf die Kamera schraubte. Er hockte dann vor einer Gruppe von Männern, die in ihrer Mitte eine braungebrannte Sängerin festhielten. Er schoß aus der Drehung, legte sich, die Ellbogen aufgestützt, auf den Bauch und sprach unentwegt zu Maria, die hinter ihm sitzen geblieben war. Der Fotograf erklärte ihr seine Beweglichkeit, die die Leute auflockere. Sie sollten annehmen, es käme nicht auf sie an. Leute, die fotografiert würden, hätten dabei den Wunsch, seine Bewegungen nachzuahmen. Er schnappte nach einer zweiten Kamera und ging noch einmal alle Stellungen durch. Es sah fix und schneidig aus. Die Männer blieben aber in ihrem Ausdruck bekümmert, etwas säuerlich, ohne dabei das Joviale ganz zu verlieren, mit dem sie die Sängerin dazu bewegen wollten, sie anzuschauen. Wenn die Sängerin aber von sich aus einen der Männer anlächelte und dabei aufgurrte, als sei dies ihr Erkennungszeichen, blickten sie schnell wieder in die Kamera. Die Sängerin entspannte sich schnell, aber bevor der Fotograf eine neue Serie schoß, richtete sie ihr Gesicht wieder auf, mit einem Lächeln, das keinem galt, weil es jedem gelten sollte. Die Gesichter der Männer schienen jetzt ernüchtert, als ob sie einen Betrug ahnten, aber noch immer ging es weiter; der Kopf der Sängerin rastete in immer neue Posen ein, obwohl das Lächeln sich nicht veränderte. Sie erinnerte mich an ein Huhn. Wieder stieß sie, unterstützt von den Bewegungen ihres Körpers, kleine Schreie aus, als wolle sie die stillhaltenden Männer damit kneifen. Auf dem Gang waren zwei Ordner in ein Handgemenge geraten. Der Fotograf richtete sich auf und ging auf Maria zu, ohne der Gruppe ein Schlußzeichen zu geben. Ich sah, wie der eine Ordner dem anderen eine Zigarette anbot, der andere ihm aber die Schachtel aus der Hand schlug. Die Messebesucher mit ihren Prospekttüten wischten unaufhörlich an den Ständen vorbei, auf den Gesichtern den Ausdruck einer unaufmerksamen, allgemeinen Gekränktheit. Manchmal schenkte die Sängerin ihnen einen Blick voller Begeisterung. Der Fotograf kniete wieder vor Maria und packte die Kameras ein. Er baute auch die Lampen ab, und Maria half ihm beim Aufrollen der Kabel. Die Männer küßten der Sängerin Wangen und Hände, wandten sich dann aber von ihr ab, als wollten sie nicht länger mit ihr zusammen gesehen werden. Die Sängerin setzte sich neben Maria und sagte uff. Maria schenkte Cognac in die Gläser. Die Männer diktierten der Sekretärin Bestellungen in die Maschine und unterhielten sich, während sie manchmal vom Cognac nippten. Ich sah, wie sich auf einem Faß, aus dem Bier gezapft wurde, eine Schallplatte drehte. Maria rückte ein Stück zur Seite, damit der Fotograf sich setzen konnte. An bestimmten Punkten kam der Besucherstrom immer wieder ins Stocken, weil er sich da selbst auf einem schräg aufgehängten Bildschirm, der groß wie eine Kinoleinwand war, sehen konnte. Ein dicker Mann preßte einen Dackel an sein Ohr, als horche er. Maria unterhielt sich nur noch mit dem Fotografen. Sie beschränkte sich ganz auf ihn, der sie ein paarmal unsicher über das Glas hinweg ansah. Sie lachte ihn dann an, heiter und großzügig. Ein paar alte Fernsehgeräte wurden auf einer Sackkarre durch den Gang geschoben. Ich sah einen Mann und eine Frau, die aneinander zerrten und in entgegengesetzte Richtungen strebten. Ich ging einmal weg und kam in einen Raum, der von Musik erfüllt war, obwohl man keinen Lautsprecher sah, nur glatte Wände, kein Stück Möbel. Als ob die Musik durch die Poren des Materials dränge. Als ich zurückkam, waren die Männer gegangen, auch die Sängerin war nicht mehr da. Maria sprach mit einem grauhaarigen Mann, der einen weißen Anzug trug. Der Fotograf trug seine Fototaschen an kurzen Schulterriemen und wartete, gegen die weiße Wand gelehnt, auf Maria. In dem Stand daneben probierten Leute Kopfhörer, setzten sich auch auf etwas, das wie ein Pilotensitz aussah. Es wurde ihnen eine riesige Haube über den Kopf geklappt, und sie konnten auf dem Armaturenbrett etwas einstellen, runter der Plexiglasscheibe schienen ihre Gesichter in Musik zu schwimmen und waren doch ganz nach innen gerichtet, als ob die Musik in ihnen selber spiele. Maria verabschiedete sich von dem Mann und ging zu dem Fotografen, dem sie einen Arm auf die Schulter legte. Sie gingen weiter an den Ständen vorbei und hielten nur noch einmal an. Maria umarmte den Kammersänger aus der DDR, der auch auf dem Monitor zu sehen war. Ein paar Leute waren stehengeblieben und hörten sich das Lied an, während er da deutlich mit Maria sprach und daneben auf dem Monitor im Rollkragenpullover und silbriger Ponyfrisur sang. Sein Gesicht und seine Augen, fand ich, hatten auch den metallischen Glanz seiner Stimme angenommen. Er, der mit Maria sprach, sah etwas älter und unbedeutender aus, etwas routinierter und gleichgültiger auch. Seine weiße behaarte Hand streichelte Marias Wangen. Maria lachte, und er blickte über ihre Schulter zu dem Fotografen hinüber. Ich konnte durch eine Glaswand ins Restaurant sehen, das wiederum mit Glas überdacht und zu den Grünanlagen hinaus offen war. Da saßen Leute, die nichts zu sehen und nichts zu hören schienen. Die Kellner rannten über die Tabletts gebeugt durch die Reihen. Ein Stück vom Leben abgetrennter Ruhe. Der Anblick war unbestimmt und störend. Den Fotografen sah ich auf einem Hocker am Getränkestand sitzen, und Maria stand vor ihm und stützte sich auf seine Knie. Sie strahlte ihn an mit lüsternen, aufmerksamen Augen. Ihre Haut hatte einen matten Glanz, und in ihrem Gesicht schienen immer neue Schönheiten aufzugehen. Ich kam mir vor wie nichts mehr und konnte fühlen, wie ich weit von ihr wegtrieb. Aber ich empfand dabei keinen Schmerz, eher eine Beruhigung, die ich nicht hatte haben wollen. Ich sah eine Tischdecke auffliegen. Jemand hielt sie fest. Ich sah Handgelenke mit glänzenden Reifen, Finger, an denen Ringe steckten. Maria trank und hatte ein immer größeres Vergnügen daran, den Fotografen anzusehen. Sie hatte sich seine Lederjacke über die Schultern gehängt. Es tat überhaupt nicht weh. Es war wie der Traum, tot zu sein. So als brauche ich nie wieder etwas zu wissen oder zu erfahren, auch nichts zu entbehren, und als würde ich zweifellos von der Menge, die sich durch die Gänge schob, mitgetragen in einer ewigen schaukelnden Bewegung. Es war nichts mehr nötig. Ich sah mich vollkommen stumpf und zufrieden aus einem Spiegel herausschauen, aus meinem Kopf herausschauen. Maria ging mit dem Fotografen, dem sie eine Tasche abgenommen hatte, auf den Ausgang zu. Das könnte ein Ende sein, dachte ich nur. Eine Hand von ihm lag auf ihrer Schulter.

Auf dem Platz kehrten Männer mit Schirmmützen und rostbraunen Cordanzügen den Dreck zusammen. Lange Reihen von Bussen warteten. Ich ging ein Stück weit in die falsche Richtung und sah unten in der Senke eine S-Bahn fahren. Alle Bewegungen erschienen mir ruhig und zögernd, als geschähen sie nur vorläufig. Den Wohnhausfassaden hinter dem Bahngelände sah man das Bewohntwerden nicht an. Es waren nach einem sicheren Maß gereihte Fenster und Balkone. Der Verkehr nahm wie von selbst seine Richtungen. Auf der Kreuzung ereignete sich ein leichter Unfall, der schnell bereinigt war. Danach setzte sich alles wieder in Bewegung, und langsam kehrten die Farben zurück.

1968 an Rhein und Ruhr

Ebenfalls zu diesem Thema erschienen:

Norbert Kozicki
Aufbruch in NRW.
1968 und die Folgen

1968 ist das Jahr des Umbruchs. Die starren Regeln der Nachkriegsgeneration sorgen für ständigen Konfliktstoff und lautstarke Auseinandersetzungen. Schulen, Universitäten, Kirchen und Familien werden von einer Welle der Veränderung erfasst. Die Generation des Aufbruchs entdeckt die Sprache als „Waffe" für ihren Protest gegen die Autoritäten. Sie will den Dingen einen neuen Namen geben und fordert Mitgestaltung.

Norbert Kozicki fasst die vielfältigen kulturellen, politischen und sozialen Ereignisse zusammen – von der Studentenbewegung an der Ruhr über die Arbeitermobilmachung in Bürgerinitiativen bis hin zur sexuellen Revolution zwischen Hochöfen und Fördertürmen.

Gebunden, 272 Seiten.

1968 an Rhein und Ruhr

Ebenfalls zu diesem Thema erschienen:

Werner Kubny, Per Schnell
Halbstark an Rhein und Ruhr

Lederjacken, lange Haare und wilde Tänze – die sechziger Jahre brachten ein ganz neues Lebensgefühl. An Rhein und Ruhr schossen Tausende von Schülerbands wie Pilze aus dem Boden und spielten die Songs ihrer Idole aus England und den USA. Die Vestlandhalle in Recklinghausen wurde zum Mekka der westdeutschen Beatmusik. Aus Duisburg kamen die „Rag Dolls", einzige weibliche Beatband Deutschlands unter lauter Jungs.

„Halbstark an Rhein und Ruhr" ist eine Spurensuche zwischen Tanzstunde und Rock 'n' Roll, dickem Lidstrich und wallenden Mähnen, Twiggy-Minirock sowie Schlips und Kragen. Die zweiteilige WDR-Dokumentation zeigt frühe Auftritte der angesagten Coverbands, z.B. der „Rangers" und „Jokers" oder der „Lords" aus Düsseldorf. Die Filmautoren Werner Kubny und Per Schnell haben die „Halbstarken" von damals aufgesucht und ihre Erinnerungen an eine bewegte und beschwingte Zeit aufgezeichnet.

WDR, ca. 84 Minuten.

1968 an Rhein und Ruhr
Ebenfalls zu diesem Thema erschienen:

Manuel Gogos
Die Revolution mit der Heizdecke
1968 in Nordrhein-Westfalen

Nicht nur in Paris, auch in Bochum brannten 1968 die Barrikaden! Und der Himmel über Köln leuchtete schmutzig-gelb. Aus vielen kleinen Widerstandsquellen entstand zwischen Rhein und Ruhr ein neuer großer Fluss.

Während die Barrikadenkämpfer in Bonn mit dem Sound der Weltrevolution in den Ohren die Zigarren des Rektors rauchten und die Kultband CAN sich mit unerbittlichem Kunstwillen in Trance spielte, meuterte die Film-Avantgarde im Kölner Untergrund gegen den „Apparat". Das ganze subversive Treiben in akustischen Studios, in Galerien, vor dem Werkstor und in Kommunenküchen lässt sich als Kraftstrom eines einzigen großen Happenings begreifen.

Was ergibt sich aus der Endmischung? Was haben uns die Mamas und Papas mit ihren Aufbrüchen zwischen Kunst und Revolte beschert? Und was bedeutet es, wenn die Kinder der 68er die politischen Symbole von einst zu Popikonen machen und bei Dichterlesungen ihren Familienroman durchs Megaphon flüstern?

Eine Sendung mit Irmin Schmidt, Birgit Hein, Bazon Brock, Hannes Heer, Lothar Gothe, Claus Leggewie und Jörg Albrecht.

WDR, ca. 54 Minuten.